Volleyball spielerisch lernen

Athanasios Papageorgiou & Jimmy Czimek

Volleyball spielerisch lernen

Vom „Werfen und Fangen“ zum Spiel „6 gegen 6“

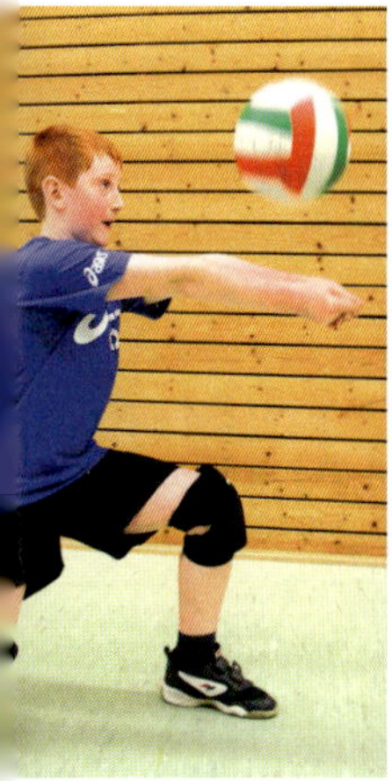

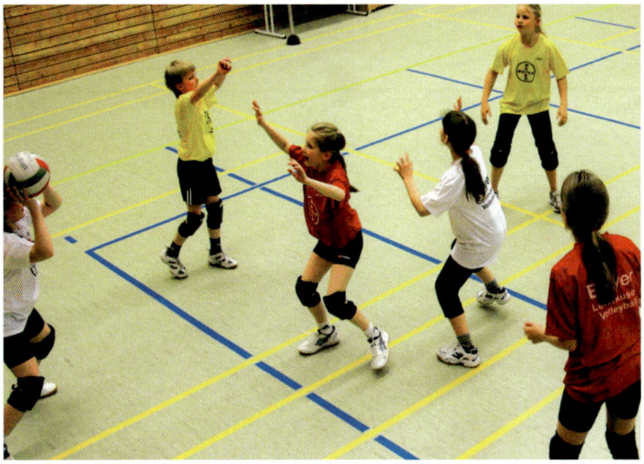

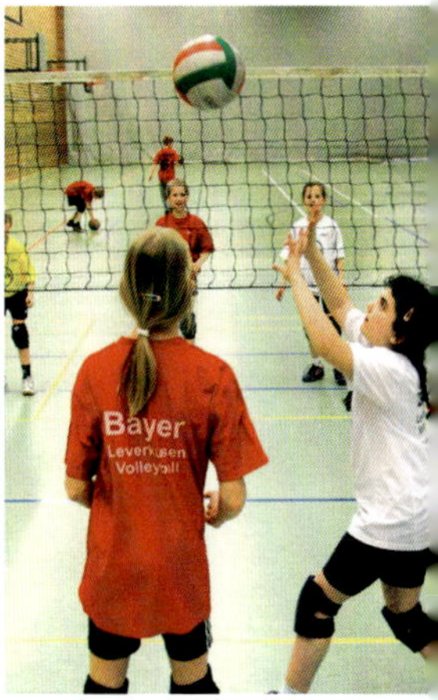

EMPFOHLEN VOM DEUTSCHEN VOLLEYBALL-VERBAND
DVV
DEUTSCHER VOLLEYBALL-VERBAND
LEHRAUSSCHUSS

Meyer & Meyer Verlag

Volleyball spielerisch lernen

Bibliografische Information der Deutschen Nationalbibliothek
Die Deutsche Nationalbibliothek verzeichnet diese Publikation in der Deutschen Nationalbibliografie; detaillierte bibliografische Details sind im Internet über <www.dnb.de> abrufbar.

1. unveränderter Nachdruck 2025 der 5. überarbeiteten Auflage 2020
Auckland, Beirut, Dubai, Hägendorf, Hongkong, Indianapolis, Kairo, Kapstadt, Manila, Maidenhead, Neu-Delhi, Singapur, Sydney, Teheran, Wien

Gesamtherstellung (Druck): Print Consult GmbH, München, www.printconsult.de

MIX
Papier | Fördert gute Waldnutzung
FSC® C106855

Member of the World Sport Publishers' Association (WSPA)

ISBN 978-3-8403-7952-9
Hersteller im Sinne der GPSR:
Meyer & Meyer Fachverlag & Buchhandel GmbH
Von-Coels-Straße 390, 52080 Aachen
www.dersportverlag.de
E-Mail: kontakt@m-m-sports.com

INHALT

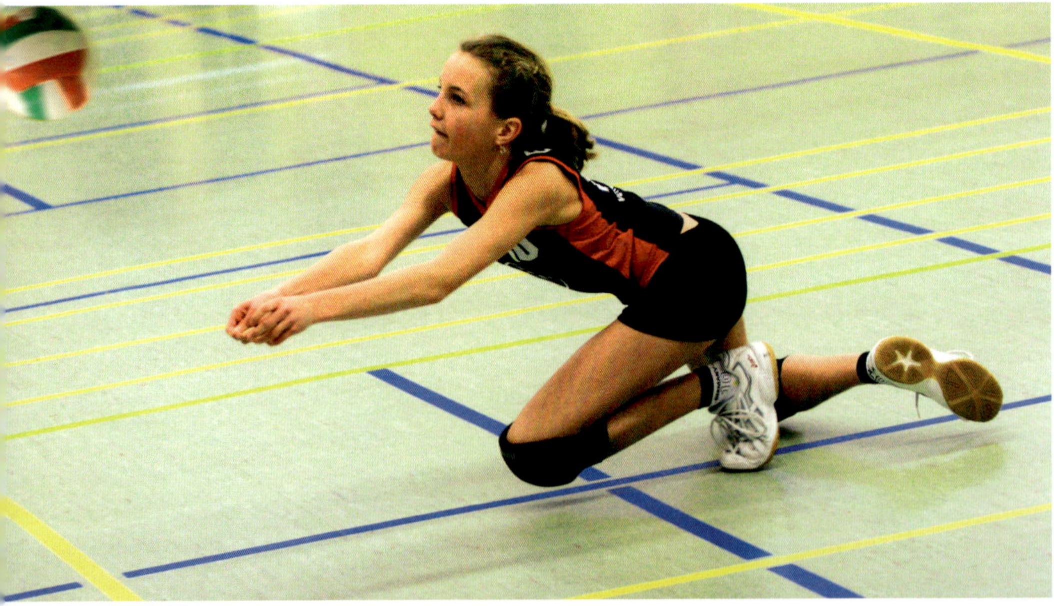

Einleitung

Das vorliegende Buch wendet sich in erster Linie an ***Lehrerinnen und Lehrer der Primar- und Sekundarstufe I und II***. Für die Grundschule eignet sich der erste Teil des Buches (Kapitel 1), in dem ***allgemeine und spezielle vorbereitende Spiele*** nach methodisch-didaktischen Aspekten vorgestellt werden, sehr gut, weil diese „Kleinen Spiele" kleinschrittig und aufeinander aufbauend entwickelt werden. Das Erlernen und Umsetzen der vorbereitenden Spiele stellen die wichtigsten Lernvoraussetzungen dar, um mit der eigentlichen Einführung des Sportspiels (Mini-)Volleyball zu beginnen.

Der zweite Teil setzt sich sehr detailliert mit der ***Einführung des Minivolleyballspiels 3 gegen 3*** (vgl. Foto 1: Minivolleyballturnier) auseinander. Hierbei wird jede der ***vier Grundtechniken*** anhand einer methodischen Reihe, die aus vier Lerneinheiten besteht, spielerisch und stets unter Berücksichtigung von individual- und gruppentaktischem Verhalten erarbeitet. Die bereits in den volleyballspezifischen vorbereitenden Spielen erlernten taktischen ***Grundformationen für die Annahme- und Abwehrsituation*** werden unter Anwendung der Volleyballtechniken vertieft. Die Hinführung vom ***Mini- zum Midivolleyball*** dient vorrangig der Erweiterung des spieltaktischen Verhaltens und stellt zugleich den sinnvollen Übergang zum „Großen Spiel" Volleyball dar.

Das Spiel „6 gegen 6" mit den entsprechenden Spielsituationen in Annahme und Abwehr sowie die methodisch aufeinander abgestimmte Reihenfolge von ***Spielsystemen für die Volleyballanfänger*** stellen die Hauptinhalte des dritten und letzten Teils dieses Buchs dar.

Anhand der obigen Ausführungen wird deutlich, dass sich dieses Werk auch hervorragend für das ***Volleyballtraining von Kindern und Jugendlichen im Verein*** eignet und eine große Hilfe für den Jugendtrainer darstellt. Nicht zuletzt kommt das Buch sehr gut für die ***universitäre Sportlehrerausbildung*** in Frage.

Ausgehend von der Lehrmeinung, dass die Anfängerausbildung für das Volleyball- und Beachvolleyballspiel fast identisch ist, kommen die beiden ersten Kapitel dieses Handbuchs gleichermaßen für die Einführung des Beachvolleyballspiels in Betracht.

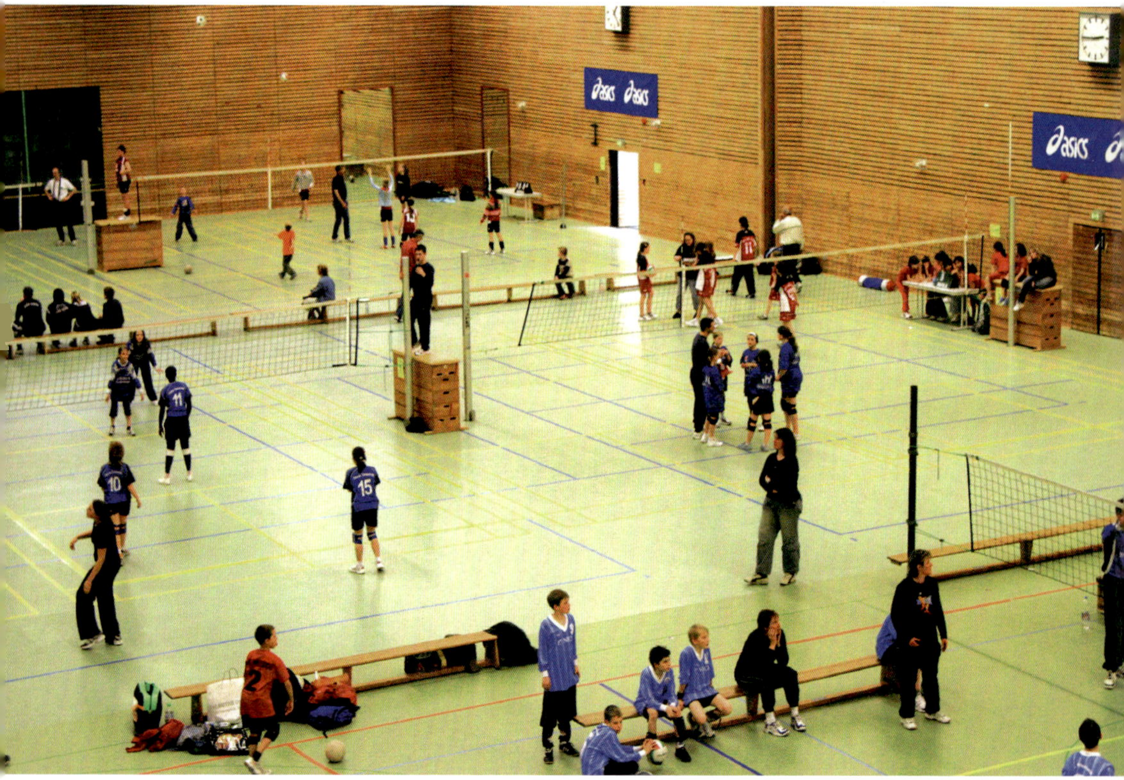

Foto 1: Minivolleyballturnier

Organisationshilfen und Symbolik

= Spieler

= Zuspieler

= Spieler am/mit Ball

= Ballweg geworfen

= Ballweg gespielt

= Ballweg geschlagen

= Laufweg

= Drive-/Angriffsschlag

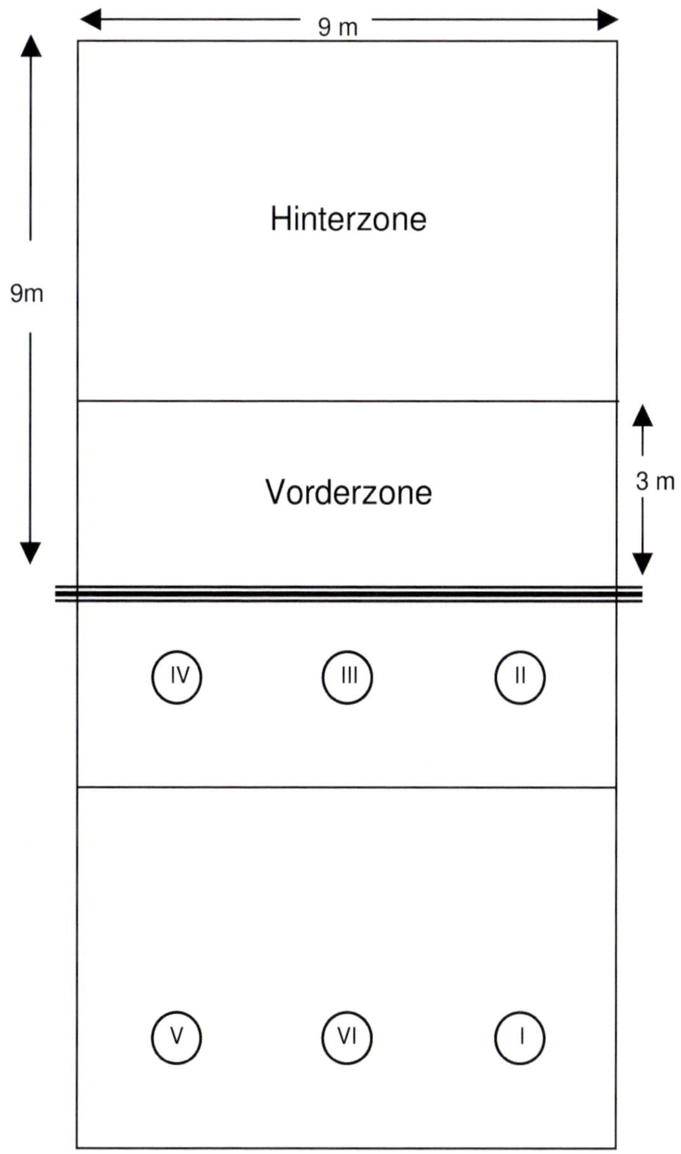

Abb. 1: Volleyballspielfeld

Spielgedanke und Spielregeln

Die ***Spielidee des Sportspiels Volleyball und Minivolleyball*** besteht darin, den Ball über ein in der Mitte des Feldes gespanntes Netz auf den Boden der gegnerischen Spielfeldhälfte zu spielen. Die andere Mannschaft muss die Bodenberührung des Balls verhindern und den Ball durch kurze Ballkontakte in der Luft halten. Der Ball soll mit höchstens drei Ballberührungen zurück über das Netz volley auf den Boden der gegnerischen Spielfeldseite gespielt werden.

Für die ***erste Ballberührung*** eignen sich das ***Pritschen*** (insbesondere im Anfängerbereich) und das ***Baggern*** (insbesondere im Leistungsbereich) als Spieltechniken. Hinsichtlich der ***zweiten Ballberührung*** kommt in erster Linie das ***Zuspiel im Pritschen*** zur Anwendung und bei schlechteren ersten Pässen das untere Zuspiel. Für die Ausführung der ***dritten Ballberührung*** stehen dem Spieler mehrere ***Angriffstechniken*** zur Verfügung (Driveschlag, Angriffsfinte, Schmetterschlag etc.). Um den ***Ball ins Spiel zu bringen,*** haben sich mehrere ***Aufschlagarten, vom Aufschlag von unten*** bis hin zum ***Aufschlag im Sprung***, entwickelt. Zu den wichtigsten Abwehrtechniken zur Verteidigung des Angriffsschlags zählen der ***Block*** und der ***Abwehrbagger*** mit seinen Variationen.

Mit der zunehmenden Erweiterung der Spielfähigkeit des Anfängers entwickelt sich dieses grundlegende Spielverhalten, den Ball in der Luft zu halten, zu einem Verteidigungs- und Angriffsverhalten. Die Fähigkeit, den Ball anzunehmen bzw. abzuwehren (erste Ballberührung), ist die wichtigste Voraussetzung, um einen Angriff, d. h. eine Angriffshandlung im Sprung (dritte Ballberührung), auszuführen. Die Angriffshandlung ist aber nur dann möglich, wenn die erste Ballberührung so zielgenau ausgeführt wird, dass sie ein gutes Zuspiel (zweite Ballberührung) erlaubt. Für den Übergang von der Annahme/Abwehr zum Angriff stehen jeder Mannschaft drei Ballberührungen zur Verfügung, deren Ausnutzen für das Zustandekommen einer Angriffshandlung und für die Entwicklungsfähigkeit des einzelnen Spielers bzw. der Mannschaft eine große Rolle spielt.

Im Folgenden werden die ***wichtigsten Spielregeln*** kurz dargestellt:

- Eine ***Mannschaft*** besteht aus sechs Feldspielern im großen Spiel und aus drei Spielern im Minivolleyball.
- Das ***Spielfeld*** beträgt 9 x 18 m und im Minivolleyball 4,5 x 12 m.
- Die ***Netzhöhe*** beträgt 2,43 m bei den Männern, 2,24 m bei den Frauen und im Minivolleyball 2,10 m.
- Bei der ***Aufstellung der Spieler*** werden diese in Netz- oder Vorderspieler (auf den Pos. II, III und IV) und in Hinterspieler (I, VI und V) unterschieden.
- Im Minivolleyball nehmen die drei Spieler entsprechend den Spielerpositionen im großen Feld die Pos. II, IV und VI ein. Es wird nicht in Vorder-/Hinterspieler unterschieden.
- Der Ball wird mit einem ***Aufschlag*** des Spielers auf der Pos. I, der sich hinter der Grundlinie befindet, ins Spiel gebracht.
- Die ***Ballberührung*** sollte als Annahme-, Abwehr- und Zuspielhandlung grundsätzlich mit beiden Händen, der Aufschlag sowie der Angriff hingegen einhändig erfolgen.
- Der Ball darf nicht 2 x hintereinander vom selben Spieler (ausgenommen Block) berührt werden.
- Der Ball darf nicht aufgefangen, gestoßen, geführt oder gehalten werden.
- Die Spieler dürfen die ***Mittellinie*** nicht überschreiten und das ***Netz*** nicht berühren. Der Ball darf hingegen das Netz bei jeder Handlung (auch beim Aufschlag) berühren.
- Die ***Zählweise*** erfolgt nach dem ***Rally-Point-System***, d. h., dass jeder Ballwechsel zu einem Punktgewinn für die eigene oder gegnerische Mannschaft führt. Gespie-lt wird bis zu drei Gewinnsätzen jeweils bis 25 Punkte mit einem Unterschied von zwei Punkten (27:25, 29:27 etc.).
- Beim Minivolleyball werden zwei Gewinnsätze gespielt.
- Der fünfte beim Spiel 6 gegen 6 und der dritte Satz beim Spiel 3 gegen 3 wird lediglich bis 15 Punkte, wiederum mit einem Unterschied von zwei Punkten, gespielt.
- Bei ***Aufschlagwechsel*** erfolgt eine ***Rotation der aufschlagenden Mannschaft*** um eine Position im Uhrzeigersinn, d. h., der Spieler auf Pos. II wird neuer Aufschlagspieler auf Pos. I.
- Ein ***Punkt*** wird bei Bodenberührung des Balls, beim Spielen des Balls ins Netz oder ins Aus, Fehler bei der technischen Ausführung (s. o.) oder falscher Rotation bzw. Aufstellungsfehler vergeben.
- Geleitet wird das Volleyballspiel durch einen ersten und zweiten Schiedsrichter und das Minivolleyballspiel von einem Schiedsrichter (vgl. Foto 2).

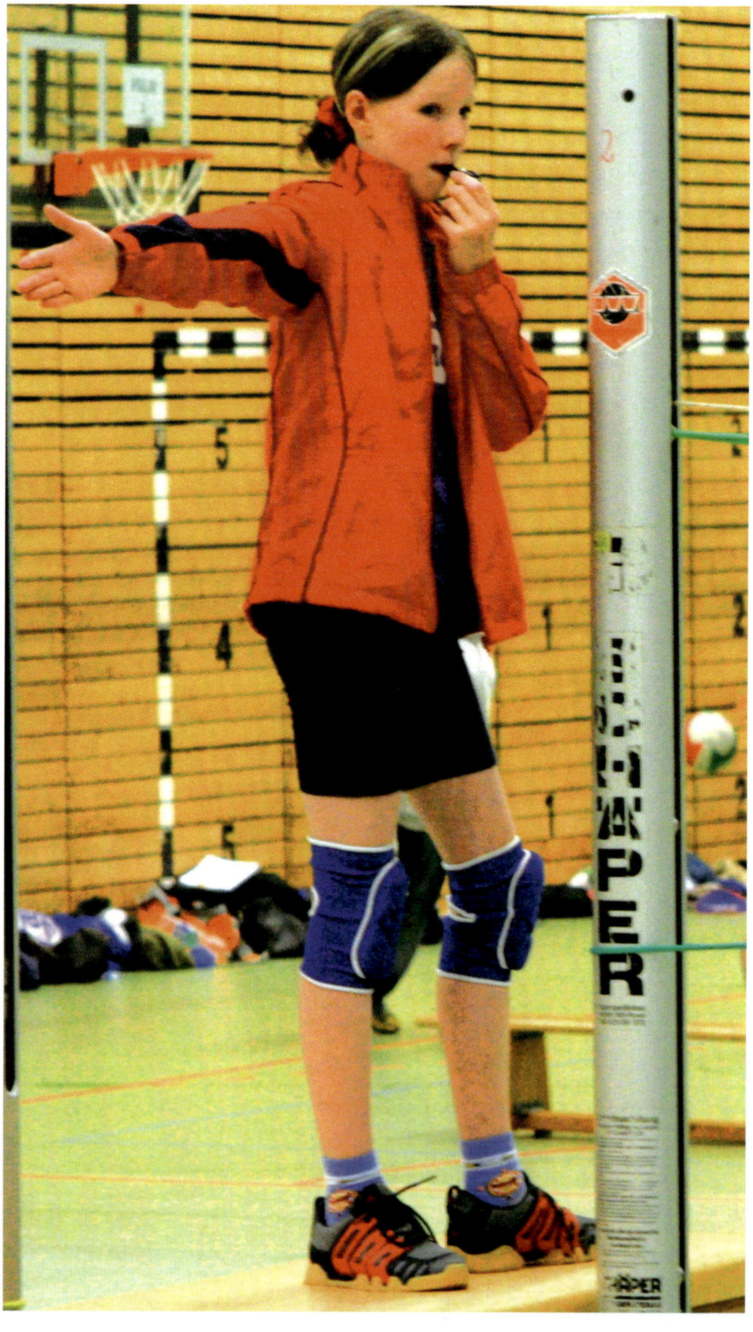

Foto 2: Schiedsrichterin beim Wettkampfspiel

1 Vorbereitende Spiele für das Volleyballspiel

Das Volleyballspiel gehört zu den ***technisch und taktisch anspruchsvollsten Sportspielen***. Sämtliche der im Volleyball vorkommenden Handlungen, wie z. B. die Grundelemente Pritschen und Baggern, sind nicht an die Alltagsmotorik angelehnt und somit sehr schwer zu erlernen. Während die Großen Spiele (Handball, Basketball, Fußball, Hockey etc.) längere Ballberührungen und sogar das Fangen und Führen sowie den Bodenkontakt des Balls erlauben, muss er beim Volleyball „volley" gespielt werden. Dies verlangt von den Anfängern (Schülern) nicht nur technisch schwierige und dabei noch sauber ausgeführte Bewegungsabläufe, sondern auch ein ***richtiges Entscheidungshandeln unter Zeitdruck, gekoppelt mit den entsprechenden Bewegungsfertigkeiten***.

Somit ist das Sportspiel Volleyball im technischen und taktischen Bereich – insbesondere für Anfänger, d. h. kognitiv noch nicht voll entwickelte Spieler mit wenig Bewegungserfahrung – sehr schwer zu erlernen. Können alle anderen Großen Spiele bereits mit sechs Jahren ohne vorbereitende Spiele eingeführt werden, da in ihnen der Spielfluss unabhängig von der Handlungs- und Zielgenauigkeit der Techniken zu Stande kommt, ist dies beim Volleyballspiel fast nicht umsetzbar.

Im Volleyballspiel, dem einzigen Mannschaftsspiel mit Rückschlagcharakter, sind nur ***besondere, sehr kurze Formen der Ballberührung*** im Rahmen der regeladäquaten Technikausführung erlaubt. Folglich stellt die ***entsprechende Beherrschung der Grundtechniken*** eine unabdingbare Voraussetzung für die Zielgenauigkeit der Handlungen dar und somit insgesamt für das Zustandekommen des Zielspiels.

Hinzu kommt, dass das Volleyballspiel ein ***Spiel der Fehler*** ist: Jeder Fehler (wie beispielsweise technisch unsauberes Spiel oder Bodenkontakt des Balls) wird sofort mit Unterbrechung des Ballwechsels „bestraft", sodass insbesondere bei der Einführung des Spiels darauf geachtet werden muss, ***längere Ballwechsel*** zu ermöglichen, um die Spielfreude der Anfänger zu fördern und somit ihre Motivation zu steigern.

Ausgehend von der oben sehr kurz skizzierten Struktur des Volleyballspiels, erscheint es sinnvoll, nicht vor dem neunten Lebensjahr (3./4. Klasse) mit dem Erlernen der volleyballspezifischen Techniken und des Spiels zu beginnen. Zuvor sollte im Grundschulbereich eine ***vielseitige, allgemeine und breite Ausbildung in allen***

Sportarten (Gymnastik, Turnen, Leichtathletik und insbesondere in allen Spielsportarten mit Ball) angeboten werden, um den Kindern ein entsprechend breit gefächertes Bewegungsrepertoire als Voraussetzung für das Erlernen insbesondere des Volleyballspiels zu ermöglichen.

Ergänzend ist für das Volleyballspiel die Durchführung von ***vorbereitenden Spielen/Kleinen Spielen***, wie im Folgenden ausführlich begründet, über einen Zeitraum von mehreren Jahren ***unabdingbare Voraussetzung***:

- Vorbereitende Spiele erfordern häufig nur einen ***kleinen Spielraum*** und weisen eine ***hohe Intensität*** auf.
- Sie erfordern nur ***wenige Geräte*** (Seile, Bälle etc.).
- Zahlreiche Spiele eignen sich sowohl für ***kleinere Gruppen*** als auch für eine ***größere Anzahl von Kindern*** (Klassen).
- Vorbereitende Spiele verlangen in der Regel ***keine anspruchsvollen Fertigkeiten.***
- Sie haben meistens ***einfache Regeln***.
- Vorbereitende Spiele haben stets ***Wettkampfcharakter***.
- Die ***Spielregeln und der Spielverlauf können bzw. müssen der Lernsituation entsprechend verändert werden***, um bestimmte pädagogische Absichten zu erzielen.
- Vorbereitende Spiele benötigen in der Regel für ihre Umsetzung ***keine lange Anlaufzeit***. Sie können bereits nach wenigen Erläuterungen gespielt werden.

Die methodische Vorgehensweise muss bei der Ein- und Weiterführung des Volleyballspiels wie auch bei anderen Großen Sportspielen besonders beachtet werden. Dies hängt mit den unterschiedlichen Mentalitäten in den jeweiligen Kulturen zusammen. Zum Beispiel muss die ***methodische Spielreihe***, d. h. eine fast ausschließlich aus Spiel- und Wettkampfformen bestehende Reihe, im westlichen Raum überwiegend Anwendung finden, wohingegen im osteuropäischen und asiatischen Raum auch hervorragend die ***methodische Übungsreihe*** eingesetzt werden kann. Die methodische Spielreihe bringt den großen Vorteil der Motivation bei den Lernenden mit sich, der Lernprozess hingegen läuft langsamer ab. Beim Einsatz der methodischen Übungsreihe lernt der Anfänger zwar ***schneller***, es bedarf jedoch einer hohen Eigenmotivation. Deshalb sollten nach Möglichkeit in unserem Kulturkreis bei der Vermittlung ***mehr Spiel- als Übungsformen*** angeboten werden.

Vorbereitende Spiele sollen zum einen abwechslungsreich, zum anderen jedoch auch durchaus gezielt hinsichtlich des Erwerbs der unten aufgeführten Fähigkeiten eingesetzt werden.

- ***Schulung von Kraft*** (Zieh- und Schiebespiele, Hebespiele, Tragespiele).
- ***Schulung von Schnelligkei***t (Fangspiele, Platzsuchspiele, Wettläufe, Pendel- und Umkehrstaffeln).
- ***Schulung von Ausdauer*** (Staffeln und Spiele mit geringerer Belastung über längere Zeit).
- ***Schulung der Koordination*** (Hindernis-/Transportstaffeln, Spiele mit vielen verschiedenen, gleichzeitigen Anforderungen wie Laufen, Beobachten, Ausweichen oder Werfen).
- ***Schulung von Sehen, Hören und Fühlen.***
- ***Schulung der Wahrnehmung.***
- ***Förderung von sozialem sowie gruppentaktischem Verhalten.***
- ***Förderung von kreativem Verhalten.***

Natürlich lassen sich die vorbereitenden Spiele nicht immer isoliert einem der oben angeführten Punkte zuordnen. Meist treffen mehrere der Aspekte auf dasselbe Spiel zu, sodass vielseitige Bewegungserfahrungen gemacht werden und sich die Schüler ein entsprechend großes Bewegungsrepertoire aneignen können.

Die vorbereitenden Spiele zur Hinführung auf die Sportart Volleyball lassen sich unterscheiden in

- ***allgemeine, vorbereitende Spiele ohne*** wie auch ***mit Ball*** sowie
- ***spezielle, vorbereitende Spiele (mit Ball).***

In den ***allgemeinen, vorbereitenden Spielen*** werden neben den athletischen bzw. konditionellen Fähigkeiten auch die grundlegenden Verhaltensweisen für Sportspiele ***mit Ball*** vermittelt, sodass Anfänger ein ***sportspielübergreifendes Ball-, Raum-, Ziel-, Partner- und Gegnerverhalten*** erlernen.

Die **speziellen, vorbereitenden Spiele**, welche allesamt mit Ball gespielt werden, sollen konkreter auf das Zielspiel Volleyball hinleiten, jedoch **ohne bereits spezifische Volleyballgrundtechniken zu berücksichtigen**. Der Ball soll zwar „volley", d. h. ohne Bodenkontakt, gefangen und geworfen werden, sodass Anfänger, ohne die speziellen

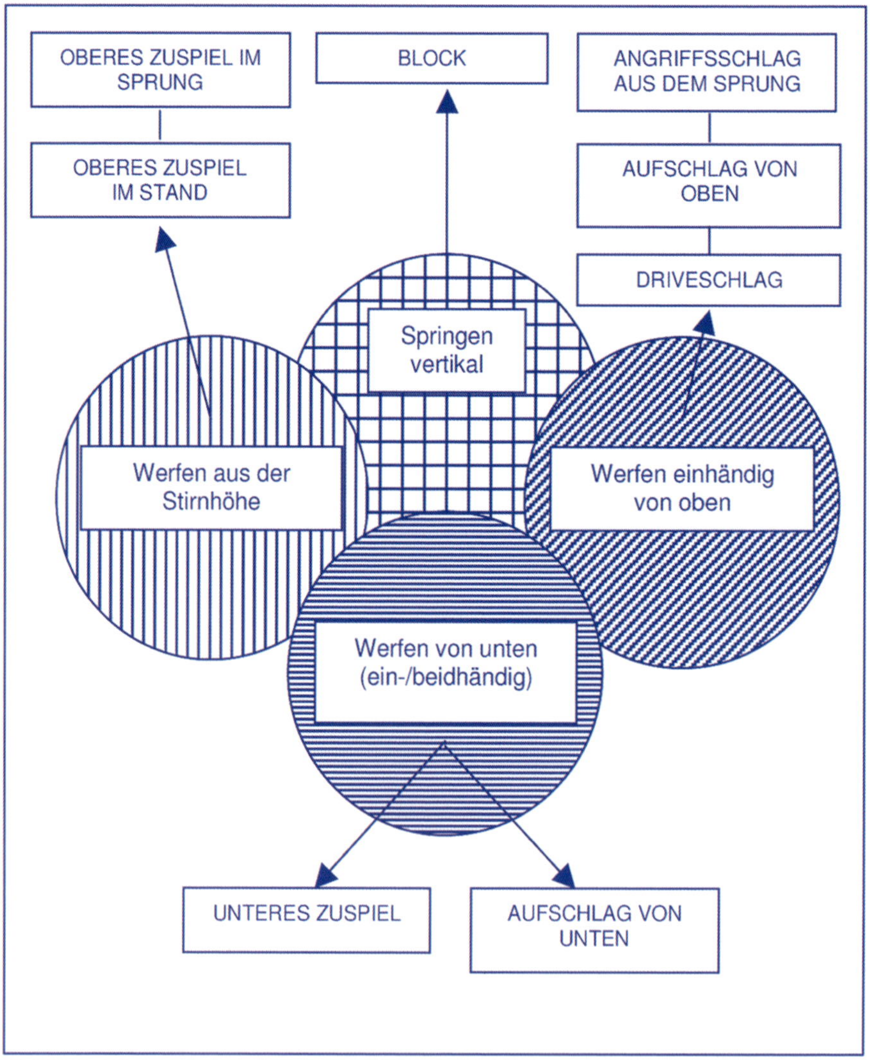

Abb. 2: Grundelemente des Volleyballspiels (modifiziert nach Zaleski, 1995)

Volleyballtechniken zu kennen und somit ohne unter Zeitdruck zu stehen, sich voll auf das in den Spielen in groben Zügen vorkommende **volleyballtypische Ball-, Raum-, Ziel-, Partner- und Gegnerverhalten** konzentrieren können. Folglich erlernen Anfänger Schritt für Schritt volleyballähnliche Handlungen und den Grundgedanken des Volleyballspiels.

Wurf- und Fangspiele, deren besondere Bedeutung für das Volleyballspiel Abb. 2 aufzeigt, müssen im Zentrum der sportspezifischen Frühausbildung stehen. Insbesondere das richtige Einschätzen von Ballflugkurven und die daraus resultierende schnelle Einnahme der richtigen Stellung bzw. Position zum Ball bildet die Grundvoraussetzung für das sich anschließende Erlernen der volleyballspezifischen Techniken.

Diese allgemeinen, ballgebundenen Vorerfahrungen sind unabdingbar für eine schnelle Erfassung und Antizipation von einzelnen Spielzügen, von komplexeren Spielsituationen sowie des gesamten Spielverhaltens bzw. für das Erkennen von Spielzusammenhängen.

Die unten aufgeführten Grundsätze spielen auch für die im Kapitel 2 folgende Einführung des Minivolleyballspiels eine sehr wichtige Rolle.

Entscheidend für eine erfolgreiche Umsetzung der vorbereitenden Spiele ist eine entsprechende ***Flexibilität des Lehrers/Trainers***, der situationsbezogen auf die entsprechenden Gegebenheiten reagieren und die Spiele in folgender Hinsicht entsprechend variieren können muss:

- ***„Spielen vor dem Üben-Prinzip"*** beachten: immer Vergleichsmöglichkeiten und ***Wettbewerbe*** schaffen.
- ***Spielintensität messen:*** kleine Gruppen und Kleinfeldspiele mit möglichst ***vielen Ballkontakten*** des einzelnen Spielers ermöglichen.
- ***Spieldauer beachten:*** möglichst ***lange Spielzüge*** schaffen, indem man die Rahmenbedingungen adressatengerecht gestaltet.
    - Netz-/Schnurhöhe variieren – anfangs höher.
    - Feldgröße variieren – anfangs kleiner.
    - Verschiedenes Ballmaterial berücksichtigen – anfangs leichtere Bälle.
    - Einfallsreichtum bei Markierungen (Klebebänder u. a.), Toren etc.

1.1 Allgemeine, vorbereitende Spiele ohne Ball

Bei den allgemeinen, vorbereitenden Spielen ohne Ball, die als Erstes mit Anfängern durchgeführt werden können, sollen die ***allgemeinen Spielfähigkeiten*** (motorische Grundfertigkeiten und allgemeines Bewegungsverhalten) sowie die ***allgemeinen koordinativen Fähigkeiten*** (Wahrnehmen und Entscheiden, Orientierungsfähigkeit etc.), die auch für das Volleyballspiel von Bedeutung sind, entwickelt werden.

An die Struktur des Volleyballspiels angelehnt, sind ***Spiele*** von besonderer Bedeutung, in denen die Kinder nicht nur laufen und springen müssen, sondern neben der Verbesserung der allgemeinen Kondition und der Gewandtheit insbesondere die ***Schnelligkeit*** und das ***Reaktionsvermögen*** mit ***Antritten*** ohne und mit Richtungsänderung, ***Abstoppen***, ***Bodenkontakt***, ***Seitwärtsbewegungen*** üben müssen.

Die ersten vier Formen (1-4) beinhalten keine richtigen Spiele, sondern Übungsformen, die aber einleitend an dieser Stelle genannt werden, da sie hervorragend der Erwärmung, d. h. zur optimalen Vorbereitung des Körpers auf die spätere Spielbelastung, dienen und somit Bestandteil jeder Trainingseinheit sein können.

1 Gangart variieren

Laufen, hüpfen, springen, Fersen- und Ballengang sowie Hopserlauf (ohne/mit Armeinsatz).

Variationen:

1) Die Gangarten verändern und die Laufrichtung (vorwärts, rückwärts oder seitwärts) variieren.

2) Auf Zuruf eine Körperdrehung ausführen, später den Boden beidhändig berühren und/oder die Gangart wechseln.

3) Bei Klatschen legen sich die Kinder auf den Bauch/Rücken.

4) Auf Pfiff „zeichnen" die Kinder mit den Händen eine Linie oder einen Kreis auf dem Boden.

5) Kombination der Variationen (1) bis (4): Auf Zuruf wird z. B. die Gangart gewechselt, auf Pfiff wird ein Strecksprung ausgeführt und bei Klatschen legen sich die Kinder auf den Bauch etc.

2 Sidesteps

Seit- und Gleitschritte nach rechts und links, ohne und mit Armschwung sowie zuletzt mit fast gestreckten Armen in tiefer Abwehrposition (Foto 3).

3 Cross-Sidesteps

Kreuz- oder Übersetzschritte mit Nachstellschritten: Die Beine werden vorwärts und rückwärts gekreuzt, die Arme lang gestreckt gehalten. Das Tempo soll variiert werden.

4 Hopserlauf

Hopserlauf vorwärts, rückwärts und seitwärts, mit Armkreisen vorwärts/rückwärts, auch entgegen der Laufrichtung, mit Doppelarmschwung und Armkreisen gegengleich.

Die folgenden sechs Wettkampfformen zu zweit (5-10) zielen insbesondere auf die Kräftigung der Muskulatur ab und schulen u. a. die Reaktion, das Gleichgewicht, die Geschicklichkeit, die Schnelligkeit und die Grundlagenausdauer.

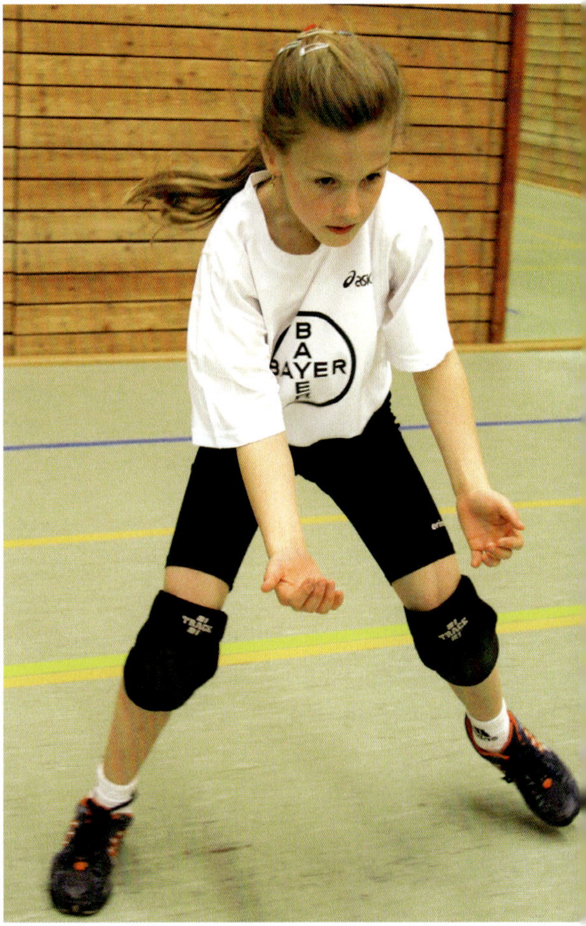

Foto 3: Sidesteps in Abwehrhaltung

5 Schinkenklopfen

Zwei Kinder versuchen, sich gegenseitig leicht auf das Gesäß zu klopfen. Treffer auf das eigene Gesäß gilt es dabei zu vermeiden.

Variationen:

1) Auf Zeit spielen.
2) Auf begrenztem Raum spielen.
3) Die Trefferfläche verändern, z. B. nur auf die Unterschenkel klopfen.

6 Füße jagen

Zwei Kinder versuchen, sich gegenseitig auf die Füße zu treten. Treffer auf die eigenen Füße sollen natürlich vermieden werden.

Variationen:

1) Auf Zeit spielen.
2) Die Spielfeldfläche verkleinern.

7 Schattenlaufen

Zwei Kinder stehen sich gegenüber. Eines bewegt sich z. B. seitlich, läuft vor und zurück, hüpft, springt, stoppt und wechselt unvermittelt die Richtung. Der Partner versucht reaktionsschnell, alle Bewegungen unmittelbar zu imitieren.

Variation:

1) Das Schattenkind (nur „outdoor" bei Sonnenschein möglich!)
Zwei Kinder stehen sich gegenüber. Ein Kind bewegt sich, läuft etc. Das zweite Kind (das „Schattenkind") versucht, sich immer im Schatten des anderen zu bewegen und alle Bewegungsformen des Schattens zu übernehmen.

8 Gleichgewichtswettkampf

Zwei Kinder stehen sich in Grätschstellung (Beine schulterbreit auseinander) gegenüber und berühren sich mit den Händen. Jeder versucht, den anderen aus dem Gleichgewicht zu bringen, sodass beide Füße den Bodenkontakt verlieren.

Variationen:

1) Die Kinder halten sich gegenseitig mit den Händen fest.
2) Die Kinder stehen mit dem Rücken zueinander, um sich gegenseitig wegzustoßen.
3) Die Ausgangsposition ist in Hockstellung.

4) Diese Wettkampfformen können auch in einem kleineren, begrenzten Feld stattfinden. Sieger ist, wer den anderen zuerst aus dem Feld herausstößt.

5) Die Ausgangsstellung ist auf einem Bein.

9 Tipp-Fangen

Es kämpfen zwei Kinder, im Bereich der Mittellinie stehend, gegeneinander: Jedes Kind versucht, seinen Gegner anzutippen und anschließend zur eigenen Grundlinie (ca. 9 m) wegzulaufen, sodass der Gegner ihn innerhalb des Spielfelds nicht abschlagen kann (Foto 4). Sieger ist, wer als Erster 3 x oder 5 x gewinnt.

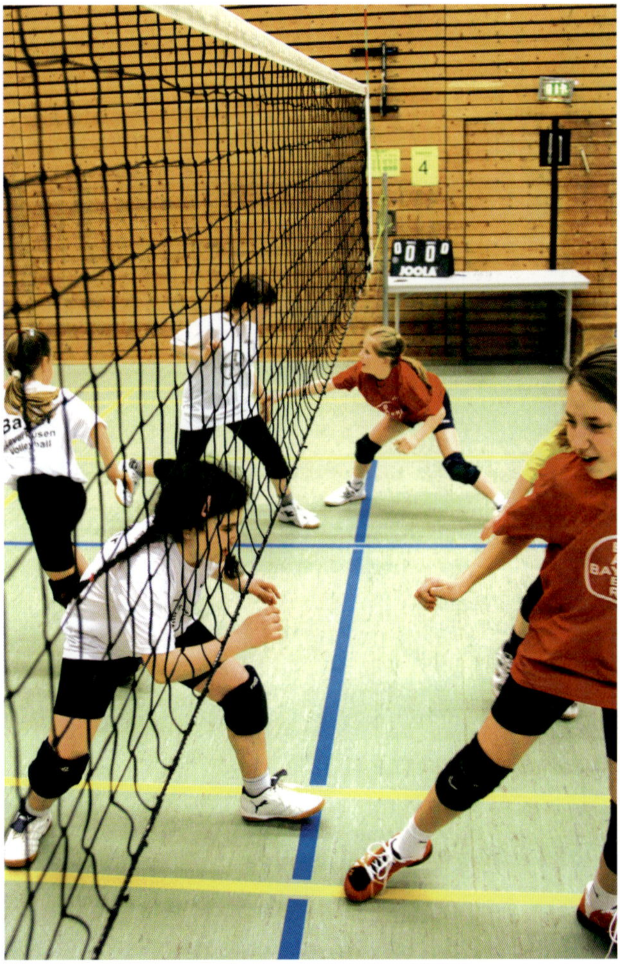

Foto 4: Tipp-Fangen

10 Dieb jagen

Es wetteifern zwei Kinder gegeneinander um einen Ball (Tuch/Ring), welcher auf der Mittellinie liegt. Beide Kinder starten auf Kommando aus der gleichen Entfernung (6 oder 9 m) von gegenüberliegenden Seiten und versuchen, den Tennisball zu erobern und über die eigene Ausgangslinie zu bringen, ohne vom Gegner abgeschlagen zu werden (Foto 5). Dabei versucht der Gegner, selbst den Ball zu nehmen bzw. den sich in Ballbesitz befindenden Gegner abzuschlagen. Täuschungshandlungen bzw. -bewegungen sind nicht nur erlaubt, sondern zwingend erforderlich, um den Gegner zu besiegen.

Variationen:

1) Das Spiel mit mehreren Spielern als Spiel jeder gegen jeden (Abb. 3).

2) Das Spiel mit mehreren Spielern als Spiel 2 gegen 2/3 gegen 3.

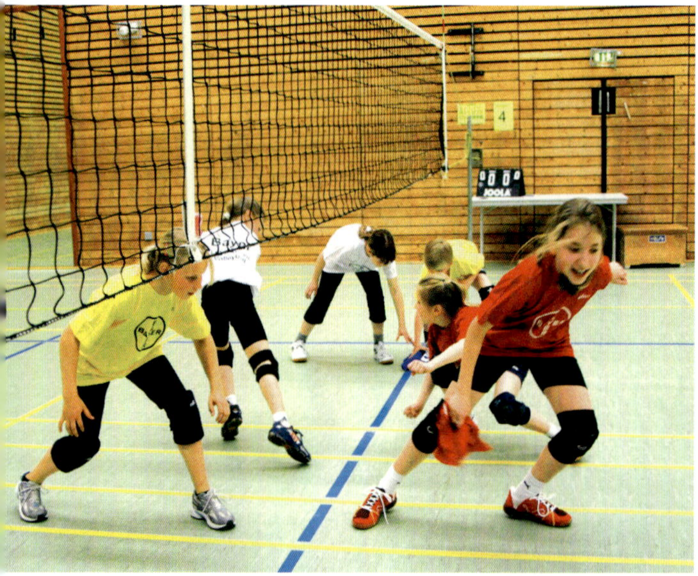

Foto 5: Dieb jagen

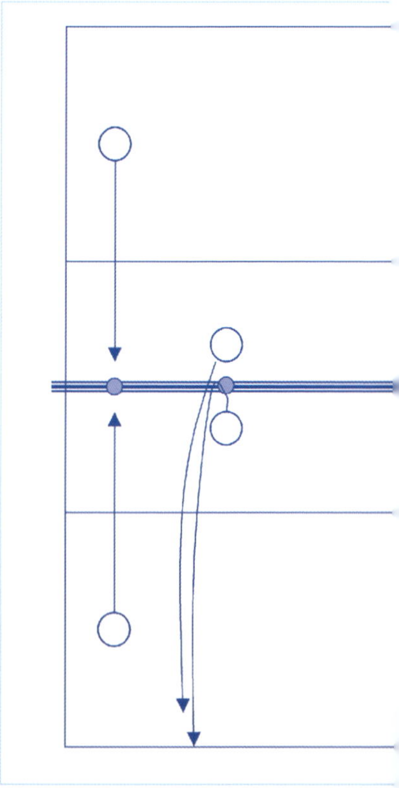

Abb. 3: Dieb jagen

Diefolgenden10Wettkampfformen(11-20)inKleingruppenschulenzusätzlich das Partner- und das Gegnerverhalten.

11 Bodyguard

Die Spielgruppe (drei Kinder) besteht aus einem „Star", seinem „Bodyguard" und einem „Fan", der den Star berühren möchte. Der Bodyguard versucht, diese Berührung durch Abschirmung des Stars zu verhindern. Dabei muss der Star einen bestimmten Weg (9 m) zurücklegen, ohne berührt zu werden (Foto 6). Ein Wechsel der Funktionen erfolgt nach Berührung des Stars durch den Fan oder erfolgreicher Raumüberwindung des Stars.

Variationen:

1) Die Positionen können mehrfach besetzt werden (z. B. zwei Stars, zwei Bodyguards und/oder zwei Fans).

2) Statt den Star zu berühren, muss der Fan nun den Star mit Softbällen abwerfen.

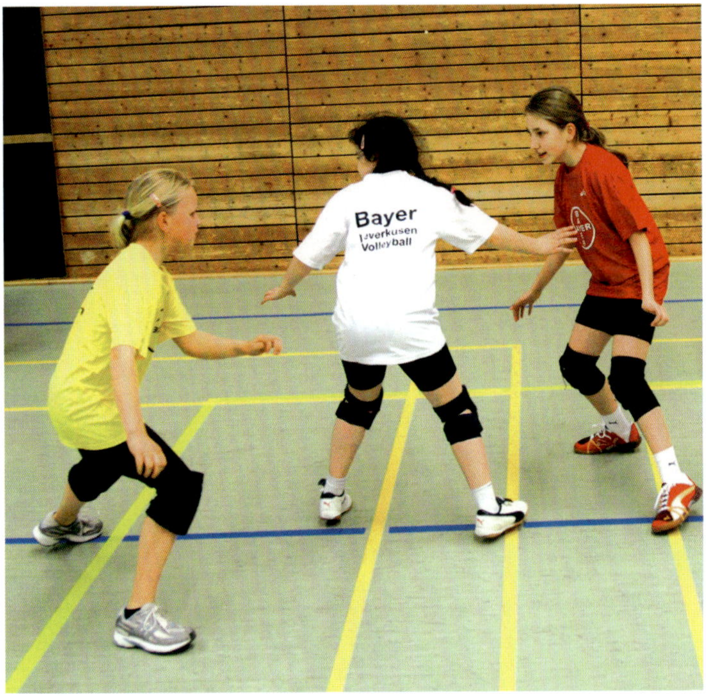

Foto 6: Bodyguard

12 Buchstabenfangen

Jedes Kind jeder Spielgruppe (bestehend aus drei Kindern) erhält (gedanklich) einen Buchstaben, z. B. „A", „E" und „S". Alle Kinder (alle Gruppen) laufen durcheinander. Der Lehrer ruft sehr laut und sehr deutlich ein Wort, welches als Anfangs- und Endbuchstaben zwei der ausgewählten Buchstaben besitzt (z. B. **S**onn**e**). Daraufhin agiert das Kind mit dem ersten Buchstaben („S") mit seinem Gruppenpartner mit dem letzten Buchstaben („E") zusammen, um das dritte Kind („A") zu fangen („S" und „E" fangen „A"). Auf Pfiff des Lehrers (nach vier, sechs, acht Sekunden) wird das Fangspiel beendet. Für das Fangen erhalten die zwei Fänger jeweils einen Punkt. Wird das andere Kind nicht gefangen, erhält dieses einen Punkt. Jedes Kind zählt seine Punkte.

Variationen:

1) Wörter mit gleichem Anfangs- und Endbuchstaben (z. B. **A**nn**a**) nennen. Das Kind mit diesem Buchstaben („A") wird von den beiden anderen Kindern („E" und „S") gejagt.
2) Die beiden Fänger müssen sich zuerst an einer Hand fassen, um gemeinsam das dritte Kind zu fangen (Foto 7).

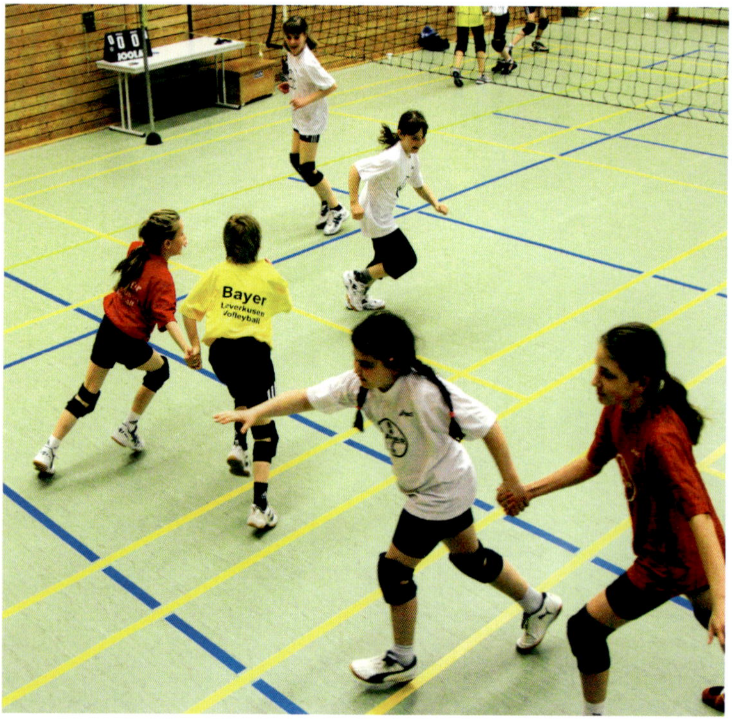

Foto 7: Buchstabenfangen

13 Raupenspiel

2-3 Kinder pro Team bilden eine Raupe. Sie reihen sich hintereinander in der Liegestützhaltung auf und der Vordermann legt seine Füße beim hinteren Partner auf die Schultern (Foto 8). Jede Gruppe versucht, eine vorgegebene Distanz so schnell wie möglich zu überwinden. Die Reihenfolge der einzelnen Raupenglieder soll in mehreren Rennen variiert werden.

Variationen:

1) Ist die Spielform für die Kinder schwer umzusetzen, sollen die Kinder nicht die Füße beim Hintermann auf die Schultern, sondern die Hände auf das Gesäß des Vordermannes legen, sodass sich die Kinder auf den Knien vorwärts bewegen. So ist die Spielform bis sechs Kinder pro Team möglich.
2) Wie die Wettkampfform und die Variation, allerdings rücklings/seitlings.

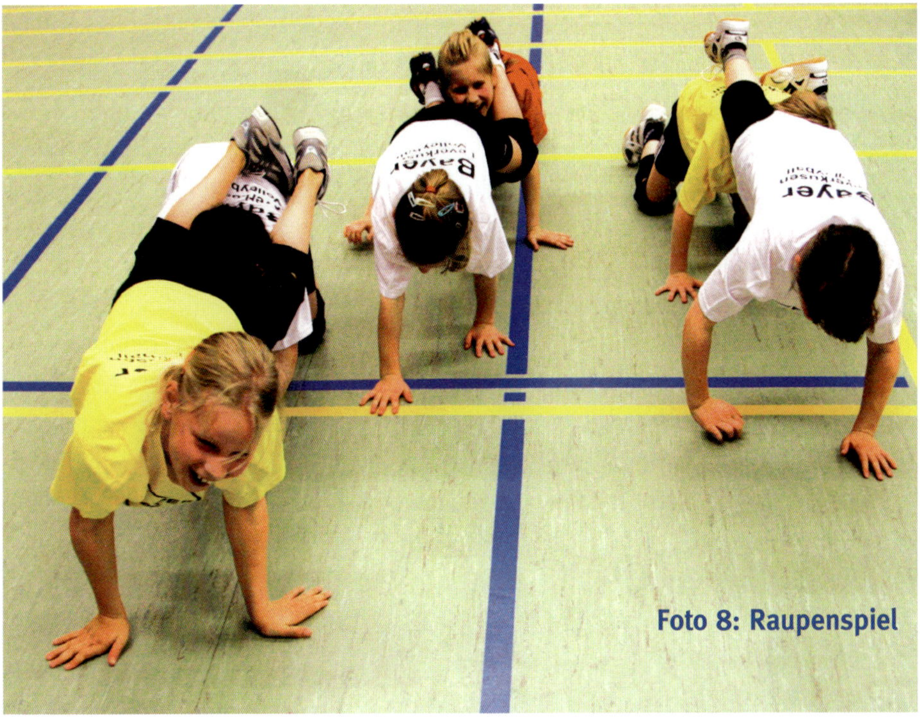

Foto 8: Raupenspiel

14 Fangspiel in einer Spielfeldhälfte

Ein Fänger versucht, in einer Volleyballspielfeldhälfte (d. h. auf 9 x 9 m) die weglaufenden Mitspieler abzuschlagen. Wer berührt wird oder das Feld verlässt, wird Fänger. Als Trefffläche zählt der ganze Körper.

Variationen:

1) Als Trefffläche gelten nur die Oberschenkel, später die Unterschenkel.
2) Auf einem kleineren Feld wird nur gehüpft und später nur einbeinig gesprungen.
3) In der Halle: Es darf nur auf den in der Halle vorkommenden Linien gelaufen werden.

15 Fangspiel Sonne – Schatten

Es gibt eine Sonnen- und eine Schattengruppe, wobei sich die Kinder aus den verschiedenen Gruppen jeweils paarweise auf dem Bauch gegenüberliegen. Als Trennmarkierung gilt eine Linie. Die vom Trainer gerufene Gruppe ist Fänger und sprintet auf das Kommando „Sonne" bzw. „Schatten" los, um ihren Partner/Gegner aus der anderen Gruppe zu fangen. Die Fangstrecke beträgt ca. 9 m.

Variationen:

1) Der Wettkampf beginnt aus verschiedenen Ausgangsstellungen: rücklings mit den Füßen zusammen, rücklings mit den Köpfen zusammen, bäuchlings mit den Füßen zusammen, bäuchlings mit den Händen zusammen etc.
2) Wie oben, aber mit verschiedenen Gangarten: rückwärts laufen, Krebsgang, Krabbeln auf allen vieren, einbeinige Sprünge und Schlusssprünge etc.

16 Farben fangen

Je nach Größe der Gesamtgruppe werden bis zu vier Fänger bestimmt, die jeweils mit einem verschiedenfarbigen Band/Hemd (z. B. rot, blau, grün, gelb) gekennzeichnet sind. Die Fänger kooperieren als Gruppe und versuchen, ihre Mitschüler zu fangen. Dabei agiert jeweils nur eine Farbe als Fänger. Dieser aber kann jederzeit durch einen sehr lauten Zuruf einen anderen Fänger (Farbe), der sich in einer günstigeren Fangposition befindet, bestimmen. Wer gefangen wird, scheidet aus. Es wird die Zeit gestoppt, in der alle Mitspieler gefangen werden, wonach auch ein Wechsel der Fänger erfolgt. *Gewonnen hat die Vierergruppe, die ihre Mitschüler in der kürzesten Zeit gefangen hat.*

Variation:

1) Die gefangenen Mitschüler müssen am Fangort mit gespreizten Beinen stehen bleiben und können erlöst werden, wenn ein Mitschüler durch die Beine hindurchkriecht/-hechtet.

17 Supermarkt

In den Ecken einer Spielfeldhälfte des Volleyballspielfelds (9 x 9 m) befinden sich jeweils auf einer kleinen Matte vier Mannschaften, die aus 4-5 Schülern bestehen (Abb. 4). In der Mitte des Spielfelds liegt für jede Gruppe ein Korb (Ring) mit jeweils fünf, sieben, neun gleichen Gegenständen (z. B. für eine Gruppe 10 Tennisbälle, für eine andere 10 Volleybälle, für die dritte Gruppe 10 Bänder etc.). Das Ziel der Gruppen liegt darin, alle eigenen Gegenstände so schnell wie möglich in ihrem Einkaufswagen (ein weiterer Ring, der vor ihrer Matte liegt) zu transportieren. Dabei darf jeweils nur ein Spieler pro Gruppe „einkaufen", mit der Ablage des Gegenstandes übernimmt der nächste Mitspieler. Jeder Spieler darf nur einen Gegenstand pro Lauf „einkaufen", allerdings darf man nicht nur die eigenen, für die Gruppe bestimmten Gegenstände zu sich holen, sondern auch die der gegnerischen Gruppen. Daraus ergibt sich, dass man auch aus gegnerischen Einkaufswagen Produkte herausnehmen darf bzw. muss und in seinen Korb bringt, um alle eigenen Gegenstände zusammenzutragen. Die Mitspieler der eigenen Gruppe verfolgen nicht nur den Ablauf, um selbst gut zu handeln, sondern müssen sich untereinander lautstark verständigen, um die beste Strategie umzusetzen. *Sieger ist die Mannschaft, die als Erste ihre Waren in ihren Einkaufswagen gebracht hat.*

Variation:

1) Es dürfen zwei Spieler pro Gruppe gleichzeitig „einkaufen" (insbesondere bei größeren Gruppen zu empfehlen).

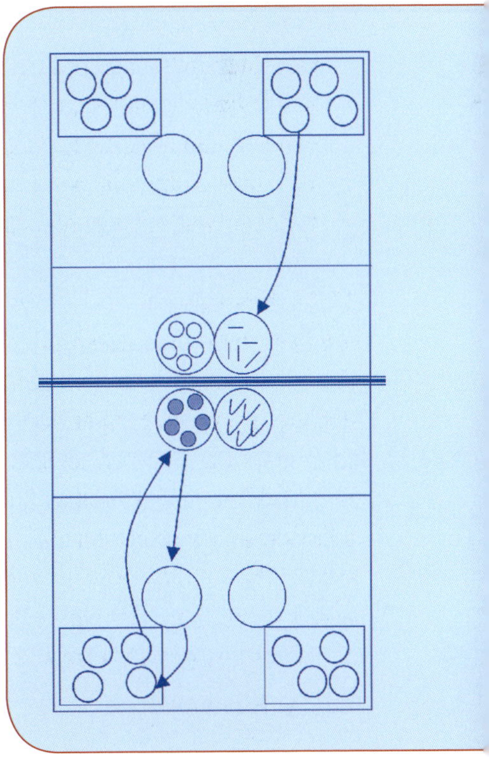

Abb. 4: Supermarkt

18 Küstenwache

Die Kinder sind in „Schmuggler" (X) und „Küstenwachen" (O) unterteilt (Abb. 5). Die Küstenwachen sind in zwei/drei Reihen (je 1-2 m breit) und ca. 3-4 m auseinander aufgestellt und versuchen, ohne ihren Raum zu verlassen, die Schmuggler abzuschlagen. Die Schmuggler starten hinter der Grundlinie und versuchen, Tennisbälle, Wäscheklammern etc. auf die andere Seite des Spielfelds zu bringen, ohne das Feld dabei zu verlassen. Es darf nur ein Ball pro Versuch geschmuggelt werden. Die Bälle werden hinter dem Feld in einem umgedrehten kleinen Kasten abgelegt. Wird ein Schmugglerkind gefasst, so muss es hinter die Grundlinie zurück und einen neuen Versuch beginnen. Es wird nach Zeitvorgabe (2-3 Minuten) gespielt. Anschließend tauschen die Schmuggler/Küstenwachen ihre Funktionen. *Gewonnen hat die Mannschaft, welche die meisten Tennisbälle über das Spielfeld geschmuggelt hat.*

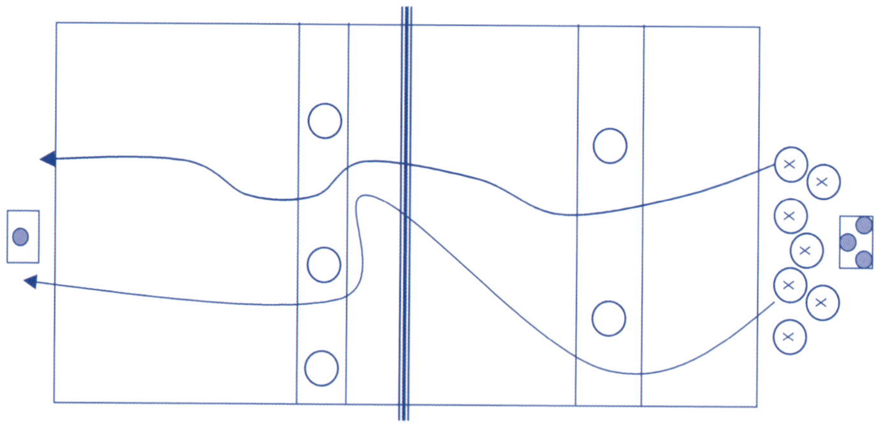

Abb. 5: Küstenwache

19 Der Geist der Gräfin („Gemo")

Es spielen zwei Mannschaften (bestehend aus fünf, sieben, neun Kindern) gegeneinander. Jede Mannschaft hat einen kleinen Kasten auf der gegenüberliegenden Seite. Der Lehrer bestimmt einen Spieler der Mannschaft A zum „Gemo" (der Geist der Ahnen). Dieser muss versuchen, den Kasten auf der gegnerischen Seite zu berühren (und den Geist darin abzulegen). Hierbei wird er von der eigenen Mannschaft unterstützt (freigeblockt) und von der gegnerischen Mannschaft B gejagt (Abb. 6-8). Berührt ein Spieler der Mannschaft B den „Gemo", so übernimmt er die Funktion des „Gemos", d. h. er versucht, wiederum den Geist in den eigenen Kasten auf der gegnerischen Seite zu bringen. Ein direktes Wiederschlagen des ehemaligen „Gemos" ist nicht erlaubt. *Sieger ist die Mannschaft, der es gelingt, den „Geist der Gräfin" im Kasten abzulegen.*

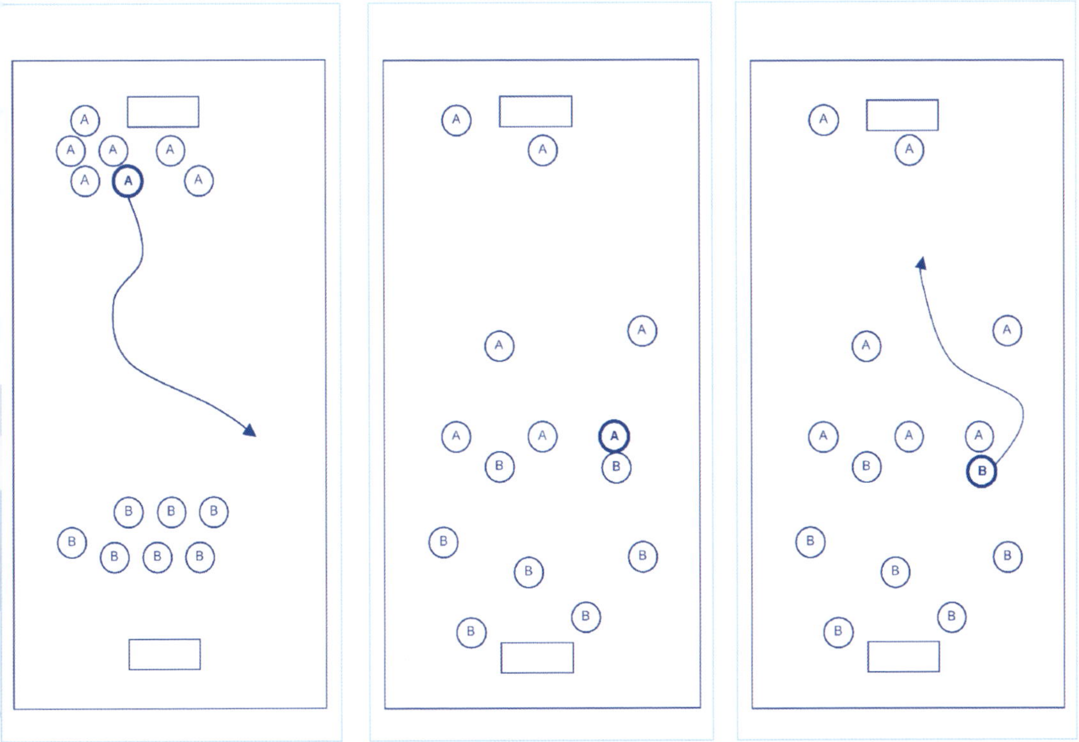

Abb. 6-8: Der Geist der Gräfin („Gemo")

20 (Hindernis-)Ballstaffeln

Jede Gruppe besteht aus drei oder mehr Spielern und hat die Aufgabe, einen kleineren Ball auf der flachen und offen gehaltenen Hand von der Grundlinie aus bis zum Netz und wieder zurück zu balancieren. Anschließend übergibt der Spieler den Ball an einen Partner. Fällt der Ball herunter, muss er aufgehoben werden und erst danach darf das Kind weiterlaufen. *Welche Gruppe schafft dieses Staffelrennen als schnellste?*

Handlungshinweis:

Balanciere den Ball mit gestrecktem Arm!

Variationen:

1) Ein größerer Ball wird auf dem angewinkelten Arm, zwischen dem Ober- und Unterarm in der Beuge getragen.
2) Die Spielform und die Variation, jedoch wird der Ball auf dem schwächeren Arm transportiert.
3) Trägt der eine Partner den Ball mit rechts, muss der andere ihn mit links weitertragen.
4) Die Spielform und die Variationen, allerdings muss der Schüler bei Ballverlust von der Grundlinie neu starten.
5) Die Spielform und alle Variationen, jedoch dürfen die Schüler auf keine Linie auf dem Hallenboden treten.

1.2 Allgemeine, vorbereitende Spiele mit Ball

Im Anschluss an die Spielformen ohne Ball werden im Folgenden vorbereitende Spiele mit Luftballon, Wasserball (aufblasbarer Plastikstrandball), Schaumstoffball und anderen Bällen vorgestellt. ***Bei allen Spiel- und Wettkampfformen können bzw. sollen jedoch auch die verschiedenen Bälle der Spielsportarten verwendet werden!***

Bei den Sechs-/Siebenjährigen lässt sich insbesondere der Luftballon sowie der Wasserball hervorragend als Spielball einsetzen. Auf Grund ihrer langsameren Flugfähigkeit erleichtern diese beiden Ballarten den Kindern durch eine längere Beobachtungsmöglichkeit die Antizipation der Ballflugbahn und somit auch eine vereinfachte Bewegung zum Ball. Es ist allerdings nur sinnvoll, mit beiden Spielgeräten im Freien zu üben, wenn es die Windverhältnisse erlauben.

Zunächst werden ausschließlich Spiele aufgezeigt, bei denen sich die Kinder anfangs nur auf den Ball, später auch auf den Partner konzentrieren müssen.

21 Fang den Ball

Die Kinder stehen in Grätschstellung und werfen einen Ball mit beiden Händen von unten nach oben hoch, klatschen vor/hinter dem Körper in die Hände und fangen den Ball wieder. *Welches Kind schafft es, 3 x oder 5 x hintereinander, ohne Fehler den hochgeworfenen Ball aufzufangen bzw. welches Kind schafft es, in zwei, drei oder fünf Minuten die meisten Bälle aufzufangen?*

Handlungshinweise:

- Wirf den Ball zielgenau über dich, sodass du dich nicht zum Ball bewegen musst!
- Wirf den Ball aus einer Bein- und Armstreckung heraus!

Variationen:

1) Die Kinder berühren nach dem Hochwerfen des Balls mit beiden Händen den Boden.
2) Die Kinder drehen sich nach dem Hochwerfen 1 x um die eigene Achse.
3) Den Ball hochwerfen, eine Rolle vorwärts/rückwärts/seitwärts ausführen und den Ball wieder auffangen.
4) Die Spielform und die Variationen aus unterschiedlichen Ausgangsstellungen starten, z. B. aus dem Knien, Hocken, Sitzen oder Liegen.

5) Aus einer Ausgangsstellung den Ball hochwerfen und den Ball in einer anderen Ausgangsstellung wieder fangen, z. B. den Ball im Stand hochwerfen und im Sitzen fangen.
6) Die Spielform und alle Variationen, aber der Ball wird aus Kopfhöhe, d. h. (wie beim Pritschen) vor der Stirn nach oben geworfen.
7) Die Spielform und alle Variationen (außer 5), aber der Ball wird im Sprung gefangen.

22 Zielwurf

Ein beliebiger Ball wird beidarmig von unten über eine Schnur oder ein Netz auf ein Ziel geworfen. Das Ziel ist ein auf dem Boden markierter Kreis mit einem Durchmesser von 2 m (oder eine kleine Matte) und mit einer Netzentfernung von 3 m. Das Netz soll in Kopfhöhe hängen. *Wer trifft in zwei oder vier Minuten den Kreis am häufigsten bzw. wer trifft den Kreis 2 x, 3 x oder 5 x hintereinander ohne Fehler?*

Variationen:

1) Der Ball wird beidarmig von oben aus Stirnhöhe über das Netz geworfen.
2) Der Ball wird einarmig von unten, später von oben geworfen.
3) Der Ball wird mit der schwächeren Hand zunächst von unten und dann von oben auf das Ziel geworfen.
4) Die Spielform und die Variationen, wobei die Spieler den Ball im Sprung auf das Ziel werfen, zunächst beidarmig, später einarmig und zuletzt mit der schwächeren Hand.
5) Die Spielform und die Variationen, wobei die Entfernung des Zielfeldes vergrößert wird.
6) Die Spielform und die Variationen, wobei das Zielfeld verkleinert wird.
7) Die Spielform und die Variationen über ein höheres Netz (2 m).

23 Fangen und Werfen

Partner A wirft den Ball zunächst beidhändig von unten zu Partner B. Partner B fängt den Ball und wirft ihn zu Partner A zurück. *Welche Zweiergruppe schafft die längste fehlerlose Serie?*

Handlungshinweis:

- Wirf den Ball möglichst zielgenau im Bogen zu deinem Partner!

Variationen:

1) Wie die Spielform, allerdings wird der Ball beidhändig und in Stirnhöhe geworfen und gefangen.

2) Den Ball mit dem Rücken zum Partner anwerfen, erst von unten nach oben hinten, dann aus der Stirnhöhe nach oben hinten.

3) Wie die Spielform mit der Zusatzaufgabe, jedoch dass der Werfer eine Zahl mit seinen Fingern zeigt und der Fänger diese Zahl vor dem Fangen des Balls ruft.

4) Den Ball mit Blickkontakt zum Partner durch die Beine zuwerfen. Später das Gleiche mit dem Rücken zum Partner.

5) Die Partner werfen sich den Ball im Sitzen zu; später im Liegen.

6) Die Partner werfen sich den Ball schnell und genau zu und spielen sich einen zweiten Ball mit den Füßen zu.

7) Die Spielform und alle Variationen außer (4) über ein(e) Schnur/Netz. Die Entfernung beträgt zunächst 2 m und wird allmählich auf 3 oder 4 m vergrößert.

Handlungshinweis:

- Bemühe dich ***als Werfer***, den Ball aus der Beinstreckung heraus genau zu werfen, und gehe ***als Fänger*** in die Knie.

8) Die Spielform und die Variationen, aber der Ball soll unter dem Netz zum Partner geworfen werden.

9) Die Spielform und die Variationen (1) bis (3) sowie (6) bis (8), allerdings wirft Partner A den Ball bewusst seitlich zum Partner B, sodass dieser nach Bewegung den Ball im Stand fangen kann.

10) Die Spielform und die Variationen (1), (3), (7) und (9), wobei der Werfer im Sprung agiert.

11) Die Spielform und die Variationen (1), (3), (7) und (9), wobei der Fänger im Sprung handelt.

12) Die Variationen (10) und (11) verbinden, d. h., beide Partner handeln im Sprung.

13) Die Spielform und die Variationen (1) bis (9), jedoch soll der Ball zunächst nur ***einhändig*** mit rechts von unten, später mit links geworfen werden.

24 Den Ball in der Luft halten

Die Kinder versuchen einhändig, mit rechts oder links, einen Luftballon oder Wasserball so lange wie möglich durch kleine Schläge bzw. Stöße mit einem Arm oder mit einer Hand in der Luft zu halten (Foto 9). *Welches Kind schafft zuerst eine vorgegebene Anzahl von Ball-/Ballonkontakten, ohne dass der Ball/Ballon den Boden berührt bzw. welches Kind schafft in einer vorgegebenen Zeit (zwei, drei, fünf Minuten) die längste Serie von Ball-/Ballonkontakten ohne Fehler?*

Handlungshinweis:

- ***Anfangs:*** Halte den Ball flach! ***Später:*** Spiele den Ball mindestens 1 m hoch!

Variationen:

1) Abwechselnd mit rechts und links spielen.
2) Zwischen flacher Hand und Faust variieren.
3) Nur mit dem Unterarm, später nur mit dem Kopf, dem Fuß, der Schulter oder dem Oberschenkel den Ballon/Wasserball in der Luft halten.
4) Die Spielform und Variation (2) beidhändig/beidarmig ausführen.
5) Jede Ballberührung soll mit einem anderen Körperteil gespielt werden.
6) Die Spielform und die Variationen mit unterschiedlichen Bällen (Softball, Plastikball und Volleyball) durchführen.
7) Die Spielform und die Variationen aus unterschiedlichen Ausgangsstellungen zunächst im Sitzen, später im Liegen durchführen.
8) Die Spielform und alle Variationen, allerdings muss eine vorgeschriebene Wegstrecke fehlerlos bewältigt werden.

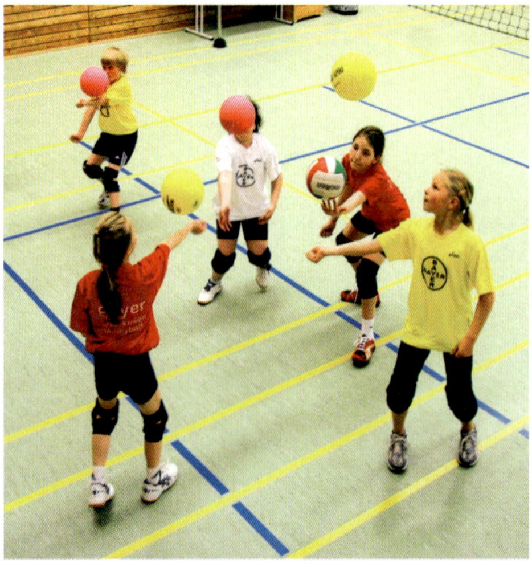

Foto 9: Den Ball in der Luft halten

25 Den Ball in der Luft halten (zu zweit)

Die Spielform 24 „Den Ball in der Luft halten" und deren Variationen in Zweiergruppen ausführen. Am Anfang beträgt die Entfernung 1 m, danach wird die Distanz auf 2 m vergrößert und eventuell eine Trennmarkierung (Seil, Netz) verwendet, über die bzw. unter der der Ball gespielt werden muss.

26 Was macht das Netz?

Die Kinder werfen den Ball einhändig, zunächst aus 1 m Entfernung, später aus 2 m in das Netz und versuchen, den vom Netz zurückfliegenden Ball zu fangen (Foto 10). *Welches Kind schafft es, 3 x oder 5 x hintereinander den Ball zu fangen?*

Handlungshinweis:

- Wirf den Ball kurz oberhalb der Netzunterkante, damit dessen Flugbahn vom Netz zurück länger wird!

Variationen:

1) Den Ball mit der schwächeren Hand werfen.
2) Den Ball beidhändig zunächst von unten, später von oben ins Netz werfen.

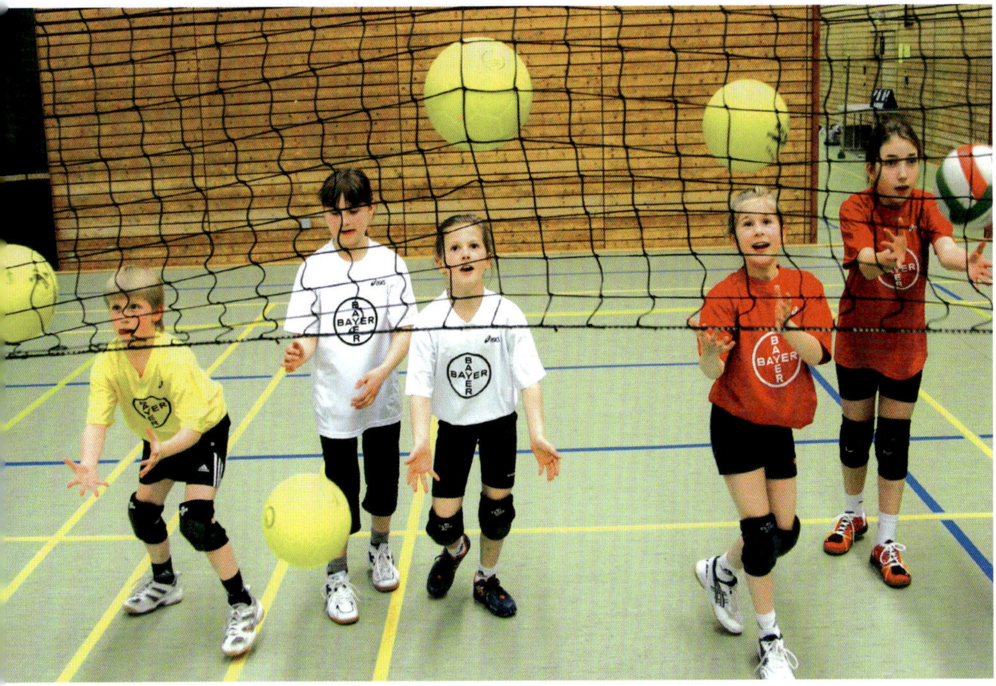

Foto 10: Was macht das Netz?

27 Timing-Spielformen

Ein Kind wirft sich den Ball beidhändig von unten nach oben hoch und versucht, ihn am höchsten Punkt seines Sprungs mit gestreckten Armen wieder zu fangen (Foto 11). *Welches Kind schafft es, 3 x oder 5 x hintereinander fehlerfrei den Ball zu fangen?*

Handlungshinweise:

- Wirf den Ball möglichst hoch und zielgenau über dir an!
- Springe nach einem Stemmschritt (Foto 12) beidbeinig ab!
- Unterstütze deinen Sprung mit einem beidarmigen Armschwung (Foto 12)!

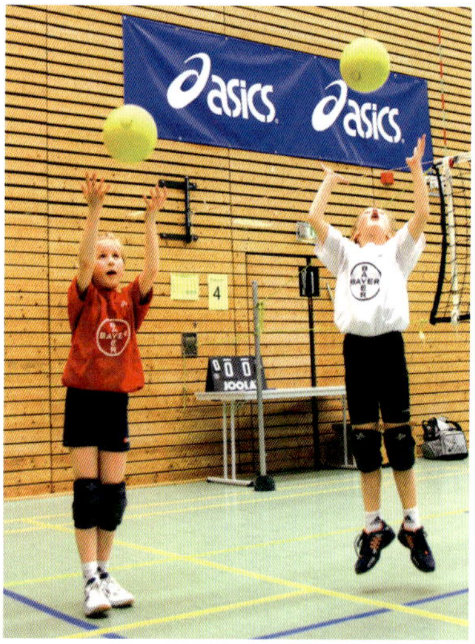

Foto 11: Timing-Spielformen: Abwurf und Fangen

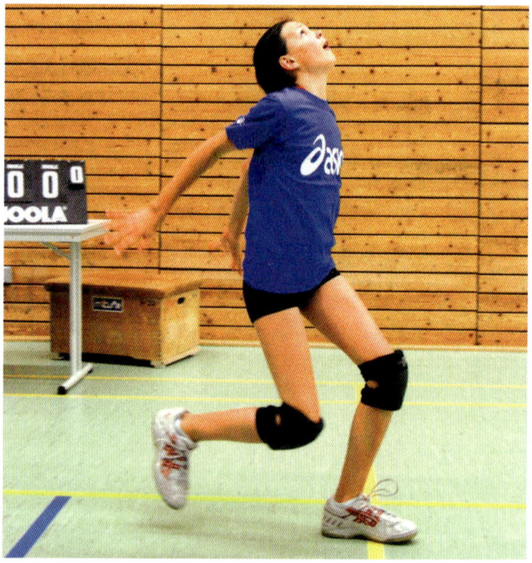

Foto 12: Stemmschritt mit Armschwung

Variationen:

1) Wie die Spielform, allerdings einhändiges Anwerfen des Balls, zunächst mit der stärkeren und anschließend mit der schwächeren Hand, jeweils mit beidhändigem Fangen.

2) Wie die Spielform und die Variation (1), allerdings mit Zusatzaufgaben: Klatschen, Boden/Fersen berühren, eine Drehung ausführen etc.

3) Die Spielform und Variation (1) mit leicht vor sich geworfenem Ball, sodass der Absprung aus der Bewegung heraus ausgeführt wird.

4) ***Wie die Spielform und die Variationen, aber der Ball wird nicht hochgeworfen, sondern beidhändig indirekt, d. h. sehr fest auf den Boden geworfen/geprellt, sodass er anschließend im höchsten Punkt des Sprungs gefangen werden kann.***

5) Wie die Spielform und alle Variationen, nur dass der Ball vom Partner angeworfen/auf den Boden geprellt wird.

6) Wie Variation (4), nur dass der Ball indirekt gegen die Wand geworfen/geprellt wird, d. h., der Schüler steht 3 m vor der Wand und wirft den Ball 1 m vor die Wand auf den Boden, sodass der Ball anschließend gegen die Wand prellt und hoch zurückfliegt.

7) Wie Variation (6), nur dass der Ball indirekt hart (mit der Hand/Faust) vor die Wand auf den Boden geschlagen (Foto 13) und anschließend im Sprung gefangen wird (Foto 14).

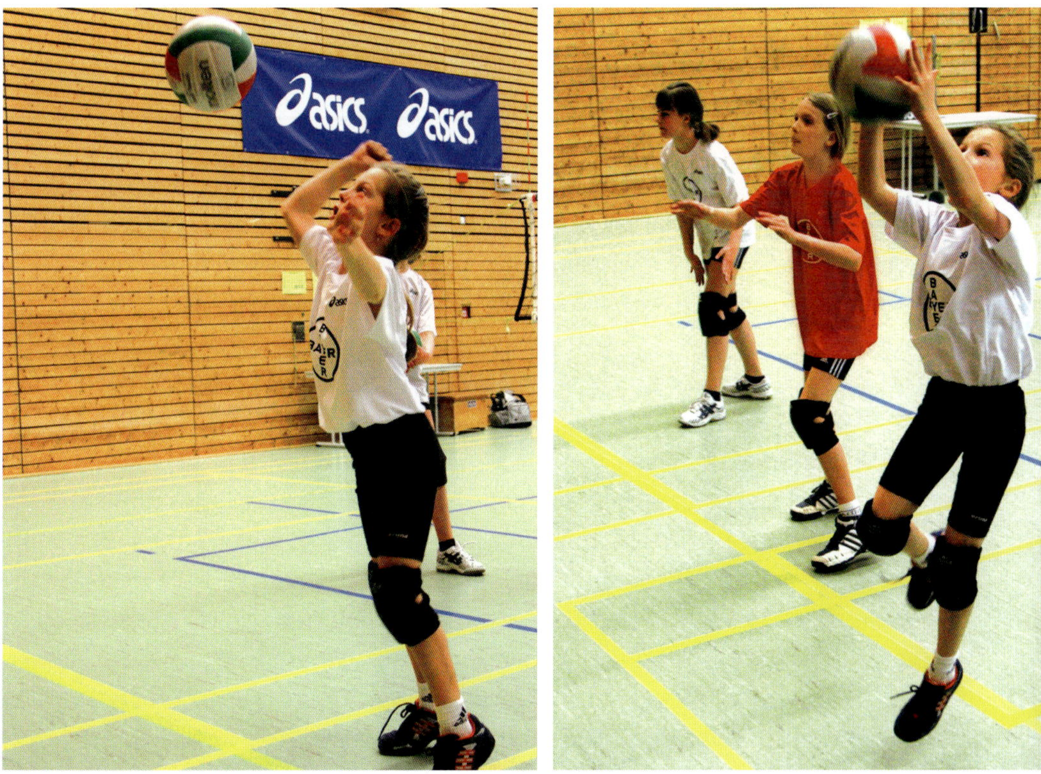

Fotos 13/14: Timing-Spielform an der Wand

28 Heißer Ball 1 mit 1

Zwei Spieler stehen sich gegenüber. Spieler A wirft seinem Partner den Ball hoch und genau zu. Spieler B fängt und wirft den Ball in einem Sprung zu seinem Partner zurück. Nach fünf erfolgreichen Handlungen bzw. 10 Versuchen wechseln die Schüler ihre Funktionen. *Sieger ist das Paar, das 4 x seine Funktion gewechselt, d. h. jeder 10 erfolgreiche Handlungen absolviert hat.*

Handlungshinweise:

- Fange den Ball in der aufsteigenden Phase!
- Wirf den Ball im höchsten Punkt deines Sprungs bzw. kurz danach deinem Partner zurück!

Variationen:

1) Die Spielform über das anfangs schulterhohe, später 2 m hohe Netz/Schnur.

2) Die Spielform und die Variation, wobei beide Spieler den Ball im Sprung fangen und werfen. *Welches Paar schafft es 6 x hintereinander ohne Fehler?*

29 Timing-Gruppenwettkampf

Die Spielform 27 „Timing-Spielformen" und deren Variationen zu dritt ausführen. Zwei Kinder versuchen, den von einem dritten Partner hochgeworfenen Ball am höchsten Punkt des Sprungs zunächst zu berühren und später zu fangen. Der Gewinner eines Spielzugs agiert als Werfer. *Gewinner der Spielform ist derjenige, der in zwei oder drei Minuten die meisten Bälle berührt/gefangen hat.*

Variation:

1) Die Spielform zu zweit, wobei der Sieger den nächsten Ball anwerfen darf.

30 Volley-Squash

Zwei Spieler stehen in einem Spielfeld der Größe 3 x 3 m, welches an eine Wand grenzt. Die Spieler werfen den Ball abwechselnd so an die Wand, dass der Gegner ihn nicht fangen kann, bevor der Ball den Boden berührt. Der erste Meter an der Wand ist so genannter freier Raum – fällt ein Ball hier hinein, so ist es ein Fehler vom Werfer und ein Punkt für den Gegner, der in Ballbesitz kommt. Die Punkte werden nach dem Rally-Point-System gezählt. *Sieger ist der Spieler, der als Erster 15, 20 oder 25 Punkte (mit zwei Punkten Vorsprung) erreicht.*

Variationen:

1) Die Spieler dürfen sich nicht mit dem Ball bewegen, sondern müssen ihn von dem Punkt aus werfen, an dem sie ihn aufgefangen haben.
2) Die Spielfeldmaße vergrößern (4 x 4 m).
3) Ein Spielfeld in einer Hallenecke, d. h. mit zwei Wänden wählen.
4) Mit unterschiedlichen, kleiner werdenden Bällen (Volley-, Hand-, Tennisball) spielen.

Die folgende Wettkampfformen zu dritt oder mit mehreren Spielern sollen zusätzlich das Raum-, Partner- und Gegnerverhalten schulen.

31 Fänger in der Mitte

Zwei Kinder stehen 3 bis höchstens 4 m voneinander entfernt. Ein drittes Kind befindet sich zwischen den beiden und darf sich ihnen nicht näher als 1 m nähern. Die Partner werfen sich den Ball beidhändig von unten nach oben so zu, dass das Kind in der Mitte den Ball nicht erreichen, der Partner diesen aber fangen kann. Berührt der Fänger in der Mitte den Ball oder berührt der Ball den Boden, d. h., er kann nicht direkt aufgefangen werden, muss der Spieler, der den Fehler begangen hat, in die Mitte.

Handlungshinweis:

- Wirf den Ball hoch und zielgenau zum Partner!

Variationen:

1) Der Ball wird in Stirnhöhe geworfen.
2) Bei fünf und mehr Spielern wird die Spielform in einem Kreis ausgeführt und gegebenenfalls mit zwei Fängern in der Mitte bzw. mit mehreren Bällen gespielt (Foto 15).
3) Die Spielform und die Variationen, allerdings agiert der Werfer im Sprung.

Handlungshinweise:

- Verständige dich durch Zuruf mit deinen Mitspielern!
- Berücksichtige die Stellung des gegnerischen Fängers im Kreis!

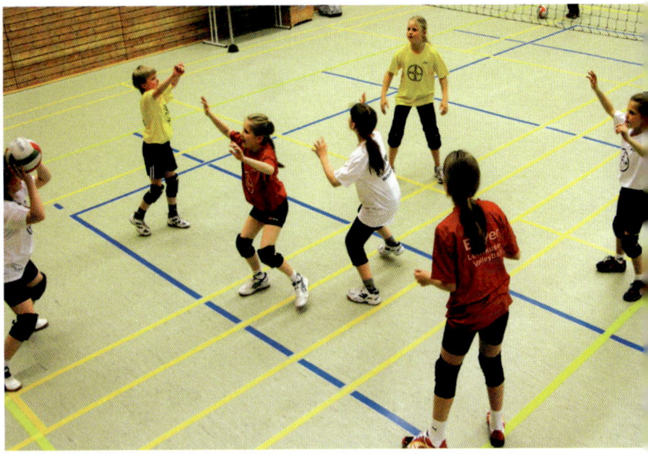

Foto 15: Fänger in der Mitte (mit zwei Fängern)

32 Parteiball

Zwei Teams mit gleicher Spielerzahl versuchen, sich einen Ball innerhalb der eigenen Mannschaft zuzupassen, ohne dass ein Gegenspieler diesen Ball berührt. Bei Berührung des Balls durch den Gegner bzw. Bodenberührung des Balls oder beim Halten des Balls länger als drei Sekunden (durch einen Spieler) wechselt der Ballbesitz. *Gewinner ist die Gruppe, die es schafft, sich den Ball 8 x, 10 x oder 12 x hintereinander fehlerlos zuzuspielen.*

Handlungshinweis:

- Spiele den freigelaufenen und dir nahe stehenden Mitspieler an!

Variationen:

1) Der Ballbesitzer darf höchstens drei Schritte machen, später keinen.
2) Die Ballfänger müssen den Ball nicht nur berühren, sondern fangen.
3) Die Spielform und die Variationen, jedoch ohne Rückpässe.
4) Die Spielform und die Variationen, jedoch darf der Ball nur im Sprung zugeworfen werfen.

33 Kastenball

Zwei Teams mit je 4-10 Kindern versuchen, Bälle in einen gegnerischen Kasten/Kreis/Reifen zu bringen, der auf der gegnerischen Grundlinie steht. Die andere Mannschaft versucht, dies zu verhindern, indem sie die gegnerischen Bälle abfängt und gleichzeitig ihre eigenen Bälle in den gegnerischen Kasten befördert. Schüler, welche in Ballbesitz sind, dürfen bis zu drei Schritte machen. Der Ball darf direkt oder auch indirekt als Bodenpass geworfen werden. Jedes Team hat die gleiche Anzahl von Bällen und startet hinter der eigenen Grundlinie. Die Bälle, die in den Kasten gelangen, dürfen nicht wieder herausgenommen werden. *Gewinner ist die Gruppe, die es schafft, innerhalb von drei oder fünf Minuten die meisten Bälle in den gegnerischen Kasten zu legen.*

Handlungshinweis:

- Versuche, wenn du nicht in Ballbesitz bist, dich so zu bewegen, dass du einerseits einen gegnerischen Ball abfangen kannst und andererseits für deine Mitspieler anspielbereit bist!

Variationen:

1) Ein Spieler, der sich in Ballbesitz befindet, darf nicht mehr mit dem Ball laufen.
2) Die Spielform und Variation (1), jedoch darf der Ball nur noch direkt (ohne Bodenberührung) zugepasst werden.
3) Die Spielform und die Variationen, jedoch darf der Ball nur im Sprung zugeworfen werfen.

34 Minirugby

Zwei Teams stehen sich an der Grundlinie gegenüber. Auf der Mittellinie liegt der Spielball. Bei Pfiff laufen die Kinder los, um den Ball in ihren Besitz zu bekommen. Der Ballführer darf allerdings mit dem Ball nur drei Schritte machen und muss anschließend den Ball an seine Mitspieler weiterpassen. Das gegnerische Team versucht, durch Abfangen des Balls selbst in Ballbesitz zu gelangen, um diesen ihrerseits über die gegnerische Grundlinie zu bringen.

Handlungshinweise:

- Sei bei eigenem Ballbesitz stets anspielbereit!
- Decke bei gegnerischem Ballbesitz einen gegnerischen Spieler ab!

Variationen:

1) Der ballführende Spieler darf sich nicht fortbewegen und muss den Ball sofort aus dem Stand werfen.
2) Der ballführende Spieler muss den Ball aus dem Sprung werfen.
3) Wie die Spielform, jedoch dürfen nur Pässe nach hinten erfolgen.

35 Kempa-Spiel

Zwei Teams mit gleicher Spielerzahl versuchen, durch Zupassen des Balls in die gegnerische Spielfeldhälfte zu gelangen, in deren hinterem Bereich sich eine Weichbodenmatte befindet. Ziel ist es, einen Spieler so anzuspielen, dass er im Sprung auf die Matte (Fotos 16/17) den Ball fangen kann (ein Punkt). Bei Bodenberührung des Balls oder beim Halten des Balls länger als drei Sekunden (durch einen Spieler) erhält der Gegner das Angriffsrecht. *Sieger ist die Mannschaft, welche in einer bestimmten Zeit (2 x 5 Minuten) die meisten Punkte erzielt hat.*

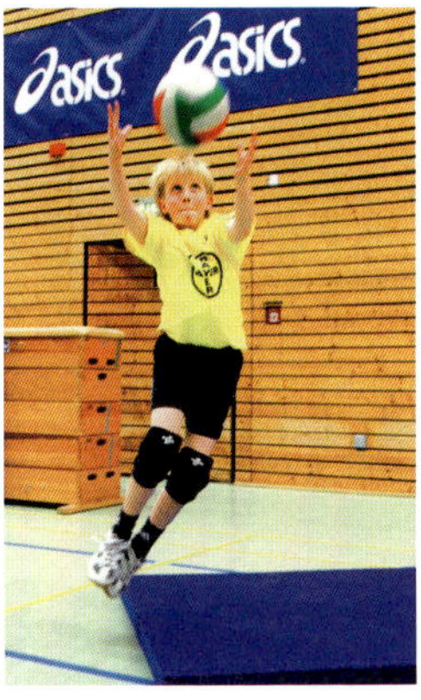

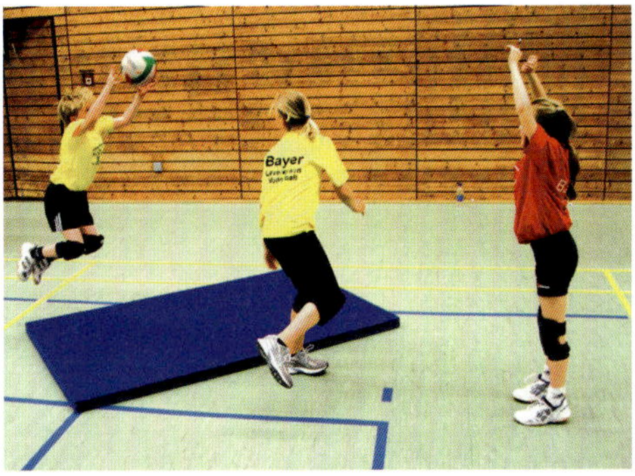

Fotos 16/17: „Kempa-Sprung“

Variationen:

1) Der Ball muss vom Spieler ***im Sprung auf die Matte gefangen und vor seiner Landung wieder auf die Matte geworfen werden (Kempa-Wurf).***

2) Die Spielform und die Variation (1), jedoch darf der Ball nur im Sprung zugeworfen werden.

3) Die Spielform und die Variationen, jedoch muss innerhalb von 20, 15 oder 10 Ballkontakten ein Angriff erfolgen.

36 Burgball

6-8 Kinder stehen außerhalb eines Kreises mit ca. 6 m Durchmesser. In der Mitte dieses Kreises steht ein kleiner Kasten, die „Burg". Der „Wächter" steht im Kreis. Die anderen Kinder versuchen, mit einem Ball die „Burg" zu treffen. Der „Wächter" wiederum ist bemüht, dies zu verhindern. *Erzielt die Gruppe innerhalb von drei oder fünf Minuten 10 Treffer, so gewinnt sie und der „Wächter" wird ausgewechselt.*

Handlungshinweis:

- Passe den Ball zu einem Mitspieler, der günstiger als du steht, wenn der „Wächter" zwischen dir und der „Burg" steht!

Variationen:

1) Die „Burg" wird von zwei „Wächtern" verteidigt.

2) Die Spielform und die Variation (1), jedoch wird mit zwei Bällen gespielt.

3) Die Spielform und die Variationen, jedoch wird nicht mehr auf die „Burg", sondern auf die „Königskrone" (Medizinball, Basketball etc.), welche auf der „Burg" liegt, geworfen (Fotos 18/19). *Das Spiel ist beendet, wenn die „Krone" von der „Burg" herunterfällt.*

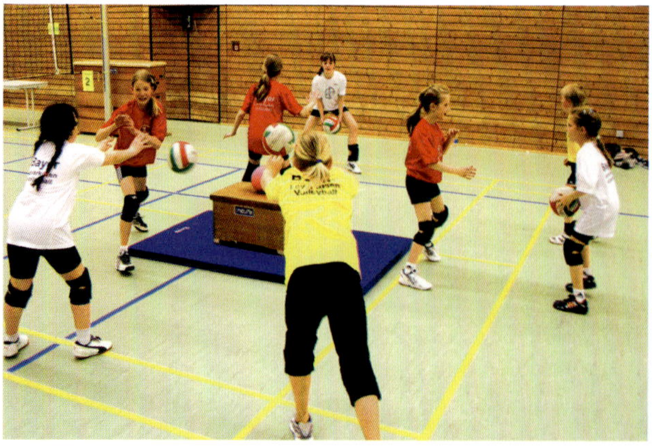

Fotos 18/19: Burgball

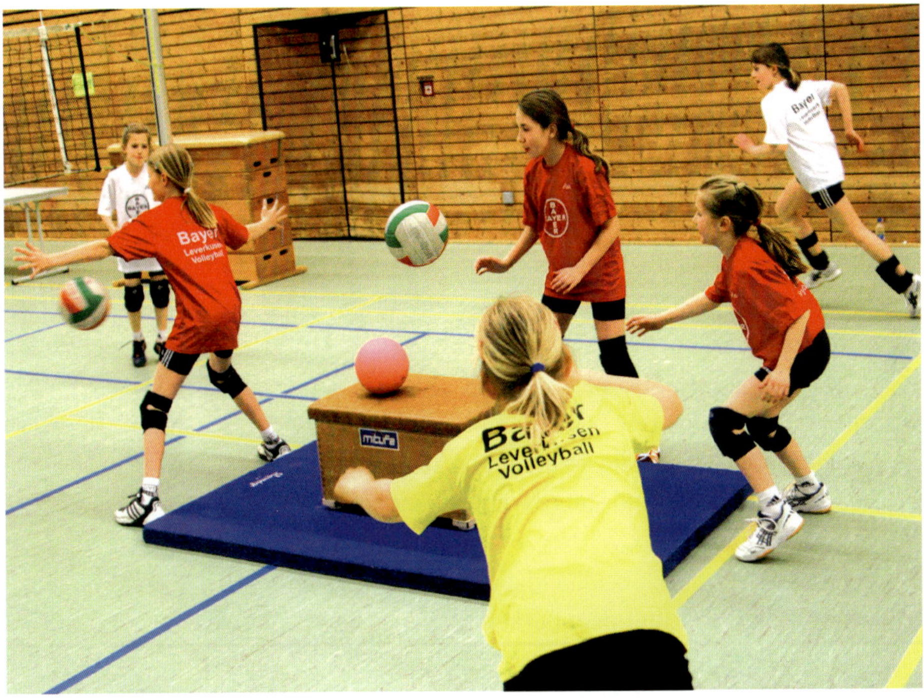

37 Hochball

5-6 Kinder stehen eng zusammen in einem Kreis. In der Kreismitte befindet sich ein Kind mit Ball, welches den Ball in der Mitte des Kreises möglichst hoch über die Gruppe wirft und dabei laut den Namen eines Mitspielers ruft. Währenddessen laufen alle Kinder schnell auseinander bis auf denjenigen, dessen Name gerufen wurde. Dieses Kind fängt den Ball so schnell wie möglich und ruft sofort: „Halt" oder: „Stopp". Daraufhin müssen alle Mitspieler wie angewurzelt stehen bleiben. Das Kind mit dem Ball versucht nun, ein anderes abzuwerfen. Trifft das Kind einen Mitspieler, so muss dieser drei Hockstrecksprünge etc. ausführen. Der Werfer darf anschließend den nächsten Spieldurchgang eröffnen. Trifft der Werfer nicht, so muss er drei Hockstrecksprünge etc. machen und das anvisierte Kind darf den nächsten Durchgang mit dem Ballwurf starten.

Variation:

1) Fängt das aufgerufene Kind den Ball direkt aus der Luft, soll es sofort einen neuen Durchgang starten, indem es den Ball hochwirft und einen neuen Namen laut ruft.

1.3 Spezielle, vorbereitende Spiele

38 Bälle ins andere Land

Zwei Mannschaften stehen sich in den Hallenhälften getrennt durch ein Netz/Seil in ca. 2 m Höhe gegenüber. Jedes Team hat zu Beginn des Spiels die gleiche Anzahl von Bällen. Nach einem Signal des Lehrers versuchen beide Mannschaften, die Bälle schnell über das Netz/Seil ins gegnerische Feld zu werfen. Die Spieldauer beträgt eine, zwei oder drei Minuten. *Die Mannschaft, in deren Spielfeld beim Abpfiff die wenigsten Bälle liegen, erhält einen Punkt.*

Handlungshinweise:

- Verteilt euch gleichmäßig im gesamten Spielfeld!
- Deckt in eurem Spielfeld stets die entstehenden Freiräume ab!

Variationen:

1) Der Ball darf nur noch beidhändig von oben geworfen werden.

2) Der Ball muss stets mit dem Rücken zum Netz beidhändig ins gegnerische Feld geworfen werden.

3) Der Spieler darf sich nicht mit dem Ball bewegen.

4) Die Spielform und die Variationen mit Zusatzaufgaben:

- **a)** Nach dem Abwurf muss der Spieler eine Linie in der Halle/eine Hallenwand berühren.
- **b)** Nach dem Abwurf muss der Spieler nach dem Berühren der Hallenwand (Variation 4a) einen Strecksprung, eine Rolle vorwärts oder einen Liegestütz ausführen.

39 Bälle volley ins gegnerische Feld

Die Spielform 38 „Bälle ins andere Land" und deren Variationen mit 6-8 Spielern pro Mannschaft im Volleyballfeld (9 x 18 m), allerdings zunächst mit einem, später mit zwei Bällen. Hierbei muss der über das Netz geworfene Ball im gegnerischen Feld aufgefangen werden. Als Fehler gelten:

a) Der Ball landet im eigenen Feld.

b) Der Ball landet außerhalb des Spielfelds.

Sieger ist die Mannschaft, die innerhalb von zwei, drei oder fünf Minuten die wenigsten Fehler begangen hat. (Zur besseren Organisation sind zwei Schiedsrichter einzusetzen. Jeder Schiedsrichter zählt jeweils nur die Punkte einer Mannschaft. Beim Spiel mit zwei Bällen sollen nur die erzielten Punkte der beiden Mannschaften gezählt werden, d. h., wie oft sie jeweils den Ball auf den Boden des gegnerischen Spielfelds geworfen haben.)

Variationen:

1) Die Spielform mit Zusatzaufgaben:

- **a)** Nach dem Abwurf muss der Spieler eine Volleyballlinie berühren.
- **b)** Nach dem Abwurf muss der Spieler außerhalb des Spielfelds einen Strecksprung, eine Rolle vorwärts oder einen Liegestütz ausführen.
- **c)** Nach dem Abwurf verlässt der Spieler seitlich das eigene Spielfeld, läuft entlang der eigenen Spielfeldbegrenzung über die gesamte Grundlinie und betritt das Spielfeld an der gegenüberliegenden Seitenlinie.

2) Die Spielform und Variation (1), jedoch darf/muss der Ball im Sprung über das Netz gespielt werden.

Handlungshinweis:

- Beobachte vor dem Wurf über das Netz die Aufstellung der gegnerischen Spieler, um den Ball möglichst in eine ungedeckte Zone oder zwischen die Spieler zu werfen!

3) Die Spielform und die Variationen, allerdings darf (muss) der Ball bzw. dürfen (müssen) die Bälle 1 x innerhalb der eigenen Mannschaft zu einem Mitspieler geworfen werden, sodass der Ball aus einer günstigeren Position zum Gegner geworfen werden kann.

Handlungshinweis:

- Spiele den Mitspieler nach Zuruf und/oder Blickkontakt an, der sich in einer günstigeren Abwurfposition befindet!

4) Die Spielform und alle Variationen, allerdings mit 3-4 Vorderspielern im 3-m-Raum, d. h. im ersten netznahen Drittel des Feldes, sowie 3-5 Hinterspielern. Der Ball muss jetzt aus dem Vorderfeld ins gegnerische Hinterfeld geworfen werden. Die Hinterspieler sind für das Fangen/die Abwehr allein verantwortlich. Nach einem erfolgreichen Fangen des Balls wird er einem Vorderspieler zugeworfen, der den nächsten Angriff ins gegnerische Hinterfeld durchführt. Der Wechsel der Spieler vom Vorder- ins Hinterfeld und umgekehrt erfolgt nach der Hälfte der Spielzeit.

5) Die Spielform und Variation (4), allerdings wechseln die beiden Spieler, die am Zuwurf vom Hinter- ins Vorderfeld beteiligt waren, ihre Positionen.

40 Vier-Felder-Ball

An einem Netzkreuz werden vier gleich große Spielfelder (Spielfeldmaße jeweils ca. 4,5 x 4,5 m) eingezeichnet. Jede Mannschaft besteht aus vier Spielern. Anfangs wird mit einem Ball, später mit zwei bzw. drei Bällen geworfen und gefangen. Die Teams müssen den Ball in eine Richtung im Kreisverkehr/Uhrzeigersinn weiterwerfen. Der Abwurfort muss jeweils auch dem Fangort entsprechen.

Als Fehler gelten Bälle, die ins Aus gespielt werden und die den Boden berühren. *Sieger ist die Vierermannschaft, die innerhalb von drei oder fünf Minuten die meisten Punkte sammelt, d. h. Bälle zu ihrem Gegner wirft, die dieser nicht fangen kann.*

Es empfiehlt sich, eine spielfreie Mannschaft als Schiedsrichter einzusetzen. Jeder Spieler zählt dabei die Punkte einer der vier Mannschaften. Nach einem Spieldurchgang (drei oder fünf Minuten) wechseln die Teams die Felder so, dass jede Mannschaft ständig gegen neue Gegner spielt.

Handlungshinweis:

- Orientiere dich zunächst an der Mannschaft, die den Angriff auf dein Feld ausführt!

Variationen:

1) Der Ball darf innerhalb der eigenen Mannschaft einem Mitspieler zugeworfen werden, damit dieser aus einer günstigeren Position den Ball über das Netz wirft.
2) Die Spielform und die Variation (1), jedoch muss der Abwurf über das Netz stets im Sprung erfolgen.
3) Die Spielform und die Variationen, jedoch mit Spielrichtung gegen den Uhrzeigersinn.
4) Die Spielform und die Variationen (1) und (2), allerdings wird die Spielrichtung im Kreisverkehr aufgehoben, sodass jede Mannschaft jeweils die beiden benachbarten Teams, später auch die diagonal gegenüberstehende Mannschaft angreifen darf. Bei dieser Variation wird anfangs nur mit einem Ball gespielt. Wird diese Variation beherrscht, kann ein weiterer Ball hinzugenommen werden.

Spiele „Ball über die Schnur"

Dieses sehr wichtige vorbereitende Spiel wird als methodische Spielreihe von „1 mit 1" bis hin zum Zielspiel „3 gegen 3" sehr detailliert erarbeitet.

*Hierbei werden zunächst die Spiele **1 mit 1** (Foto 20) sowie **2 mit 2** (Foto 21) durchgeführt. Danach erfolgen die Spiele **gegeneinander**.*

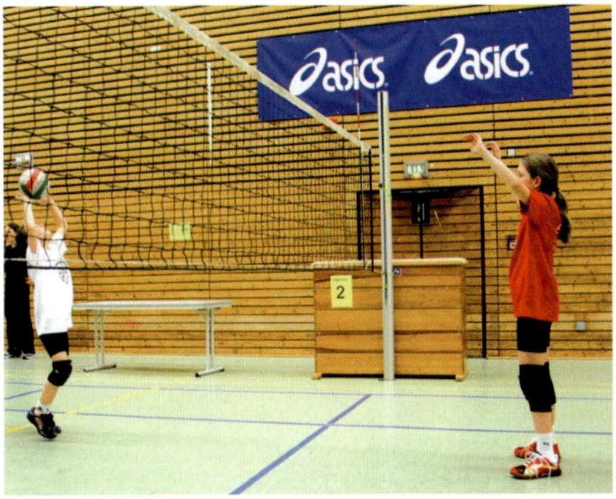

Foto 20: Fangen und Werfen „1 mit 1" bzw. „1 gegen 1"

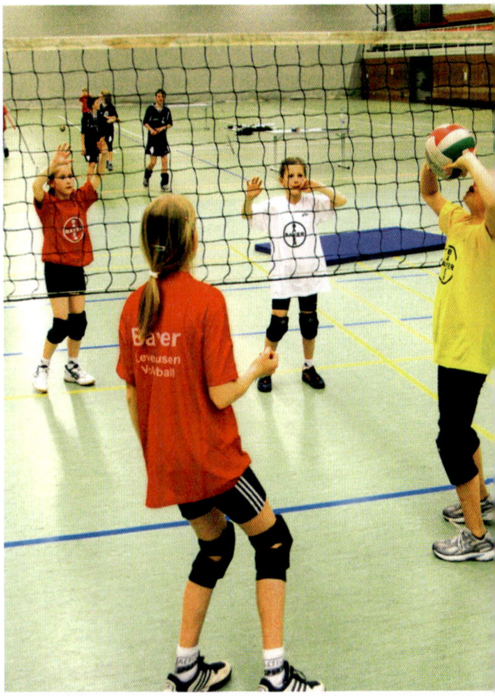

Foto 21: Fangen und Werfen „2 mit 2" bzw. „2 gegen 2"

*Erst im Anschluss wird zum Spiel **3 mit 3** und später **3 gegen 3** (vgl. Fotos 22-24), jeweils **im offenen Dreieck** ohne festen Zuspieler (vgl. Abb. 13-15), übergegangen. Hierbei werden die Schüler bereits vor offene Handlungen gestellt und müssen situationsgerecht agieren, was eine sichere Ballbeherrschung voraussetzt.*

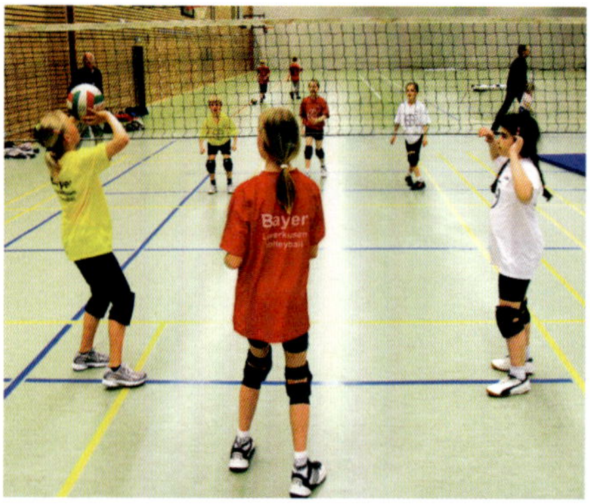

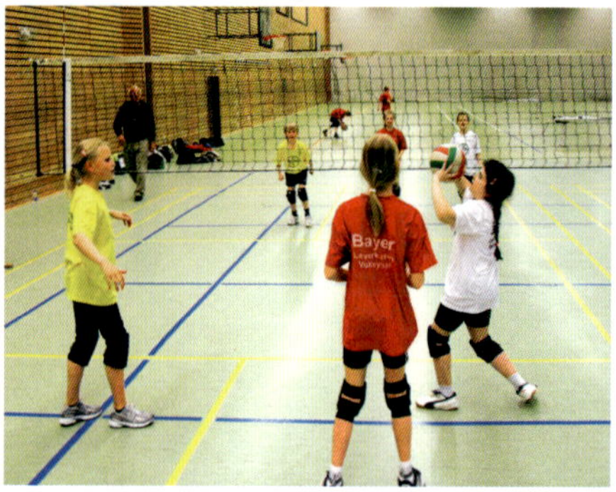

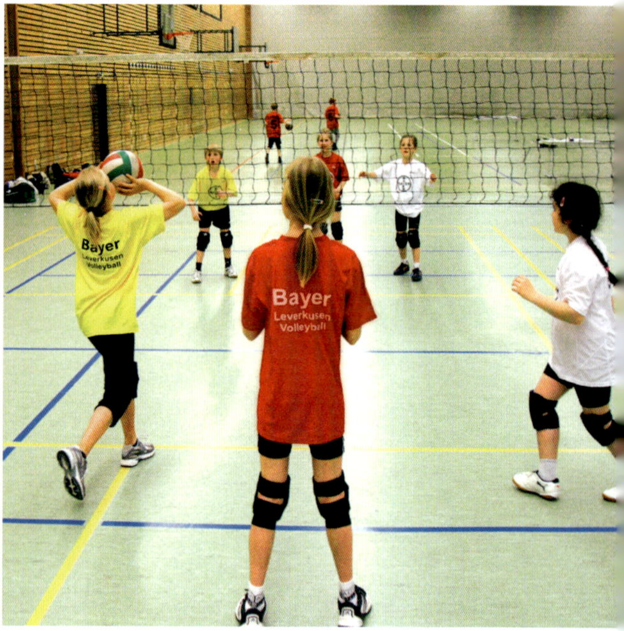

Fotos 22-24: Fangen und Werfen „3 mit 3“ bzw. „3 gegen 3“

Später wird als Variation das Spiel 3 mit 3 sowie 3 gegen 3 mit positionsgebundenem Angriffsaufbau, d. h. ***im geschlossenen Dreieck*** *mit festem Zuspieler (vgl. Abb. 16-19), eingeführt. Damit wird neben dem* ***situationsgebundenen Angriffsaufbau*** *(offene Handlungssituationen) der* ***positionsgebundene*** *als eine zweite Möglichkeit des Angriffsaufbaus bereits frühzeitig eingeführt (siehe hierzu die theoretischen Ausführungen in Kapitel 2).*

Methodischer Hinweis:

Als Lernvoraussetzung für die Umsetzung des Spiels „Ball über die Schnur“ müssen die Kinder einen aus 6 m Entfernung anfliegenden Ball sicher auffangen können.

Organisationshinweise:

- Sollten nicht genügend Volleybälle zur Verfügung stehen, können problemlos auch andere Bälle benutzt werden, wie z. B.: Hand-, Fuß-, Plastik- oder Schaumstoffbälle. Stehen nicht genügend Spielfelder zur Verfügung, soll/en
  - **a)** auf jeder Spielfeldseite hinter der Grundlinie ein weiteres Team
  - **b)** oder einzelne Spieler bereitstehen, die entweder nach Zeit, nach fünf gespielten Punkten oder nach einem Fehler einwechseln. Müssen die Mannschaften mit zwei/drei Ballkontakten auf jeder Spielfeldseite spielen, so ergibt sich die Möglichkeit, dass der auf der Warteposition stehende Spieler bei jeder Netzüberquerung des Balls in die eigene Mannschaft mitrotiert bzw. einwechselt.
- ***Sind die Ballwechsel zu kurz, so ist es sinnvoll, die Schnur/das Netz zu erhöhen oder das Spielfeld zu verkleinern.***

41 Ball über die Schnur 1 mit 1

Auf einem Spielfeld von 2 (Breite) x 6 m (Gesamtlänge) werfen sich die Partner den Ball von oben über eine Schnur/ein Netz (in über 2 m Höhe) zunächst beliebig, später ***beidhändig in Stirnhöhe*** genau zu. Als Fehler gilt, wenn der Ball den Boden berührt oder sich ein Spieler mehr als zwei Schritte mit dem Ball bewegt. *Welches Paar schafft als Erstes fehlerlos z. B. 10 Netzüberquerungen oder in einer vorgegebenen Zeit (ein oder zwei Minuten) die meisten Netzüberquerungen hintereinander ohne Fehler?*

Variationen:

1) Wie die Spielform, aber die Spielfelder sind 2 m voneinander entfernt (Foto 25).

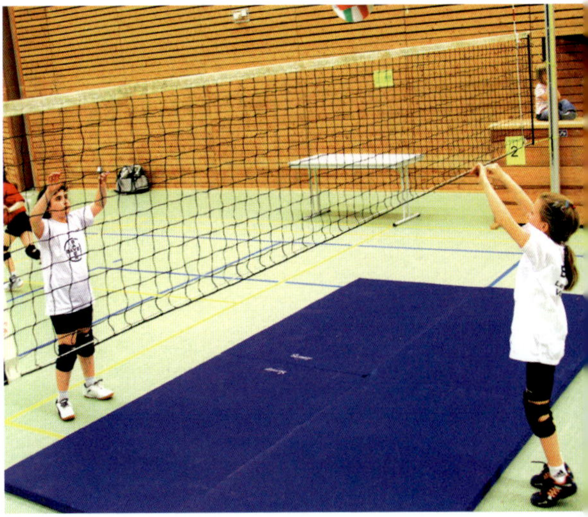

Foto 25: Ball über die Schnur 1 mit 1

2) Wie die Spielform, aber die Spielfelder sind 4 m voneinander entfernt.

Handlungshinweis:

- Wirf den Ball aus einer betonten Bein- und Armstreckung heraus!

3) Wie die Spielform, allerdings in diagonaler Zuordnung der Spielfelder, erst aus kurzer, später aus mittlerer Entfernung (Abb. 9/10).

Handlungshinweis:

- Fange den Ball, drehe dich dann zu deinem Partner auf der anderen Netzseite und wirf ihm den Ball von oben zielgenau zu!

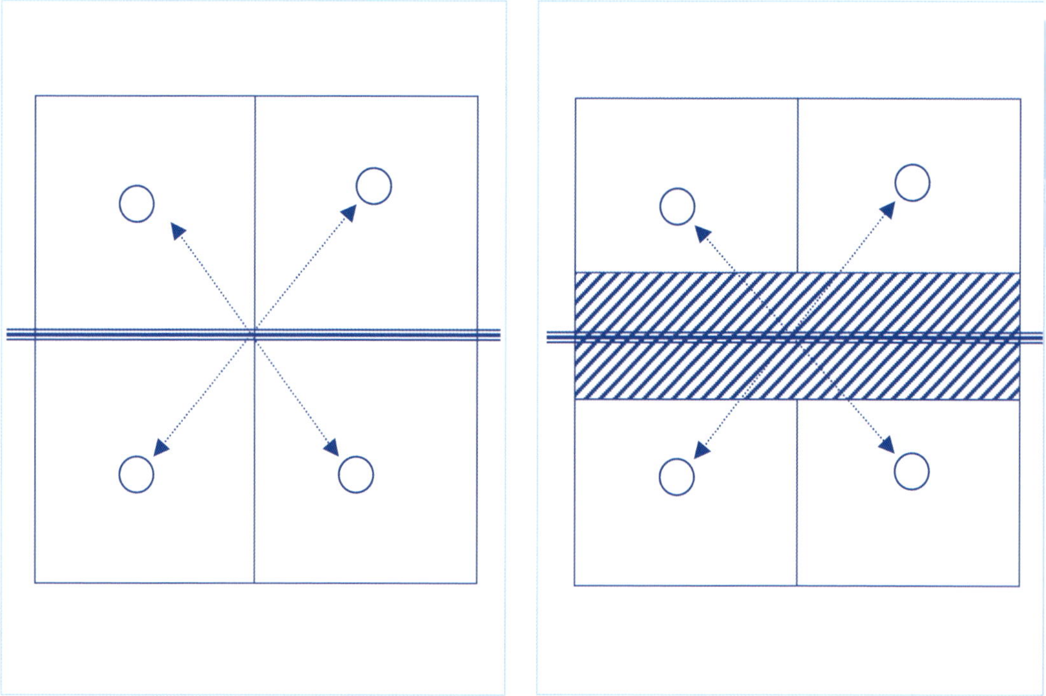

Abb. 9/10: Ball über die Schnur 1 mit 1 (diagonale Zuordnung)

4) Wie die Spielform und alle Variationen, jedoch darf/muss der Wurf über das Netz zum Mitspieler im Sprung erfolgen.

5) Die Spielform und die Variationen (1), (2) und (4) im ***„Kaiserball"-Spielmodus*** (Abb. 11).

Aus motivationalen Gründen ist es sehr zu empfehlen, den Lernprozess durch Turnierformen zu festigen. Hierzu eignet sich besonders für alle „Ball über die Schnur"-Spiele gegeneinander der Spielmodus „Kaiserball", der sich durchaus über eine volle Unterrichts(doppel)stunde bzw. Trainingseinheit erstrecken kann.

Abb. 11: „Kaiserball"-Spielmodus

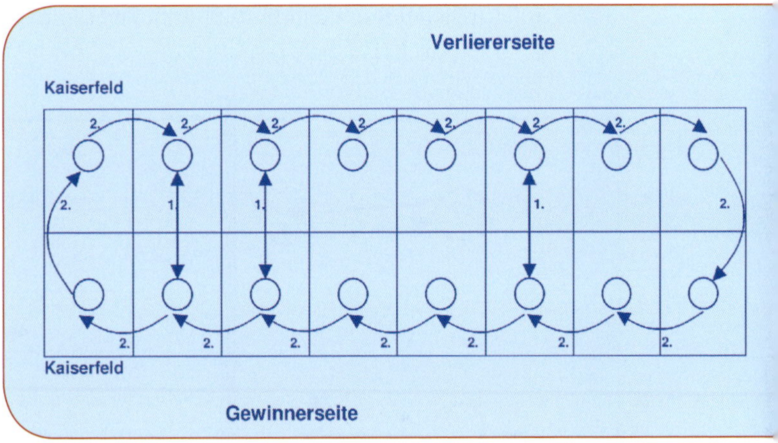

Bei dieser Turnierform rotieren die Teams nach jedem Spieldurchgang auf den Feldern nach einem einfachen Prinzip: Die Gewinner wechseln zuerst auf die Siegerseite und die Verlierer auf die Verliererseite. Anschließend drehen alle Teams im UZS um ein Feld weiter. Ziel ist es, möglichst lange auf dem „Kaiser"-Spielfeld als „Kaiser" zu spielen bzw. dort hinzukommen. Somit spielen mit zunehmender Turnierdauer immer etwa gleich starke Spieler oder Teams gegeneinander, was lange Ballwechsel ermöglicht.

Es empfiehlt sich, auf Zeit (zwei, drei oder fünf Minuten) zu spielen, damit alle Paarungen gleichzeitig ihr Spiel beenden. Bei einem Unentschieden entscheidet der nächste Punkt.

Bei wenigen Spielfeldern bzw. sehr vielen Kindern bietet es sich an, die „Kaiserball"-Turnierform wie folgt zu verändern: Gespielt wird weiterhin 1 mit 1, allerdings mit drei Spielern pro Spielfeld, d. h., ein Spieler befindet sich außerhalb des Spielfelds in Warteposition. Bei einem Fehler wechselt er für den Verlierer des Spielzugs in das Spielfeld, d. h., der Sieger des Spielzugs bleibt stets auf dem Spielfeld. Jeder Spieler zählt laut seine Punkte. Beim großen Wechsel nach z. B. zwei Minuten wechselt der Beste der drei Spieler zur Gewinnerseite, der Schlechteste zur Verliererseite und der Spieler mit den zweitmeisten Punkten bleibt auf dem gleichen Spielfeld stehen und bekommt für die nächste Runde zwei neue Mitspieler.

42 Ball über die Schnur 2 mit 2

Wie die Spielform 41 „Ball über die Schnur 1 mit 1" und deren Variationen, allerdings stehen sich zwei Zweierteams auf einem Feld der Größe 4,5 x 9 m gegenüber. Jeder Spieler verteidigt dabei eine Hälfte der eigenen Spielfeldseite (Abb. 12). *Welche Vierergruppe schafft als Erste die geforderte Anzahl der Punkte?*

Handlungshinweis:

- Verständige dich mit deinem Partner laut, wer den Ball fangen soll!

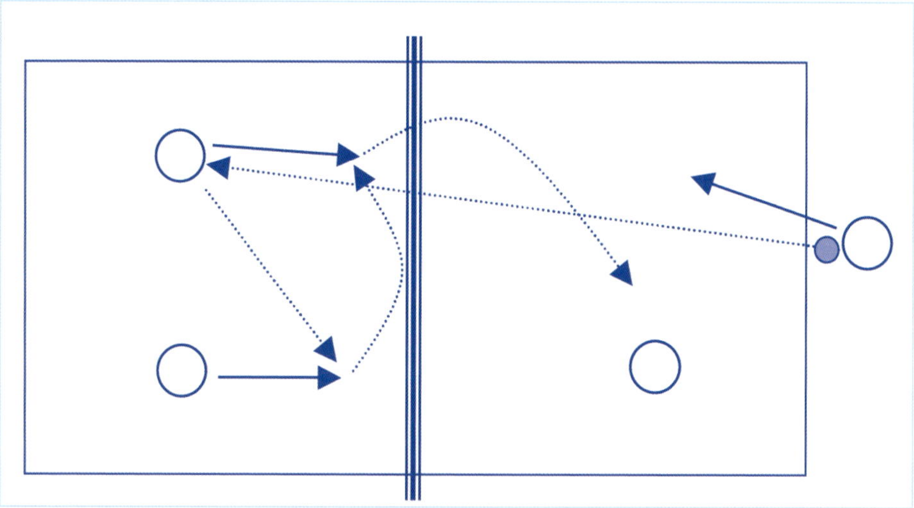

Abb. 12: Ball über die Schnur 2 mit 2

Variationen:

1) Es müssen auf jeder Spielfeldseite mindestens zwei Ballkontakte erfolgen.

Handlungshinweise:

- Bewege dich schnell in die Nähe des Netzes, wenn dein Partner den über das Netz anfliegenden Ball fängt!
- Wirf den Ball hoch und diagonal sowie nicht zu dicht ans Netz deinem Mitspieler zu!

2) Es müssen auf jeder Spielfeldhälfte drei Ballberührungen erfolgen.

3) Wie Variationen (1) und (2), jedoch mit Zusatzaufgaben:

  a) Nach der Netzüberquerung des Balls wechseln die Spieler ihre Positionen.

  b) Nach der Netzüberquerung des Balls verlässt das Team das Feld und läuft schnell wieder zurück.

c) Nach der Netzüberquerung des Balls führen die Spieler einen Strecksprung aus.

4) Die Spielform und alle Variationen, allerdings darf der Ball ausschließlich in Stirnhöhe zielgenau abgeworfen werden.

Handlungshinweis:

- Bemühe dich, den Ball möglichst oft beidhändig über Kopfhöhe zu fangen!

5) Die Spielform und alle Variationen, allerdings muss der Ball im Sprung über das Netz geworfen werden.

6) Die Spielform und alle Variationen, allerdings in diagonaler Zuordnung der Spielfelder.

7) Die Spielform und die Variationen (1) bis (5) im ***„Kaiserball"-Turniermodus*** (vgl. Spielform 41, Variation 5)

43 Ball über die Schnur 1 gegen 1

Die Spielform 41 „Ball über die Schnur 1 mit 1" und deren Variationen sollen im Sinne des Gegeneinanderspielens durchgeführt werden. Der Ball wird so geworfen, dass er den gegnerischen Boden berührt. Der gegnerische Spieler versucht, dies zu verhindern, indem er den Ball fängt. Der Ball wird von der Grundlinie über das Netz ins Spiel eingeworfen. Die Netzhöhe beträgt mindestens 2 m. *Es gilt die Rally-Point-Zählweise bis 10 Punkte oder es wird auf Zeit gespielt (zwei, drei oder fünf Minuten).*

Die Fehler, die zu einem Punktgewinn führen, sind:

a) Der Ball berührt den Boden des Spielfelds.

b) Der Ball landet außerhalb des Spielfelds.

c) Der Ball geht ins Netz.

d) Der Ball wird länger als drei Sekunden festgehalten.

e) Der Spieler mit Ball bewegt sich mehr als zwei Schritte.

f) Der Spieler mit Ball berührt das Netz bzw. die Schnur.

g) Ein Spieler tritt unter dem Netz bzw. der Schnur ins gegnerische Feld und behindert den Gegenspieler.

Handlungshinweise:

- Bewege dich nach deinem Wurf über das Netz vom Netz weg zur Spielfeldmitte und verteidige dein Spielfeld mit vollem Einsatz!
- Wirf den Ball in einen ungedeckten Feldbereich des Gegners!

44 Ball über die Schnur 2 gegen 2

Die Spielform 42 „Ball über die Schnur 2 mit 2" und deren Variationen sollen im Sinne des Gegeneinanderspielens (vgl. Spielform 43) durchgeführt werden.

Handlungshinweise:

- Gib deinem Mitspieler den Hinweis, ob er den Ball kurz oder lang über das Netz spielen soll!
- Nutzt immer alle drei Ballberührungen, um aus einer günstigeren Position den Ball über das Netz zu werfen!

45 Ball über die Schnur 3 mit 3

Wie die Spielformen 41/42 „Ball über die Schnur 1 mit 1 bzw. 2 mit 2" und deren Variationen, allerdings stehen sich zwei Dreierteams auf einem Feld von 4,5 x 12 m im offenen Dreieck (Abb. 13-15) gegenüber. Dabei deckt der Spieler, der den Ball ins Spiel bringt, stets den mittleren und hinteren Feldbereich ab. *Welche Sechsergruppe schafft als Erste fehlerlos z. B. 10 Netzüberquerungen oder in einer vorgegebenen Zeit (ein oder zwei Minuten) die meisten Netzüberquerungen hintereinander ohne Fehler?*

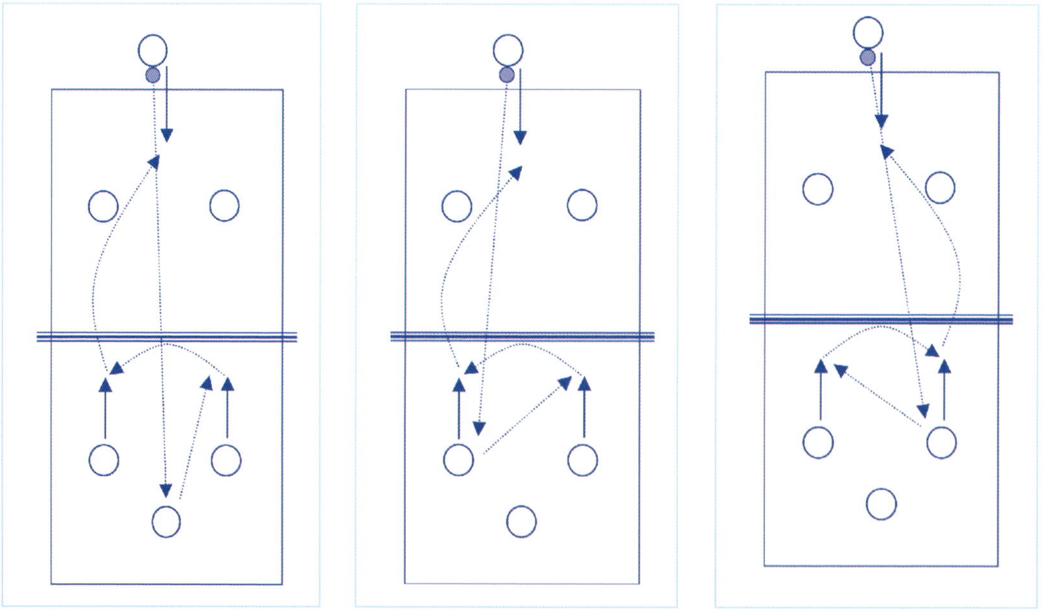

Abb. 13-15: Situationsgebundener Angriffsaufbau im offenen Dreieck

Variationen:

1) Mit Aufstellung beider Mannschaften im geschlossenen Dreieck (Abb. 16/17).

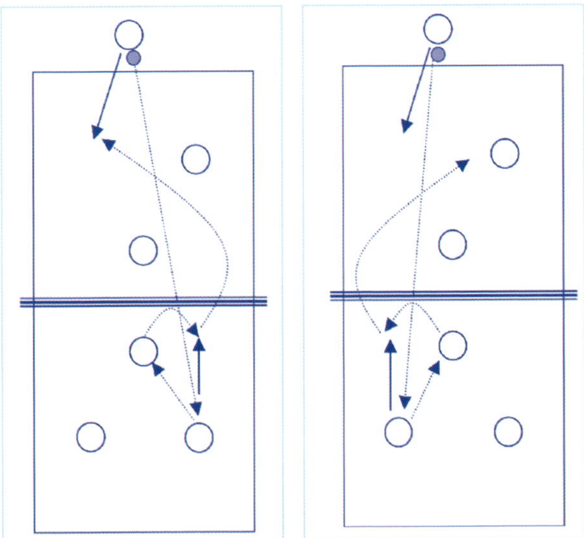

Abb. 16/17: Positionsgebundener Angriffsaufbau über Pos. III im geschlossenen Dreieck

2) Mit Aufstellung im geschlossenen Dreieck mit dem Netzspieler auf der rechten Spielfeldhälfte (Pos. II) am Netz (Abb. 18/19).

3) Die Spielform und alle Variationen im *„Kaiserball"-Turniermodus*

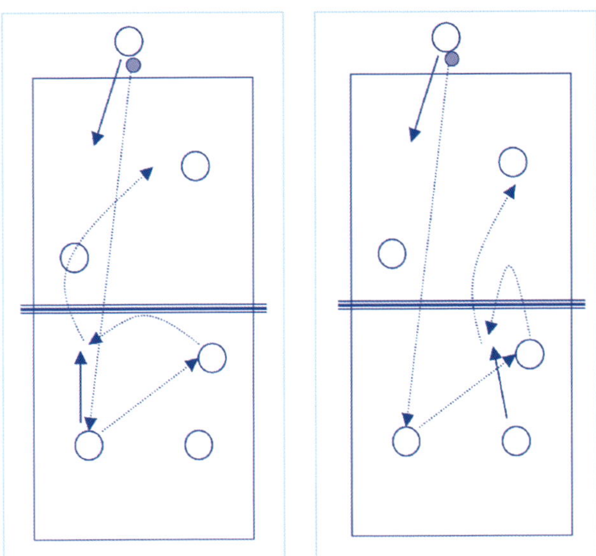

Abb. 18/19: Positionsgebundener Angriffsaufbau über Pos. II im geschlossenen Dreieck

46 Ball über die Schnur 3 gegen 3 (Zielspiel)

Die Spielform 45 „Ball über die Schnur 3 mit 3" und deren Variationen sollen im Sinne des Gegeneinanderspielens durchgeführt werden (Fotos 26/27). Organisationsform und Handlungshinweise siehe Spielformen 43 und 44.

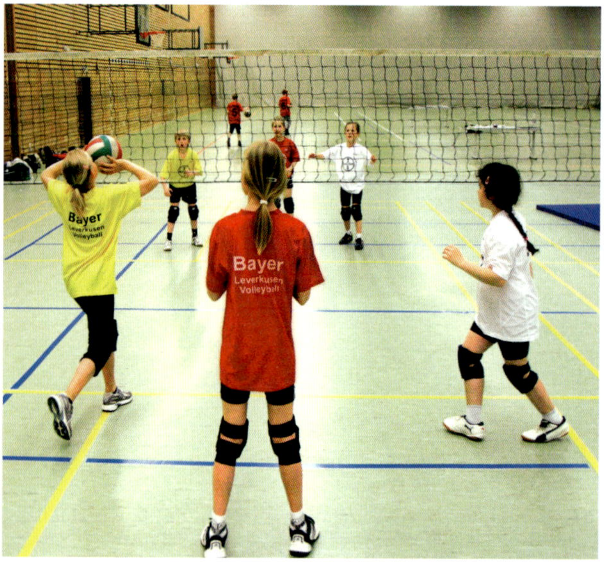

Foto 26: Ball über die Schnur 3 gegen 3 (Zielspiel)

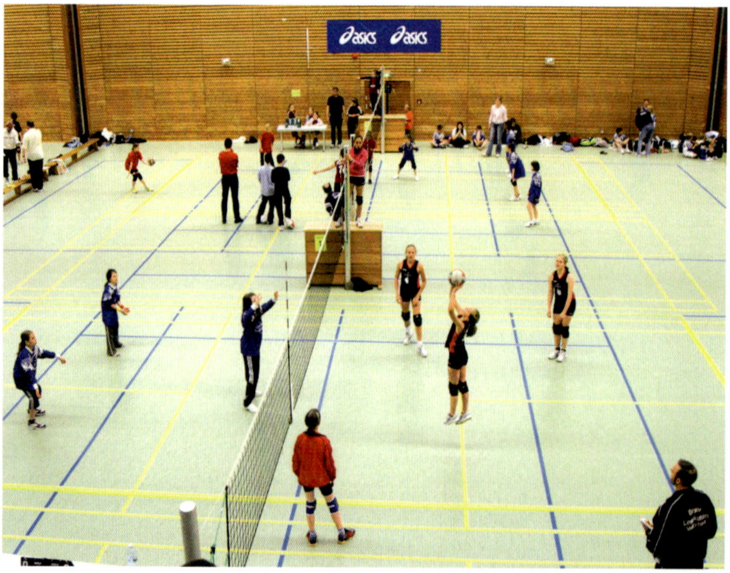

Foto 27: „3 gegen 3" in Turnierform

47 Bankball

Bereitet das Spiel ***„Ball über die Schnur"*** neben den grundlegenden spieltaktischen Verhaltensweisen durch das Abwerfen des Balls von oben aus Stirnhöhe das ***Pritschen*** vor, so führt das Spiel ***„Bankball"*** besonders auf die Grundtechnik des ***Baggerns*** hin. ***Wie „Ball über die Schnur" schult auch „Bankball" das Ball-, Partner-, Raum- und Gegnerverhalten des Volleyballspielers und stellt ebenso ein sehr wichtiges Vorbereitungsspiel für Minivolleyball dar.***

Auf der Mittellinie befindet sich eine aufeinander gestellte Langbank (Foto 28), vor die jeweils Matten gelegt werden, auf die kein Ball fallen darf. Der „Mattengraben" sollte auf jeder Seite ca. 1 m breit sein (Abb. 20). Zwei Spieler werfen sich den Ball in einem kleinen Spielfeld (3 x 6 m) so über die Bänke und die Matten zu, dass der Gegenspieler den Ball nicht mehr fangen kann. ***Der Ball muss dabei stets beidarmig unterhalb der Schulterhöhe und mit langen Armen von unten nach vorne oben über die Bänke und Matten geworfen werden.***

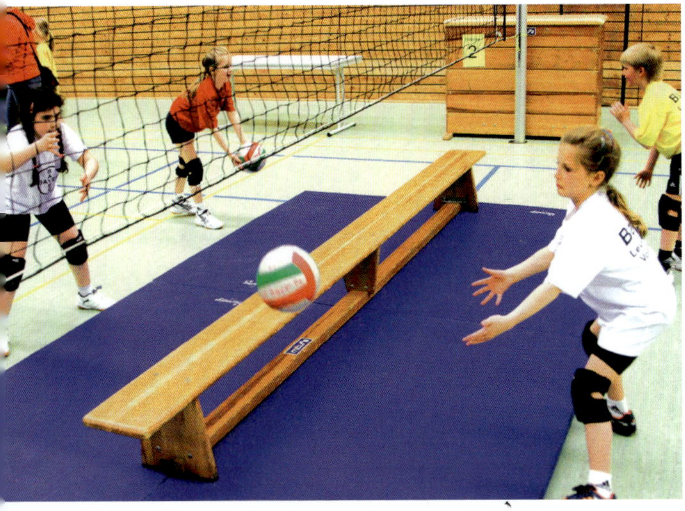

Foto 28: Bankball

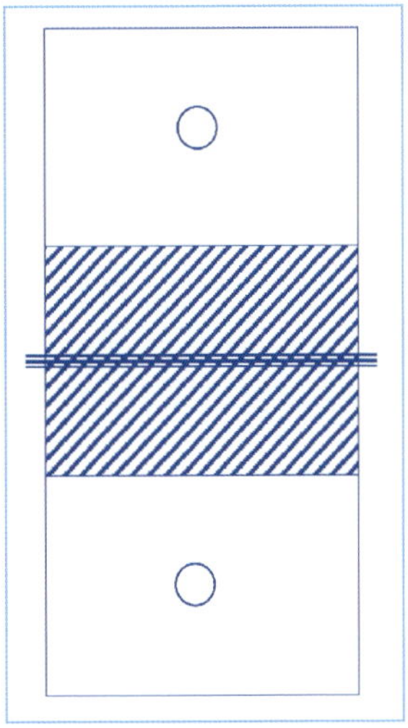

Abb. 20: Bankball

Die Netzunterkante (ca. 1-1,20 m) oder eine entsprechend flach gespannte Leine erlaubt es nicht, dass der Ball höher abgeworfen wird. Die Spielregeln entsprechen denen des Spiels „Ball über die Schnur". Das Fangen des flach anfliegenden Balls und das flache beidhändige Abwerfen des Balls entsprechen weitestgehend der Grundtechnik des unteren Zuspiels (Abwehrhaltung). Auch die Bewegung zum Ball weist Ähnlichkeiten zum Baggern auf.

Die Fehler, die zu einem Punktgewinn führen, sind:

a) Der Ball berührt den Boden des Spielfelds.
b) Der Ball landet außerhalb des Spielfelds.
c) Der Ball fällt in den bzw. berührt den Mattengraben.
d) Der Ball geht ins Netz.
e) Der Ball wird länger als drei Sekunden festgehalten.
f) Der Spieler mit Ball bewegt sich mehr als zwei Schritte.
g) Der Spieler mit Ball betritt den Mattengraben.
h) Der Spieler wirft den Ball nicht mit langen Armen von unten nach oben vorne.

Variationen:

Die Spielreihe des Spiels „Ball über die Schnur" gegeneinander, d. h. die Spielformen 43, 44 und 46 mit allen durchführbaren Variationen, sollen voll und ganz auf das Spiel „Bankball" übertragen werden. ***Ausgenommen*** sind im Spiel 3 gegen 3 die Variationen mit positionsgebundenem Angriffsaufbau. ***Auch der „Kaiserball"-Spielmodus ist hervorragend auf das Spiel „Bankball" anwendbar.***

Methodischer Hinweis:

Bei sehr kurzen Ballwechseln ist es auch beim Spiel „Bankball" angebracht, die Spiele zuerst im Sinne des „Miteinanderspielens" vorzuschalten und/oder den Graben länger zu gestalten und die Netzunterkante/Schnur tiefer als 1 m zu hängen.

Didaktischer Hinweis:
Da der Grundtechnik des Pritschens im (Mini-)Volleyball, d. h. insbesondere im Anfängerbereich, eine deutlich höhere Bedeutung als der des Baggerns beizumessen ist (siehe Kapitel 2), sollte dem Spiel „Ball über die Schnur", in dem in erster Linie das obere Zuspiel vorbereitet wird, deutlich mehr Zeit gewidmet werden als dem „Bankball"-Spiel, welches auf das untere Zuspiel abzielt. Dennoch können – aus Variabilitäts- und Motivationsgründen – auch beide Spiele annähernd gleichzeitig/abwechselnd vermittelt werden, jedoch immer mit einer deutlichen Betonung des Spiels „Ball über die Schnur". (So kann z. B. nach Einführung der Spielform 43 „Ball über die Schnur 1 gegen 1" und dessen Variationen auch zunächst zum Spiel „Bankball 1 gegen 1" übergegangen werden, bevor das Spiel „Ball über die Schnur 2 gegen 2" eingeführt wird etc.).

Mittels der oben aufgeführten Konzeption lässt sich systematisch und spielerisch eine Hinführung zum Minivolleyball schaffen. Der Übergang zum Minivolleyball sollte dann erfolgen, wenn die Kinder in der Lage sind, einen Ball aus ca. 6 m Entfernung sicher zu fangen, d. h. nicht das Alter von 9-10 Jahren sollte maßgebend für die Einführung des Minivolleyballspiels sein.

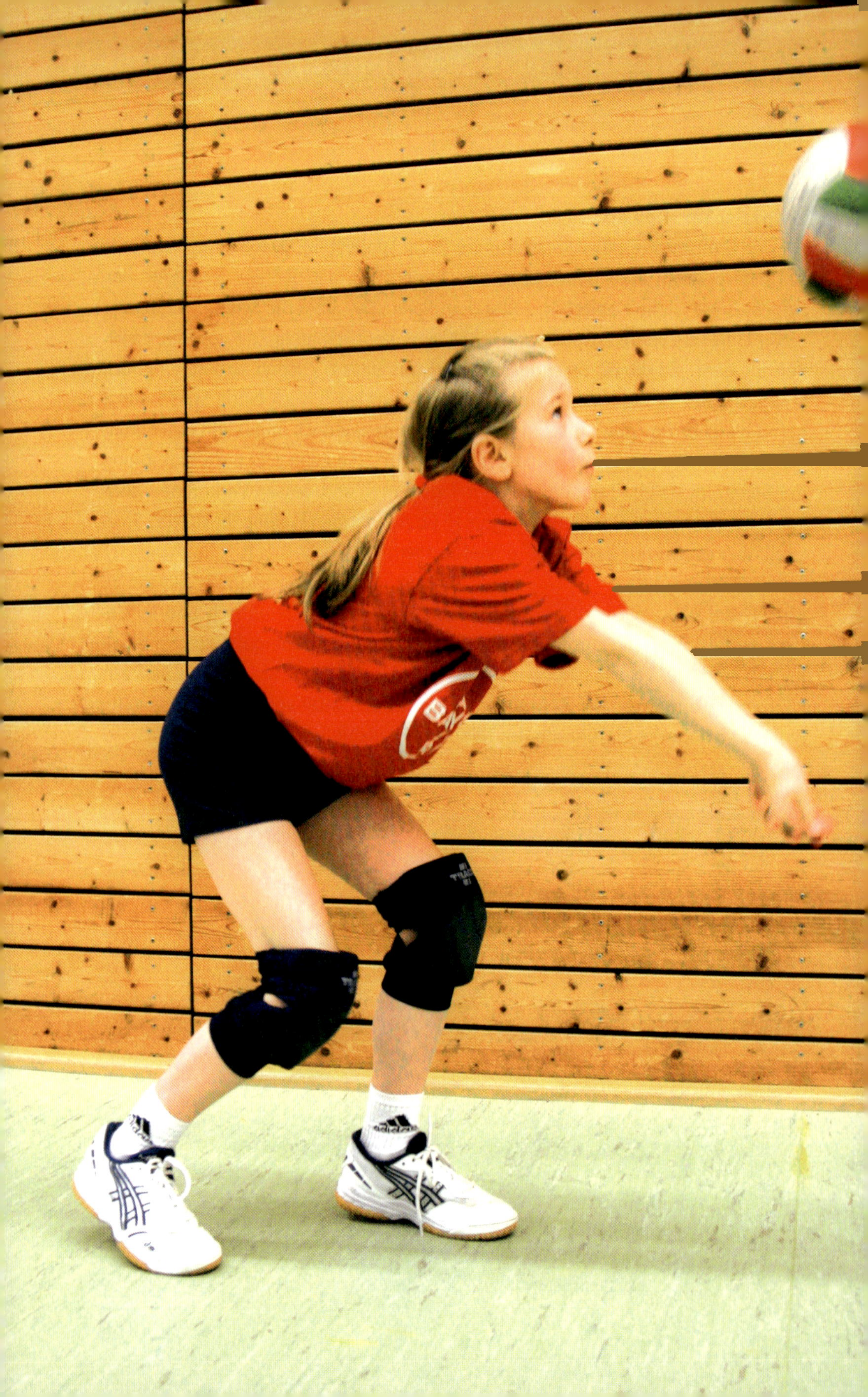

2 Hinführung zum Kleinfeld- und Minivolleyball

Die ***Minispiele***, u. a. auch Minivolleyball, sind das ***Ergebnis von didaktischen Überlegungen***, wie man Große Sportspiele dem Lernniveau und der Lernfähigkeit des Anfängers durch Schaffung von vereinfachten, aber spielgemäßen Lernsituationen anpassen kann, die dem Entwicklungsstand des Spielanfängers entsprechen.

Minivolleyball wird aus dem Sportspiel Volleyball abgeleitet. Ausgehend von den drei ***didaktischen Grundprinzipien***

- ***vom Leichten zum Schweren,***
- ***vom Einfachen zum Komplexen*** und
- ***vom Bekannten zum Unbekannten.***

werden die Spielerzahl, die Spielfeldgröße, die Netzhöhe und gegebenenfalls das Spielgerät verändert. Die Spielidee, die Spielsituationen und die Handlungszusammenhänge sowie die wesentlichen Regeln des Sportspiels Volleyball werden jedoch unter pädagogischen Grundsätzen beibehalten.

Die oben aufgeführten didaktischen Grundprinzipien sollten möglichst mit den folgenden ***methodisch-didaktischen Prinzipien gekoppelt*** werden:

- ***so spielnah wie möglich,***
- ***so einfach wie möglich,***
- ***so häufig wie möglich*** und
- ***so schnell wie möglich.***

Die Lernvoraussetzungen für das Minivolleyballspiel sind im ersten Teil des Buchs systematisch und gezielt erarbeitet worden, sodass ein spiel- und in Ansätzen sogar ***volleyballtypisches Ball-, Raum-, Ziel-, Partner- und Gegnerverhalten*** vorausgesetzt werden kann, welches es nun zu vertiefen gilt. Das Ziel besteht darin, die Grundelemente im Minivolleyball (Pritschen, Baggern, Driveschlag und Aufschlag von unten) mithilfe methodischer Spielreihen, bestehend aus jeweils vier Lerneinheiten, zu erarbeiten.

In den Lerneinheiten werden ***ausschließlich Spielformen*** empfohlen und nach dem Prinzip einer methodischen Spielreihe systematisch aufgebaut.

Die Spielidee des Sportspiels (Mini-)Volleyball umfasst ***zwei Ebenen***, die beide von der Entwicklung des Spielverhaltens der Kinder abhängen:

Erste Ebene: ***Den Ball in der Luft halten.***
Zweite Ebene: ***Den Ball über das Netz in das andere Feld spielen.***

Diese beiden Ebenen finden sich auch im Großen Sportspiel Volleyball wieder und lassen sich, unter Berücksichtigung des Angriffsaufbaus, in zwei ***Grundsituationen*** unterscheiden:

Erste Grundsituation: ***Annahme/Abwehr und Weitergabe*** (erste Ballberührung)
Zweite Grundsituation: ***Zuspiel und Angriff*** (zweite und dritte Ballberührung)

Im hier vorgestellten Konzept werden für Anfänger in der spielmethodischen Hinführung zum Minivolleyball zunächst Spielformen ausgewählt, in denen vor allem die erste Ebene der Spielidee, d. h. die ***erste Grundsituation***, den Ball in der Luft zu halten, entwickelt wird. Durch diese didaktische Entscheidung werden die Spielintensität, der Spielfluss und die Spielfreude des Anfängers erhöht. ***Die Übergewichtung der ersten gegenüber der zweiten Grundsituation verfolgt folgenden Grundsatz: Die Qualität der Annahme- und Abwehrhandlung bestimmt die der Angriffshandlung!***

Die Spielfähigkeit, die bereits im Anfängervolleyball die Voraussetzung für das Spielerleben und die Spielfreude darstellt, lässt sich nur erreichen, wenn dem Erlernen des Abwehrverhaltens deutlich Priorität vor dem des Angriffsverhaltens eingeräumt wird. ***Als spielfähig wird daher derjenige Anfänger angesehen, der in der Lage ist, durch sein Annahme- und Abwehrverhalten den Ball in der Luft, d. h. im Spiel, zu halten.***

Aus diesem Grund sind im Minivolleyball zwar viele, aber nicht alle Spielsituationen bzw. -techniken des Volleyballspiels enthalten. Zum Beispiel wird ***auf das Erlernen des Angriffsschlags verzichtet,*** – der Ball darf ausschließlich als ***Driveschlag*** gespielt werden – da der Driveschlag einerseits einfacher im Spiel umzusetzen ist, da er auch aus dem Stand anwendbar ist und andererseits für den Gegner einfacher zu erlaufen, d. h. abzuwehren ist. Der Angriffsschlag ist im Vergleich zum Driveschlag viel schwieriger erlernbar und meistens mit vielen Eigenfehlern verbunden. Zudem lässt er sich deutlich schwerer abwehren, sodass Spielunterbrechungen, verbunden mit Einbußen bei der Spielfreude, die Folge von Angriffsschlägen wären.

Hieraus ergibt sich, dass auf das Erlernen des Grundelements „Block" verzichtet werden kann und soll, weil der Driveschlag ohne Block abgewehrt werden kann. Das Element „Block" sowie eine Erweiterung des Angriffsverhaltens und eine damit verbundene Verbesserung des Ball-, Raum- und Partnerverhaltens stehen bei der Weiterführung vom Minivolleyballspiel zum Sportspiel Volleyball im Mittelpunkt (siehe Kapitel 3). Dadurch unterscheidet sich das ***Wettspiel Minivolleyball***, welches nach internationalen Regeln gespielt wird und dabei auch den Block sowie den Angriffsschlag fordert, vom hier vorgestellten Minivolleyball (siehe Kapitel 2.5 und 2.6).

Abschließend soll noch einmal betont werden, dass im Anfängerbereich alle nur möglichen Überlegungen umgesetzt werden sollen, um lange Ballwechsel zu ermöglichen, da dies das entscheidende Kriterium für die ***Spielfreude der Lernenden*** ist.

Am ***Anfang der Minivolleyballausbildung*** steht die ***Vermittlung der Grundtechniken***. Dabei soll das ***Pritschen (das obere Zuspiel) als erste Annahme- und Zuspieltechnik*** eingeführt werden. Auch die neuen Regeländerungen (u. a. Erlauben des Doppelkontakts bei der Annahme im oberen Zuspiel) unterstützen diese Lehrmeinung. Sobald das Pritschen als Annahme- und Zuspielhandlung grob beherrscht wird, erfolgt die Einführung des ***Baggerns (das untere Zuspiel), um von Anfang an Alternativhandlungen in der Annahme- und Abwehrsituation zu fördern und Entscheidungsräume zu gewähren***. Mit dem Baggern vergrößert sich der Aktionsradius des Anfängers. Dies wird durch die Gewährung von Einhandhandlungen in Notsituationen im Sinne des oberen und unteren Zuspiels unterstützt, wobei folgender Grundsatz hinsichtlich der Zielgenauigkeit und damit der Förderung von längeren Ballwechseln stets beachtet werden muss:

Beidhandaktionen haben Vorrang vor Einhandaktionen und Pritschen hat Vorrang vor Baggern!

Die von vielen Autoren empfohlene ***Einführung des Aufschlags von unten*** als dritte Lerntechnik ist durchaus umsetzbar. In diesem Konzept wird der Aufschlag jedoch erst als viertes Grundelement gelehrt, da er häufig insbesondere im Kleinfeldspiel zu Fehlern und somit zu frühen Spielunterbrechungen führt. Bis zu seiner Einführung soll der Aufschlag durch Einwerfen oder ***Einpritschen*** ersetzt werden. Statt des Aufschlags sollte als ***drittes Element*** der ***Driveschlag***, eine Technik im Sprung mit Angriffscharakter, geschult werden. Zwar lässt er sich alternativ auch aus dem Stand spielen, jedoch sollte frühzeitig der Driveschlag im Sprung angewendet werden, da er das Timing fördert, welches für alle Sprunghandlungen im Volleyball grundlegend ist und sich motivierend auf Anfänger auswirkt. Das gilt auch für Angriffshandlungen im oberen Zuspiel im Sprung.

Erst die vierte und letzte methodische Reihe befasst sich somit mit der Einführung des ***Aufschlags von unten***. Er ist leichter und zielgenauer auszuführen als der Aufschlag von oben und zudem für die Annahmespieler deutlich einfacher, auch im Pritschen, anzunehmen. Auch diese didaktische Entscheidung steigert die Spielintensität und die Motivation der Anfänger.

In der ***taktischen Ausbildung, die gleichgewichtig und parallel zur technischen Ausbildung abläuft***, soll in allen spielmethodischen Reihen zu den einzelnen Technikelementen der ***Einer- und Dreierriegel vor dem Zweierriegel*** vermittelt werden, da das Spiel 2 gegen 2 schwieriger hinsichtlich des Angriffsaufbaus sowie der Verständigung der Spieler untereinander ist.

Von überragender Bedeutung ist es, den Schüler von Anfang an in ***offene Handlungssituationen*** zu bringen, d. h. in Spielsituationen, die ***mindestens zwei Lösungsmöglichkeiten*** zulassen und somit ***Entscheidungsprozesse*** initiieren. Aus diesem Grund ist im Anfängervolleyball der ***situationsgebundene*** dem ***positionsgebundenen Angriffsaufbau*** (bei dem Zuspielposition und Zuspieler von vorn herein festgelegt sind) vorzuziehen. Beim ***situationsgebundenen Angriffsaufbau*** dagegen entscheidet der Spieler, in Abhängigkeit vom Annahme- und Abwehrort, in der jeweiligen Spielsituation, über welche Position bzw. welchen Mitspieler das Zuspiel erfolgen soll. Dementsprechend muss der Anfänger stets damit rechnen, die erste und dritte oder die zweite Ballberührung durchzuführen. Dabei wird der Spieler von

Anfang an vor unterschiedliche Spielsituationen gestellt und hat zwischen verschiedenen Lösungsmöglichkeiten zu wählen. Folglich wird der ***situationsgebundene Angriffsaufbau*** im Kleinfeld-/Minivolleyball 3 gegen 3 (offenes Dreieck im Dreierriegel, Abb. 21/Foto 29) als auch im Midivolleyball 4 gegen 4 (offener Halbkreis im Viererriegel, Abb. 22/Foto 30) und bei der Einführung des Spiels 6 gegen 6 (W-Formation im Sechserriegel, vgl. Abb. 23) zuerst und sehr intensiv gelehrt.

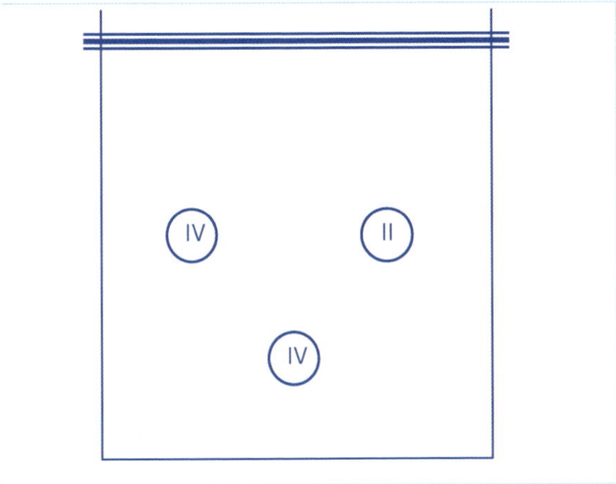

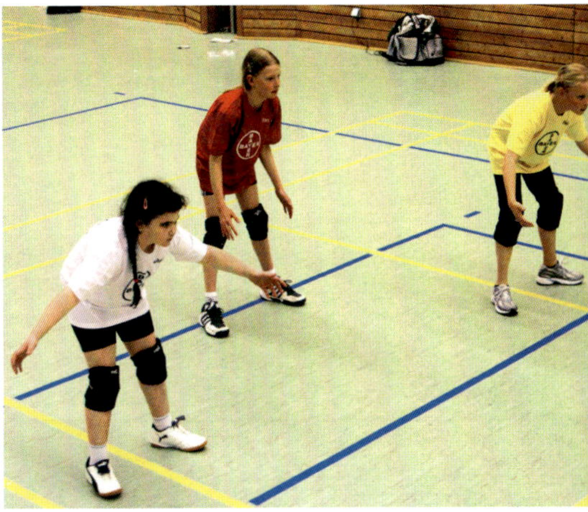

Abb. 21/Foto 29: Dreierriegel im offenen Dreieck

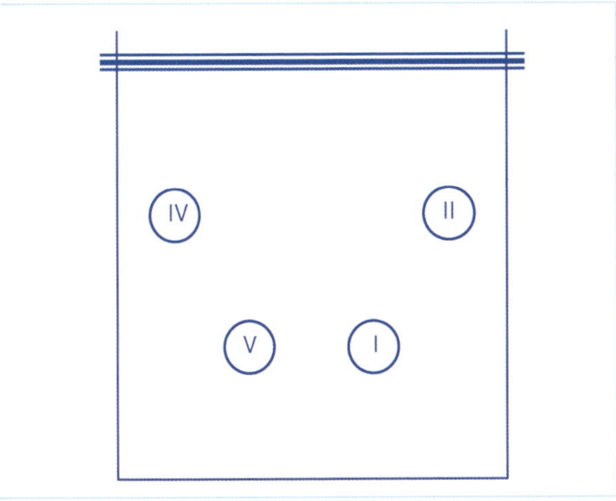

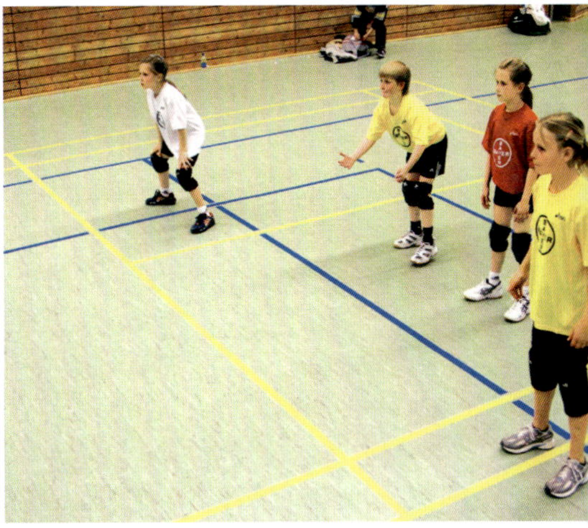

Abb. 22/Foto 30: Viererriegel im offenen Halbkreis

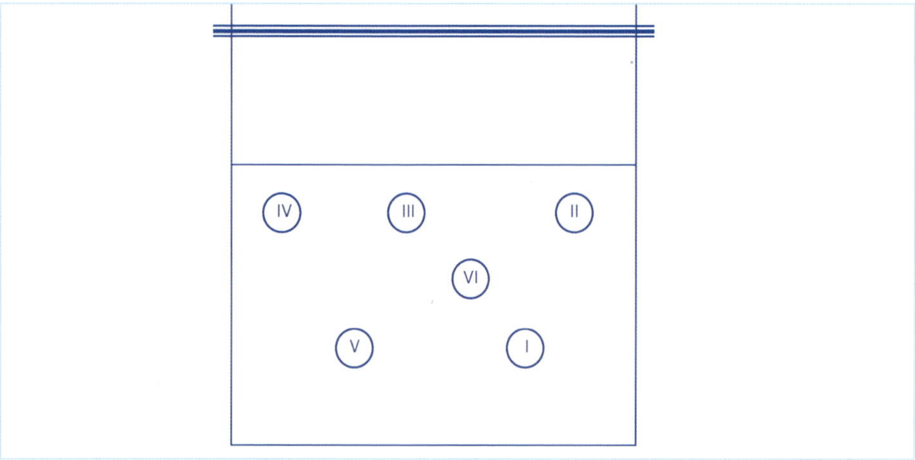

Abb. 23: Sechserriegel in W-Formation

Den obigen Ausführungen zufolge wird der situationsgebundene Angriffsaufbau den vier wesentlichsten Forderungen gerecht, welche man bei der Einführung des Volleyballspiels beachten sollte:

- Förderung des Volleyballspiels als ***Bewegungsspiel*** (Lauf- und Sprungspiel),
- Förderung der ***Handlungs- und Entscheidungsfähigkeit***,
- Förderung der ***Antizipationsfähigkeit*** sowie
- Förderung der ***Verständigungsfähigkeit***.

Zudem ist das Zurückstellen des positionsgebundenen Angriffsaufbaus auch deshalb berechtigt, weil er von allen Spielern eine zielgenaue Annahme/Abwehr und Weitergabe verlangt, die gerade für Anfänger sehr schwierig umsetzbar ist und oft zu Spielunterbrechungen führt. Hinzu kommt, dass sich die anderen Spieler bis auf den Zuspieler meistens nicht spielbereit für die zweite Ballberührung verhalten und ungenaue erste Pässe in ihrer Nähe nicht annehmen, weil sie auf Grund der Festlegung des Handlungsablaufs mit genauen Pässen rechnen und nicht vorbereitet sind, sich auf andere, von ihren Handlungsmustern abweichende Spielsituationen einzustellen. ***Erst mit der Zunahme der Bewegungs- und Handlungsgenauigkeit sollten speziellere Formationen, wie z. B. der positions- und später der personengebundene Angriffsaufbau, eingeführt werden. Diese setzen gezielte und geplante Interaktionen voraus.***

Bei den Vermittlungsvariablen stellen außer einer sinnvollen Aneinanderreihung der Inhalte das ***Spielerleben*** und die ***Erhaltung der Spielfreude*** wie auch die Wechselwirkung der affektiven Dimension mit der motorischen, kognitiven und sozialen Dimension die wichtigsten Vermittlungsvariablen dar. Aus diesem Grund wird in diesem Vermittlungskonzept ***Spielenlernen durch Spielen*** realisiert. Die ***Spielmethode***, d. h. das Lernen über ***Spielreihen***, wird bei jedem Lernziel und jeder Lerneinheit angewendet. Auf Übungsreihen sollte bei sehr komplizierten Handlungsabläufen, wie z. B. beim Schmetterschlag, zurückgegriffen werden.

Es bieten sich bei der Gestaltung der Spielreihen insbesondere ***Kleinfeldspiele*** mit- oder gegeneinander an. Die ***Kleinfeldspiele miteinander*** schulen die Ziel- und Bewegungsgenauigkeit (techno-motorischen Fertigkeiten) unter vereinfachten Bedingungen. In ***Kleinfeldspielen gegeneinander*** wird die spielgerechte Anwendung der technischen und taktischen Fertigkeiten in den beiden Grundsituationen erlernt und das wettkampforientierte Verhalten im Sinne des Agierens und Reagierens entwickelt.

Insbesondere dem ***Spiel 1 mit 1 (miteinander) und 1 gegen 1 (gegeneinander)*** muss aus technischer sowie individualtaktischer Sicht eine besondere Bedeutung zukommen. In diesem Spiel hat der Anfänger die meisten Ballkontakte und somit die höchste Spielintensität.

Dabei sind die ***Spielfeldmaße*** nicht als Normen anzusehen, sondern sie sollen ständig auf das unterschiedliche Spielniveau überprüft und entsprechend variiert werden. Bei der Wahl der Spielfeldmaße spielt eine wesentliche Rolle, welche jeweilige technische/taktische Handlung verstärkt zur Anwendung kommen soll bzw. wie diese „erzwungen" werden kann. So fördert ein breites und kurzes Spielfeld die Seit- und Drehbewegungen eines Spielers, ein tiefes und schmales Feld die Vor- und Rückwärtsbewegungen.

Ist, je nach Leistungsstand der Anfänger, eine Vielzahl von Vereinfachungen zur Durchführung von Kleinfeldspielen unter erleichterten Bedingungen notwendig (Fangen des Balls sowie Variation der Netzhöhe und Spielfeldmaße etc.), so gilt das Erlauben des Doppelspiels, d. h., ein Spieler darf den Ball 2 x hintereinander im oberen Zuspiel spielen, nicht als sinnvoll, da die optimale Stellung zum Ball eigentlich unterschiedlich sein müsste. Dies ist für Anfänger jedoch nur sehr schwer umsetzbar. Somit verführt das Doppelspiel zur Einnahme einer nicht optimalen Spielposition zum Ball und sollte nur in Ausnahmefällen, z. B. zur Steigerung der Motivation, erlaubt werden. Das Fangen und anschließende Weiterspielen des selbst angeworfenen Balls stellt hingegen eine sehr Erfolg versprechende methodische Stufe dar, die leider für ältere Schüler keinen so motivierenden Charakter besitzt, da das „Volley"-Spielen des Balls unterbrochen wird.

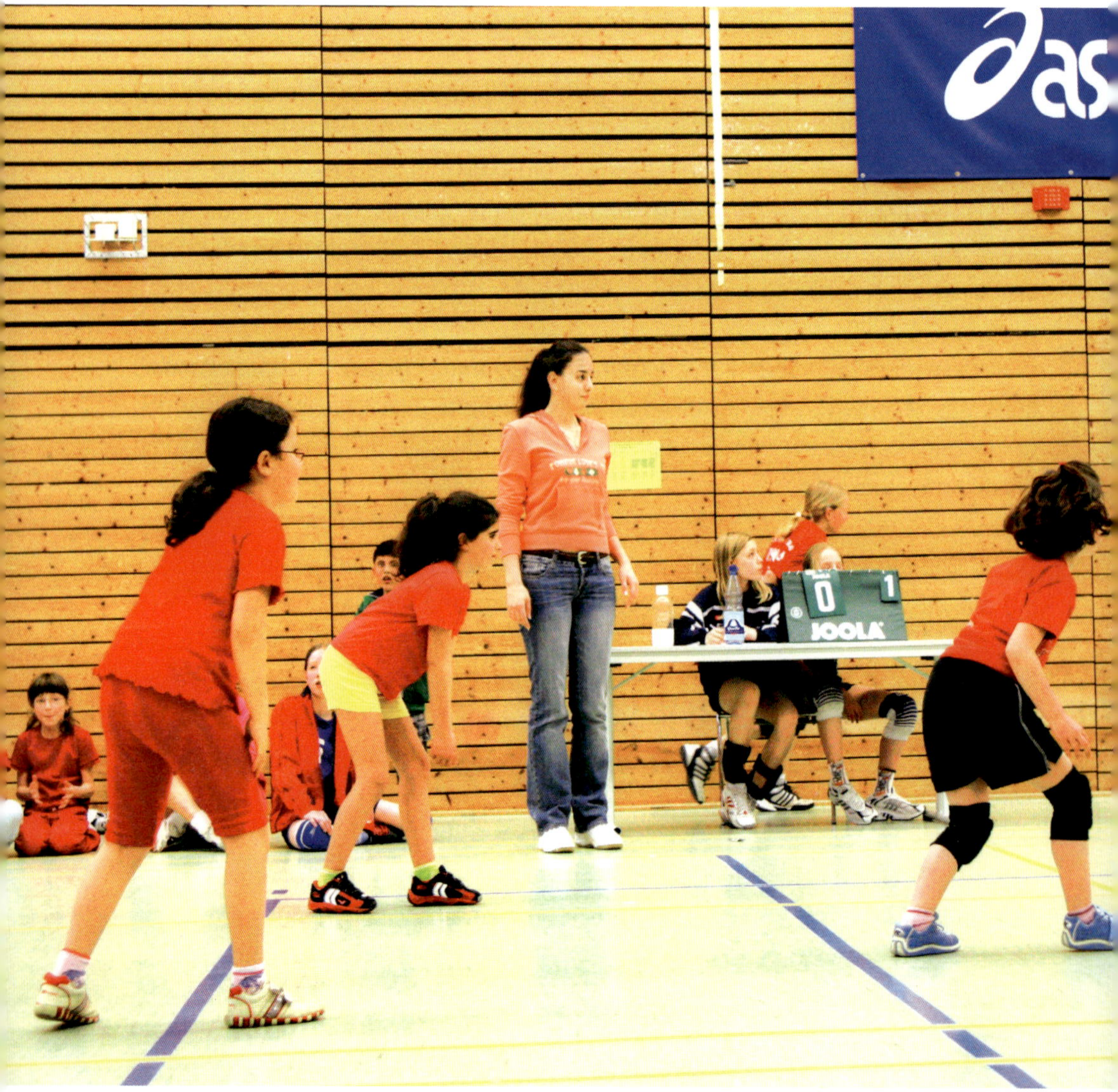

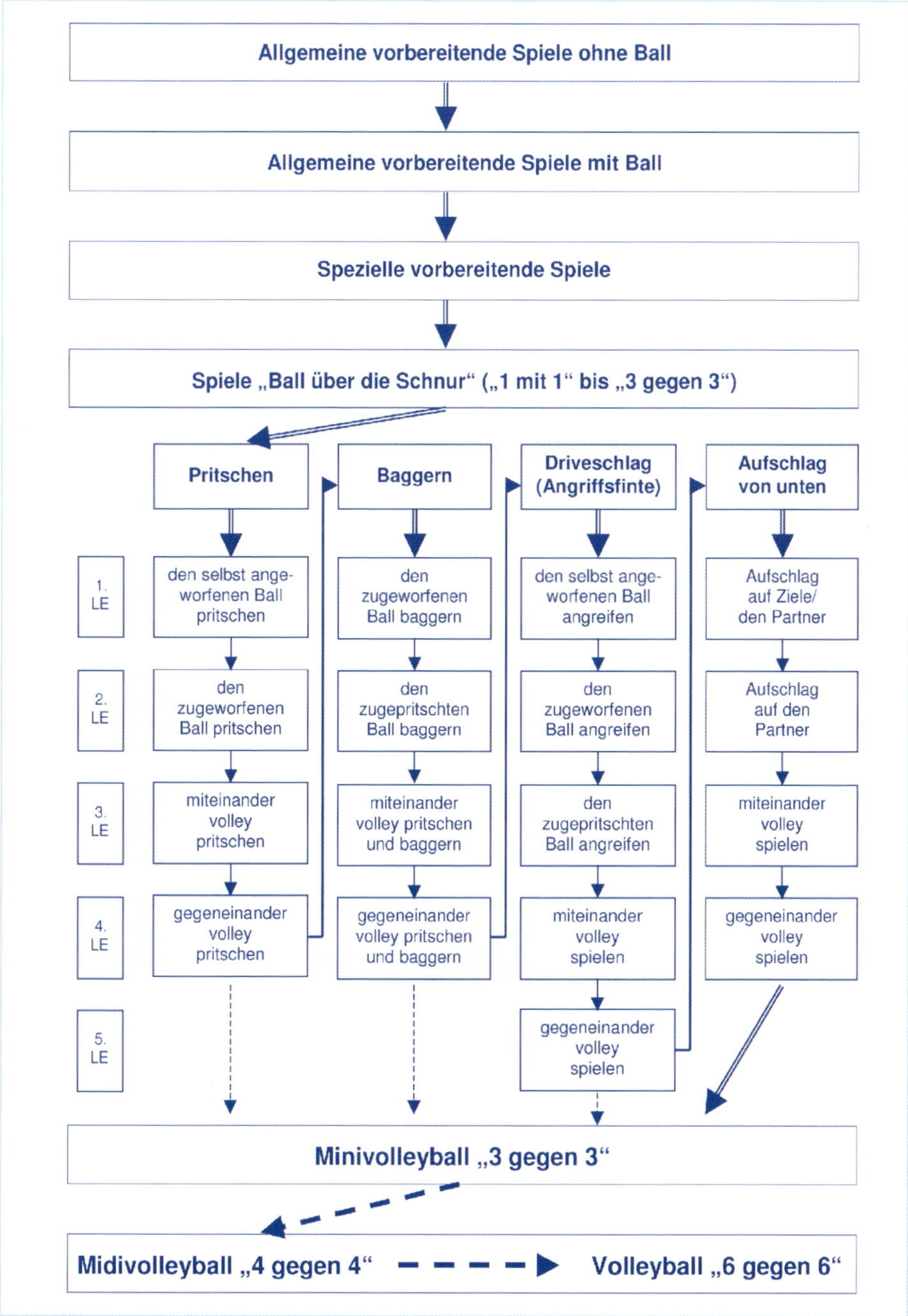

Abb. 24: Das Vermittlungsmodell Minivolleyball

Die folgenden Ausführungen erläutern das oben abgebildete Vermittlungsmodell zum Minivolleyball (vgl. Abb. 24). Die methodischen Reihen zur Einführung der einzelnen Grundtechniken, welche nur geringfügig von Element zu Element variieren, werden kurz dargestellt:

Zur Vermittlung des ***oberen Zuspiels (Pritschen) als erste Grundtechnik*** dient eine methodische Reihe in vier Lerneinheiten:

In der ***ersten Lerneinheit, den selbst angeworfenen Ball pritschen***, wird das obere Zuspiel durch am leichtesten durchzuführende Spielformen gelehrt. Da das Ballannehmen und -weiterspielen als ein sehr kurzer Ballkontakt vielen Kindern schwer fällt, werfen sich die Kinder den vorher aufgefangenen Ball selbst hoch und pritschen somit den ***selbst angeworfenen Ball***.

In der ***zweiten Lerneinheit, den zugeworfenen Ball pritschen***, erfolgt der Ballwurf zielgenau durch einen Mitspieler, wodurch weiterhin vereinfacht Volleyball gespielt wird. Der Unterschied zur ersten Lerneinheit besteht in der längeren Flugbahn sowie der höheren Anfluggeschwindigkeit des zu pritschenden Balls.

In der ***dritten Lerneinheit*** (***miteinander volley pritschen***, z. B. 1 mit 1) bilden die Spieler auf beiden Seiten des Netzes eine gemeinsame Gruppe und spielen gegen alle anderen Gruppen. Auch hier wird die Spielsituation noch vereinfacht dargestellt, da die Kinder sich bemühen sollen, dem Mitspieler auf der anderen Seite des Netzes den Ball zielgenau zuzupritschen.

Erst in der ***vierten Lerneinheit*** wird ***gegeneinander volley gepritscht***, ohne dass der Ball gefangen oder vom Partner zugeworfen wird. Die Anfänger müssen versuchen, den Gegner auszuspielen, um Punktgewinne zu erzielen.

Der methodische Weg der Vermittlung der ***zweiten Grundtechnik, dem unteren Zuspiel (Baggern)***, unterscheidet sich leicht von der Hinführung zum Pritschen, auch durch die darin erworbenen Fertigkeiten.

Auf die methodische Stufe des selbst angeworfenen Balls wird bewusst verzichtet, da das optimale „Sichselbstanwerfen" des Balls für das Baggern schwierig umzusetzen ist und zu einer fehlerhaften Technikausführung verleitet.

Die ***erste Lerneinheit*** beginnt demzufolge mit dem zielgenau vom Partner ***zugeworfenen Ball***.

Die ***zweite Lerneinheit*** beinhaltet zugleich eine Vertiefung des oberen Zuspiels. Hierbei soll der ***zugepritschte Ball***, bei dem mit einer größeren Ungenauigkeit zu rechnen ist, im unteren Zuspiel zurückgebaggert werden.

In der ***dritten und vierten Lerneinheit***, der methodischen Vorgehensweise beim Pritschen entsprechend, sollen ***Spiele volley miteinander*** und ***später Spiele volley gegeneinander*** stattfinden. Hierbei kommen beide bis dahin erlernten Grundtechniken ***situations- und spielgerecht*** zur Anwendung. Insbesondere bei den Spielen gegeneinander benutzen die Spieler allmählich die ***beidhändige Angriffsfinte*** im oberen Zuspiel im Sprung.

Der ***Driveschlag (und die Angriffsfinte)***, die als ***dritte Grundtechnik*** als Nächstes im Mittelpunkt stehen, sollen in fünf Stufen methodisch erarbeitet werden.

Während in der ***ersten Lerneinheit*** wiederum der ***selbst angeworfene Ball*** geschlagen wird, so erfolgt in der ***zweiten*** und ***dritten Lerneinheit*** der Angriff zunächst aus dem ***fremd angeworfenen*** und später aus dem ***zugepritschten Ball***.

Auch die ***vierte*** und ***fünfte Lerneinheit***, ***Spiele*** mit Anwendung des Driveschlags ***volley mit-*** und ***gegeneinander***, leiten sich aus den oben genannten Grundsätzen ab.

Die methodischen Stufen der Einführung des ***Aufschlags von unten***, der ***vierten Grundtechnik***, unterscheiden sich deutlich von denen der anderen Techniken.

In der ***ersten Lerneinheit*** erfolgt der ***Aufschlag von unten auf bestimmte Ziele*** und in der ***zweiten Lerneinheit auf den Partner***, um hohe Wiederholungszahlen zu ermöglichen.

In der ***dritten*** und ***vierten Lerneinheit*** wird anschließend der Aufschlag von unten wiederum in ***Spiele volley mit-*** bzw. ***gegeneinander*** integriert, sodass am Ende der Ausbildung dieses Teillernziels die Kinder das Spiel Minivolleyball beherrschen.

Abschließend wird das Wettkampfspiel ***Minivolleyball nach internationalen Regeln*** vorgestellt sowie die zusätzlichen Elemente aufgeführt, um den Übergang zum Midivolleyball und dem Spiel 6 gegen 6 zu schaffen.

Methodisch-didaktischer Hinweis:

Bei der Erarbeitung der einzelnen Grundtechniken stehen zu Beginn nur die drei wichtigsten Merkmale eines jeden Grundelements im Mittelpunkt, auf die sich die Kinder konzentrieren sollen. Erfahrungen haben gezeigt, dass durch Reduktion auf 2-3 kurze und knappe Handlungshinweise zu den wichtigsten Bewegungsmerkmalen die sehr schwierigen Bewegungsabläufe der Spieltechniken im Volleyball schneller erlernt werden können als nach einer detaillierten Bewegungsbeschreibung. Zudem lassen sich diese drei Bewegungsmerkmale leicht immer wieder wiederholen sowie korrigieren und prägen sich somit beim Anfänger besser ein.

2.1 Pritschen (oberes Zuspiel)

Zu den drei wichtigsten Bewegungsmerkmalen zählen:

- Körper-Ball-Verhältnis: ***„Hände in Dreieckshaltung vor der Stirn"*** (Foto 31).
- Trefffläche: ***„Den Ball mit allen Fingern und mit Spannung in den Fingern spielen"*** (Foto 32).
- Impulsgebung: ***„Ganzkörperstreckung"*** (aus einer leicht gebeugten Körperhaltung sich aus den Beinen und Armen dem Ball entgegenstrecken) (Foto 33).

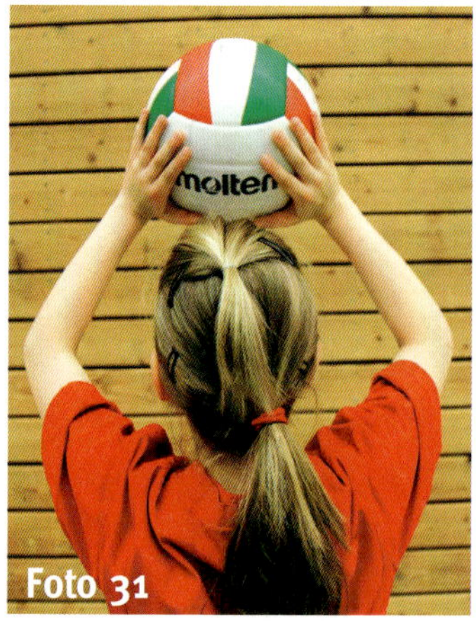
Foto 31

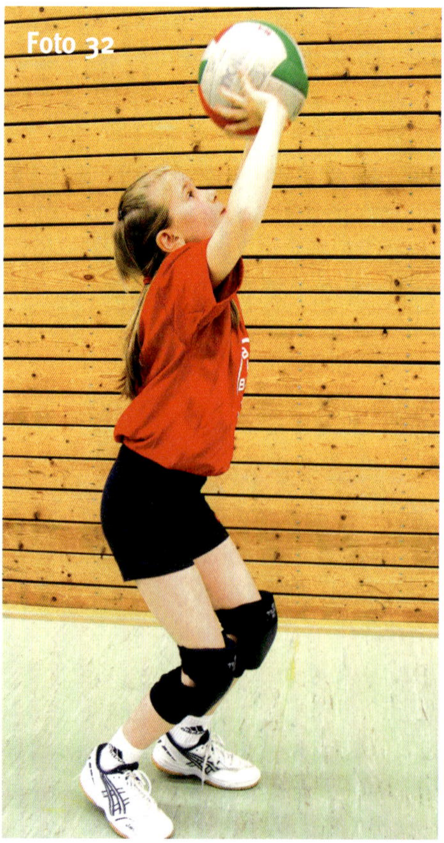
Foto 32

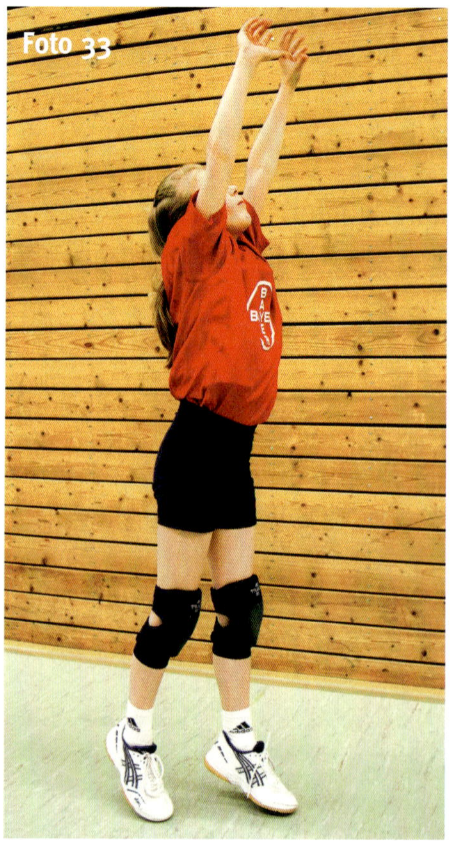
Foto 33

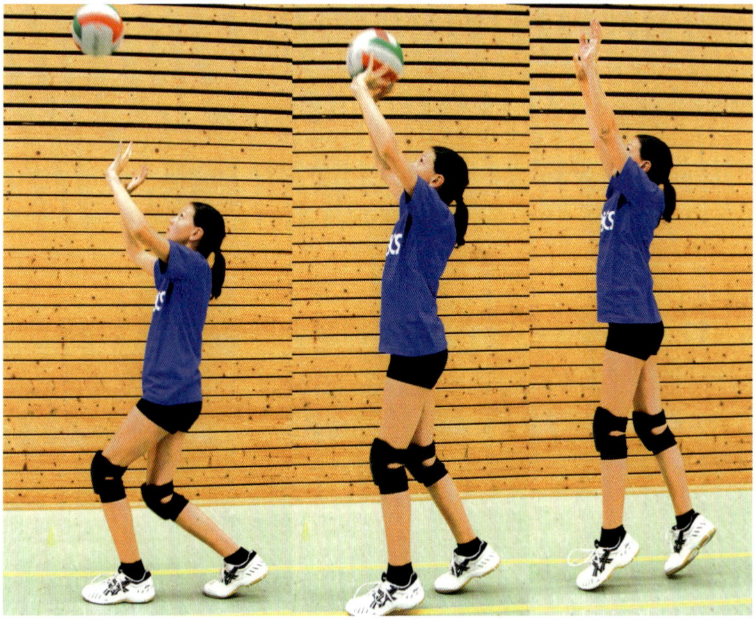

Fotoserie 34: Bewegungsablauf Pritschen (seitlich)

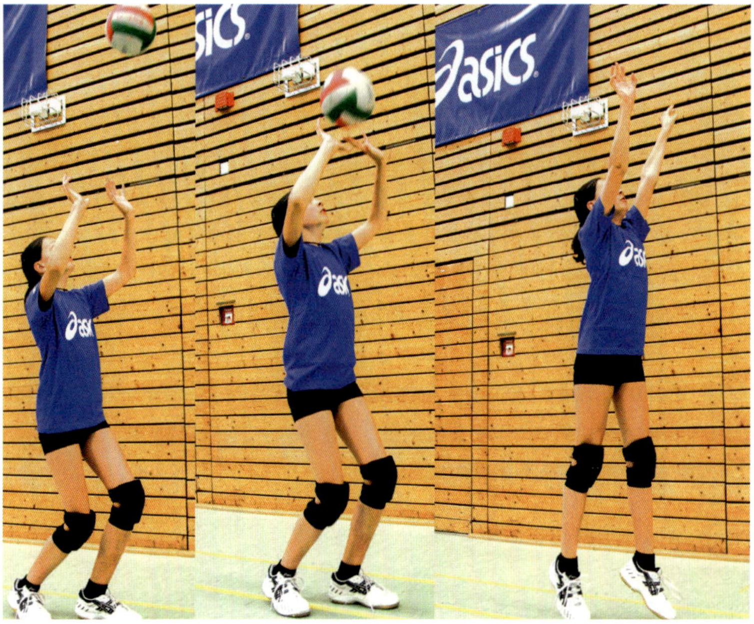

Fotoserie 35: Bewegungsablauf Pritschen (seitlich vorne)

Erste Lerneinheit: Den selbst angeworfenen Ball pritschen

1 Hochpritschen

Jeder Spieler erhält einen Ball, mit dem er sich frei durch die Halle bewegen soll. Dabei soll er sich den Ball anwerfen, hochpritschen und dann fangen. *Welcher Spieler schafft dies als Erster 5 x (10 x, 20 x), ohne dass der Ball zwischendurch den Boden berührt?*

Handlungshinweise:

- Wirf den Ball mit beiden Händen von unten nach oben zielgenau ca. 1 m hoch!
- Bringe deine Hände über Kopfhöhe!
- Stehe vor der Ballberührung in gebeugter Schritt-Grätsch-Stellung!
- Pritsche den Ball mit allen 10 Fingern!
- Deine Daumen zeigen zur Nasenspitze und deine Hände bilden ein Dreieck!
- Achte auf die Spannung in den Fingern!
- Streck dich dem Ball entgegen!

Variationen:

1) Pritsche auf ein hochgelegenes Ziel (Markierung an der Wand, Basketballbrett, -korb).

2) Der Schüler steht nah am Netz im Angriffsraum und pritscht den Ball über das Netz auf ein größeres Ziel (Matte, Reifen) im gegnerischen Angriffsraum.

3) Wie (2), allerdings steht der Spieler im Bereich der eigenen Angriffslinie.

4) Wie (2), jedoch pritscht der Spieler auf größere Ziele in mittlerer Entfernung im Hinterfeld.

5) (1) bis (4): Die Größe und die Entfernung der Ziele sollen allmählich verändert werden; zunächst größere Ziele aus größerer Entfernung, anschließend kleinere Ziele aus kurzer, später aus mittlerer und zuletzt aus größerer Entfernung.

Alle Variationen sollen als Einzel- oder Gruppenwettkampf durchgeführt werden: Welcher Spieler bzw. welche Gruppe trifft das Ziel z. B. bei 10 Versuchen am häufigsten?

2 Spiel 1 mit 1

Zwei Spieler pritschen sich selbst angeworfene Bälle über ein Netz in einem kleinen Spielfeld (2 x 6 m) zu. *Welches Zweierteam schafft in einer vorgegebenen Zeit (zwei oder drei Minuten) die längste Serie, ohne das Spielfeld zu verlassen und/oder ohne dass der Ball den Boden berührt?*

Variation:

1) Mit drei oder mehr Spielern als Linien- (mindestens drei Spieler) bzw. Dreiecksspiel (mindestens vier Spieler): Jeder Spieler läuft seinem Zuspiel nach (Abb. 25/26).

Handlungshinweis:

- Beim Dreiecksspiel: Fang den Ball, drehe dich in die Abspielrichtung, wirf den Ball an und pritsche ihn genau zum Partner!

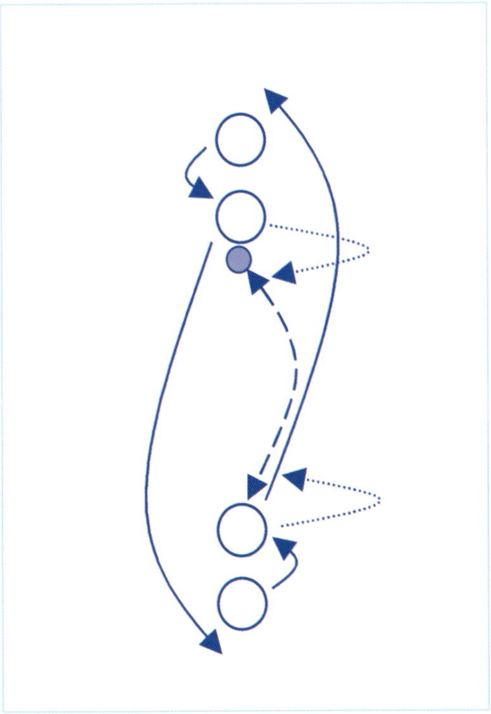

Abb. 25:
Pritschen 1 mit 1 als Linienspiel

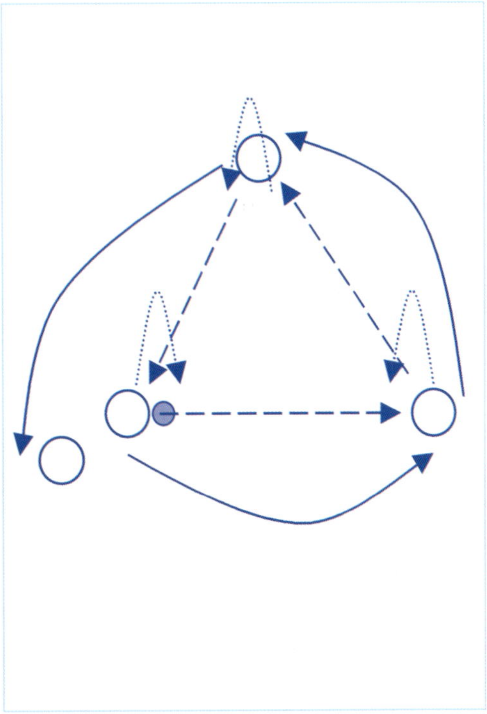

Abb. 26:
Pritschen 1 mit 1 als Dreiecksspiel

3 Spiel 3 mit 3

Zwei Dreierteams stehen sich im offenen Dreieck (vgl. Abb. 13-15) gegenüber. Drei Ballberührungen auf jeder Seite sind Pflicht. Bei einem Fehler rotieren die Spieler. *Welche Sechsergruppe schafft in einer vorgegebenen Zeit die längste Serie an Netzüberquerungen ohne Fehler?*

Handlungshinweise:

- Halte dich an die vorgegebenen Ball- und Laufwege!
- Pritsche den ersten Pass immer diagonal, hoch und mindestens 1 m vom Netz entfernt!
- Pritsche den zweiten Pass immer parallel zum Netz und hoch!
- Verständigt euch rechtzeitig durch lauten Zuruf, insbesondere bei Handlungen in den Überschneidungsbereichen (Abb. 27/Fotos 36/37)!

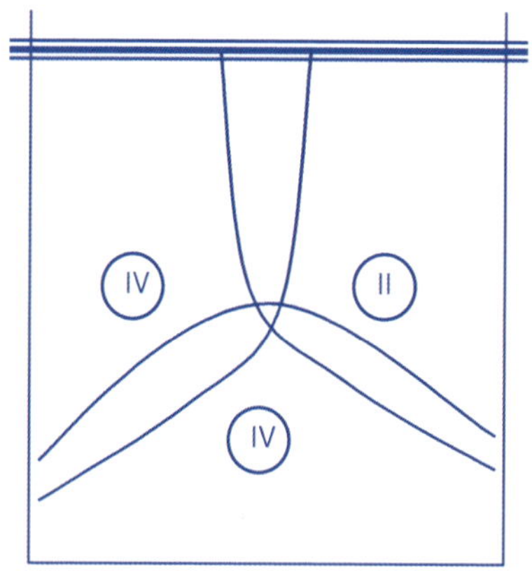

Abb. 27: Überschneidungsbereiche im Dreierriegel

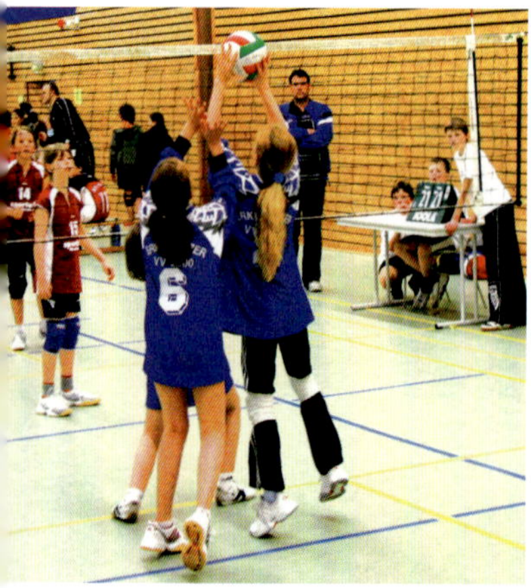

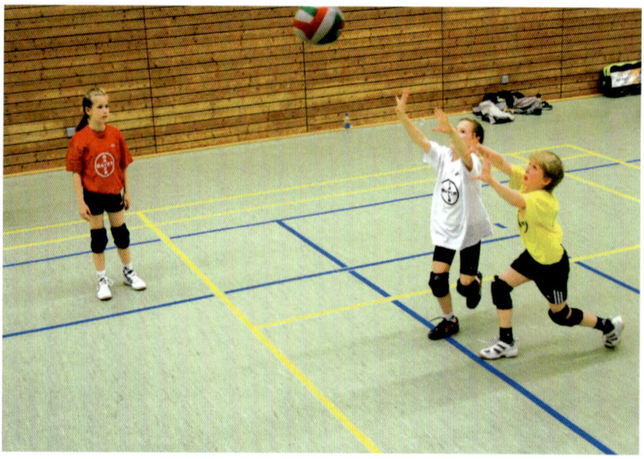

Fotos 36/37: Verständigung bei Bällen im Überschneidungsbereich

Variationen:

1) Nach jeder Netzüberquerung rotieren die Spieler um eine Position.

2) Die Spielform wird mit der Aufstellung im geschlossenen Dreieck (vgl. Abb. 16/17) durchgeführt. Der Spieler am Netz steht mittig auf Pos. III und spielt möglichst jede zweite Ballberührung.

Handlungshinweise:

- Stehe als Spieler auf Pos. III mindestens 1 m entfernt vom Netz, damit deine Mitspieler den Ball nicht zu nah ans Netz werfen und dich nicht zu Netzberührungen/Folgefehlern verleiten!
- Drehe dich als Spieler auf Pos. III frühzeitig, d. h. kurz ***vor*** der Ballberührung, in Abspielrichtung!
- Für die Annahme von sehr kurz hinter das Netz fliegenden Bällen ist der Spieler auf Pos. III mit verantwortlich (Abb. 28)!
- ***Löse dich als Spieler auf Pos. IV bzw. II mindestens 2 m vom Netz, sobald du den Ball auf die andere Seite gepritscht hast.***

3) Wie (2), jedoch mit dem Spieler am Netz auf Pos. II (vgl. Abb. 18/19).

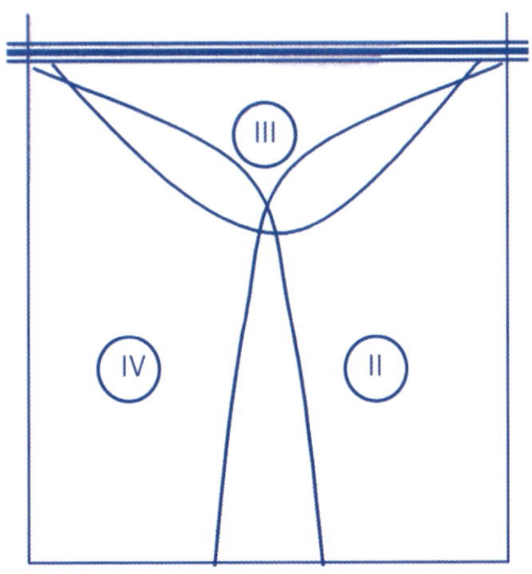

Abb. 28: Überschneidungsbereiche im Zweierriegel (Zuspieler auf Pos. III)

Handlungshinweise

- Rufe als Spieler am Netz laut, wem du den Ball zupritschen wirst!
- Alle drei Spieler verständigen sich unter Berücksichtigung der Überschneidungsbereiche laut und deutlich, wer annehmen soll (Abb. 29/Foto 38)!

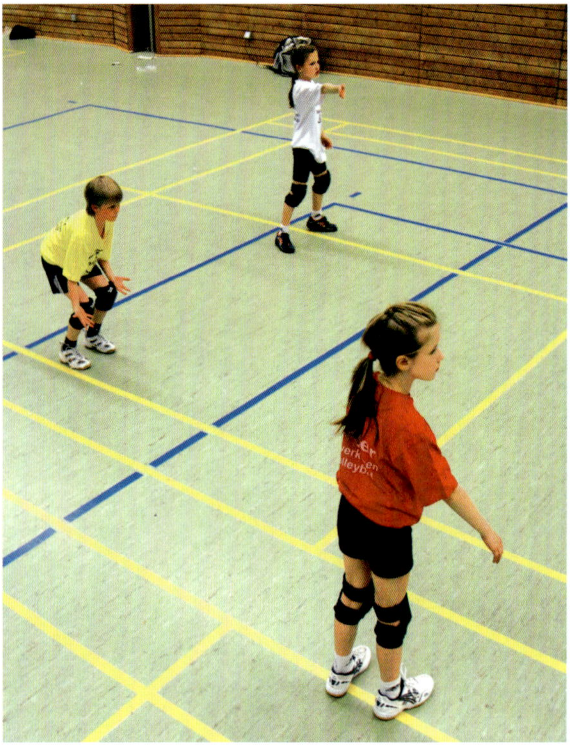

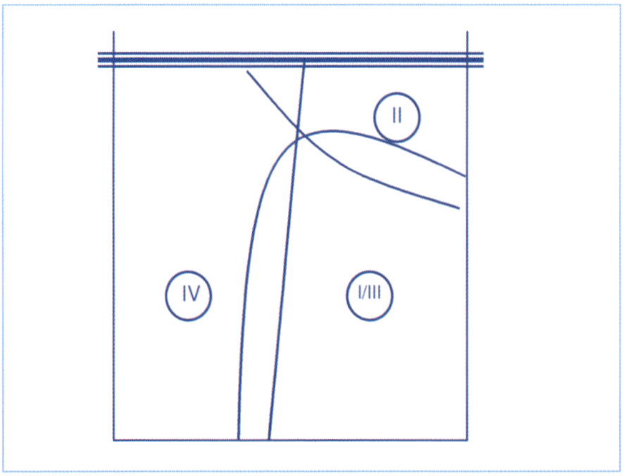

Abb. 29/Foto 38: Überschneidungsbereiche im Zweierriegel (Zuspieler auf Pos. II)

4 Spiel 2 mit 2

Zwei Zweierteams stehen sich gegenüber (Foto 39 und vgl. Abb. 12). Drei Ballberührungen auf jeder Seite sind Pflicht. *Welche Vierergruppe schafft in einer vorgegebenen Zeit die längste Serie an Netzüberquerungen (oder 10 x, 15 x etc.) ohne Fehler?*

Handlungshinweise:

- Spiele den ersten Pass nicht zu nah ans Netz, d. h. mindestens 1 m entfernt vom Netz!
- Pritsche den ersten Pass immer hoch und diagonal zum Netz!
- Pritsche den zweiten Pass immer parallel zum Netz!
- Bedenke, dass du sofort ans Netz läufst, wenn du den ersten Ball nicht auffangen musst!
- Rufe deinem Partner zu, dass du den Ball von ihm am Netz erwartest!

Variation:

1) Nach jeder Netzüberquerung tauschen die Spieler ihre Positionen.

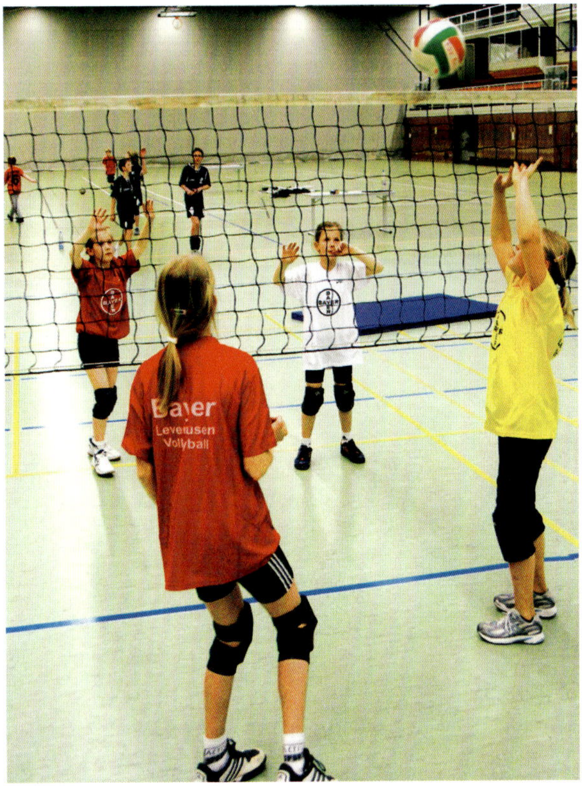

Foto 39: Pritschen 2 mit 2

5 Spiel 1 gegen 1

Zwei Spieler pritschen den selbst angeworfenen Ball auf einem Kleinfeld (2 x 4 m) gegeneinander über das Netz. Nur Ausball, Ball ins Netz und Bodenberührung, d. h. Nichtfangen des Balls, gelten als Fehler. *Gespielt wird nach der Rally-Point-Zählweise bis 15 oder 25 Punkte.*

Variation:

1) Die Größen der Kleinfelder ***je nach Leistungsniveau*** variieren: Zunächst 2 x 4 m, später 3 x 4 m, 2 x 6 m und zuletzt 3 x 6 m.

6 Spiel 3 gegen 3

Wie Spielform 3 „Spiel 3 mit 3" und deren Variationen, jedoch gegeneinander (Foto 40, vgl. Spielform 5 „Spiel 1 gegen 1").

Die Spielfeldgröße beträgt zunächst 4 x 8 m, später 4,5 x 9 m.

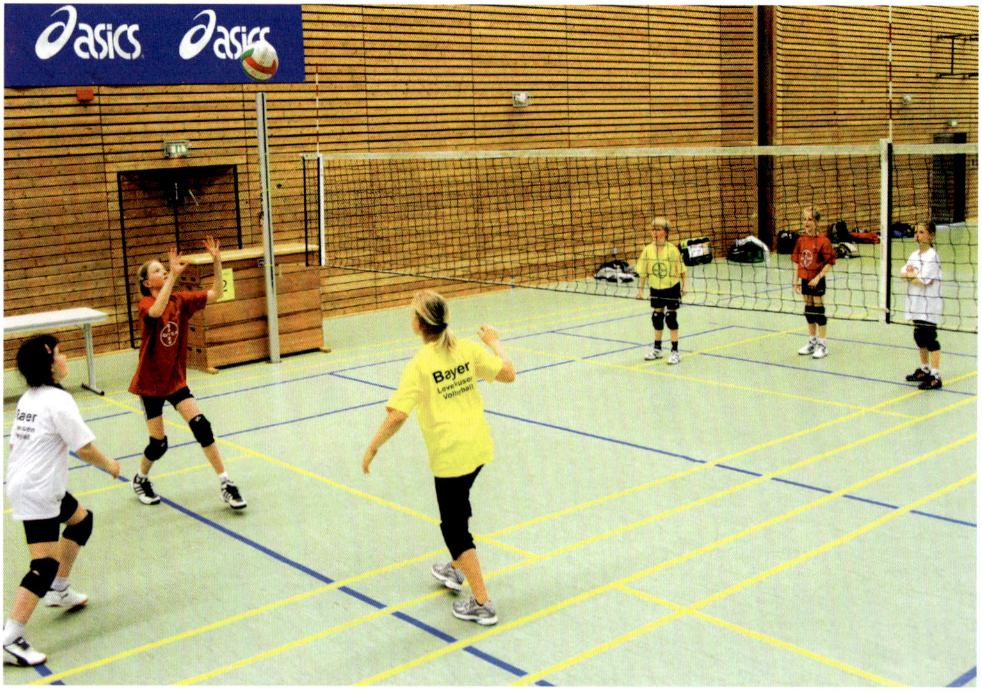

Foto 40: Pritschen 3 gegen 3 im offenen Dreieck

7 Spiel 2 gegen 2

Wie Spielform 4, allerdings gegeneinander (vgl. Spielform 5 „Spiel 1 gegen 1").
Die Spielfeldgröße beträgt zunächst 3 x 6 m, später 4 x 8 m.

Organisationshinweis:

Alle oben genannten Spielformen gegeneinander und ihre Variationen sollen nach dem *Spielmodus „Kaiserball"* (vgl. Kap. 1.3, Abb. 11) durchgeführt werden.

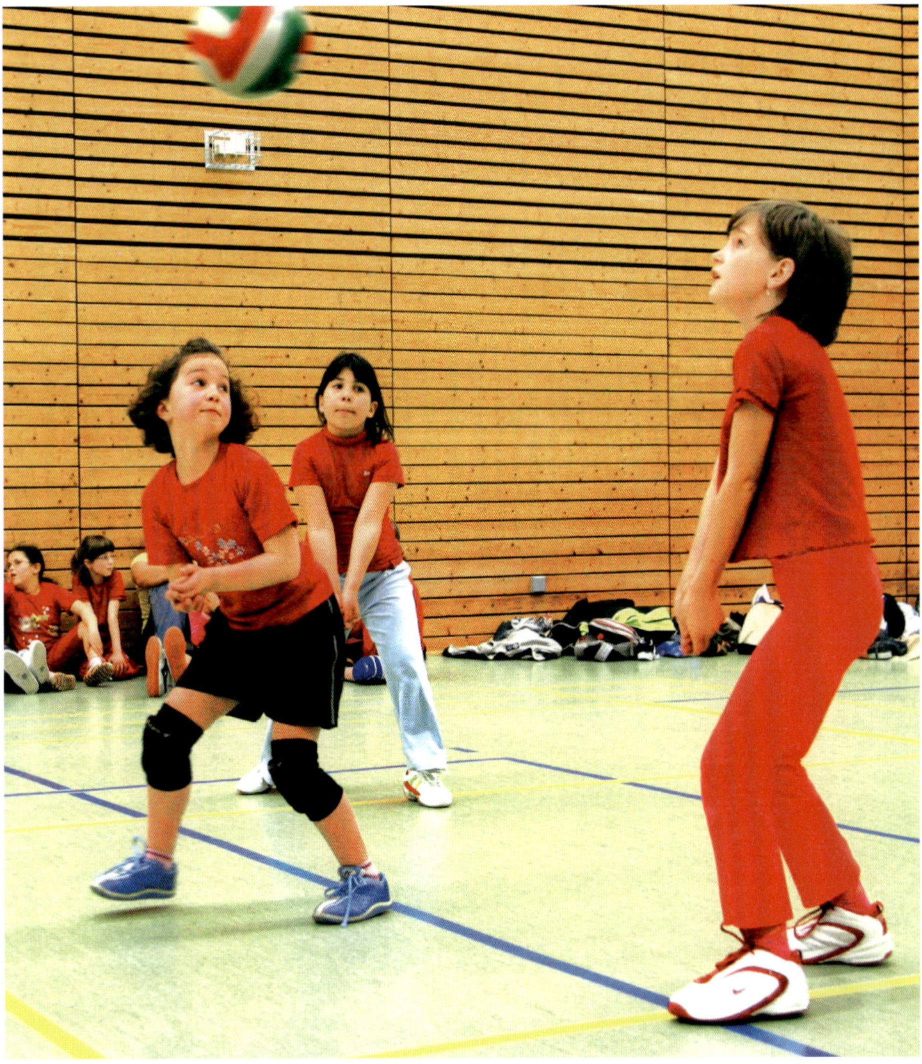

Zweite Lerneinheit: Den zugeworfenen Ball pritschen

8 Spiel 1 mit 1

Einer der beiden Spieler wirft dem gegenüberstehenden Spieler den Ball im Bogen (über das Netz) in Kopfhöhe zu. Der Partner pritscht den Ball so zurück, dass er vom Werfer gefangen werden kann. Nach fünfmaligem Pritschen erfolgt ein Wechsel. *Sieger ist das Paar, das 10 x, 20 x etc. pritscht, ohne dass der Ball den Boden berührt.*

Handlungshinweise:

- Wirf deinem Partner den Ball mit beiden Händen von unten nach oben hoch und möglichst zielgenau zu!
- Beobachte den anfliegenden Ball hinsichtlich seiner Flugkurve!
- Sprinte zuerst schnellstmöglich und werde dann langsamer!
- Lauf mit kleinen Schritten in Spielstellung unter/hinter den Ball!
- Stehe vor der Ballberührung!
- Strecke dich aus den Beinen dem Ball nach vorne oben entgegen!
- Spiele den Ball mit Armeinsatz und mit allen Fingern!
- Achte auf deine Handhaltung und die Spannung in deinen Fingern!

Variationen:

1) **Spiel 1 mit 3:** Der Einzelspieler wirft den Ball abwechselnd je einem der drei in einer Reihe hintereinander (Abb. 30), später nebeneinander stehenden Spieler zu (Abb. 31). Dieser pritscht den Ball möglichst genau zu ihm zurück. *Wird der Ball vom Einzelspieler nicht gefangen, tauschen die Spieler die Plätze.*

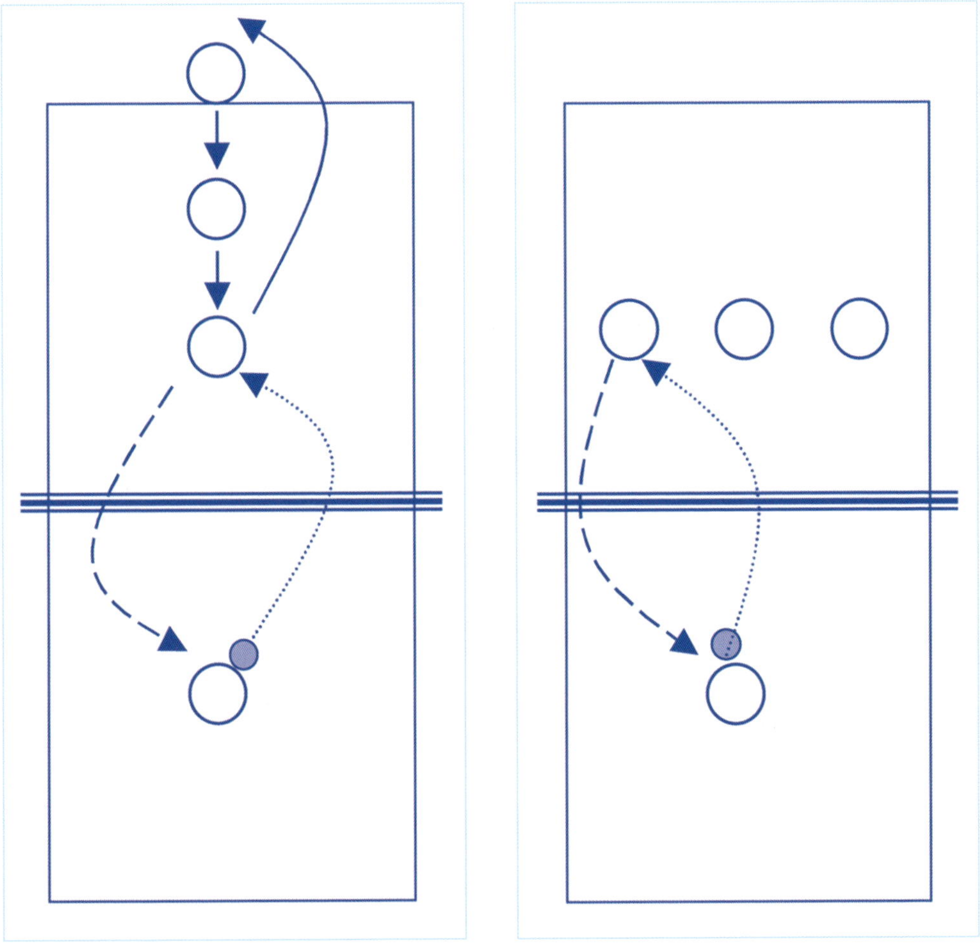

Abb. 30/31: Pritschen 1 mit 3

2) Der Ball wird auf ein Ziel (Matte, Reifen etc.) zurück ins gegnerische Feld gespielt. Nach jedem Durchgang wird der Anwerfer gewechselt. *Sieger ist die Gruppe, die bei einer bestimmten Anzahl von Versuchen die meisten Treffer erzielt hat.*

Organisationshinweis:

Durch eine allmähliche Vergrößerung der Entfernung in Verbindung mit einer Verkleinerung der Ziele soll die Zielgenauigkeit verbessert werden.

9 Pritschen 2 mit 1

Drei Spieler stehen in einem Dreieck. A wirft den Ball zu B, B pritscht zu C, C fängt und wirft wieder zu B usw. Der Zuspielwinkel soll zunächst möglichst spitz sein (Abb. 32). Nach einem/zwei Fehler(n) (Nichtfangen des Balls) bzw. fünf erfolgreichen Zuspielhandlungen eines Spielers hintereinander wechseln die Spieler ihre Funktionen. *Sieger ist die Dreiergruppe, der in einer bestimmten Anzahl von Versuchen (15, 18 etc.) die meisten Zuspielhandlungen hintereinander ohne Fehler gelingen.*

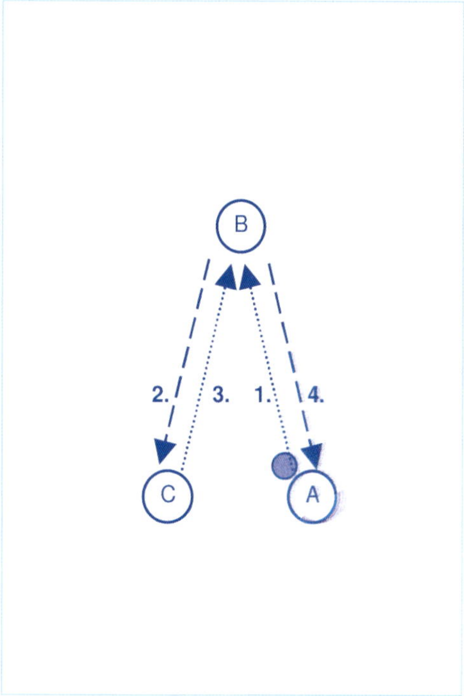

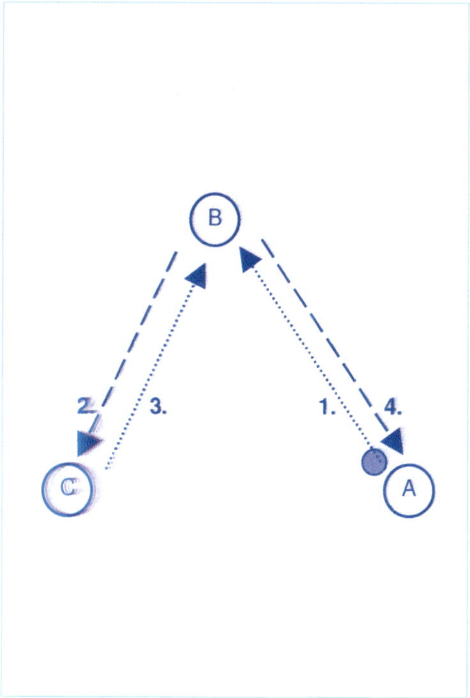

Abb. 32/33: Pritschen 2 mit 1

Handlungshinweise:

- Drehe dich ***vor*** der Ballberührung in die Abspielrichtung!
- Beobachte stets deinen An- und Abspielpartner!

Variationen:

1) Allmähliche Vergrößerung des Zuspielwinkels (Abb. 33).

2) Zwei Spieler stehen auf der einen Spielfeldseite. Einer wirft den Ball aus ca. 2 m Abstand hoch und parallel zum Netz auf Pos. IV dem anderen zu (Abb. 34). Dieser Spieler pritscht über das Netz zielgenau auf den dritten Spieler, der den Ball fängt und ihn an den Anwerfer auf der anderen Netzseite weiterleitet.

Handlungshinweise:

- Löse dich nach jedem gepritschten Ball mindestens 2 m vom Netz!
- Bedenke, dass du als ***Werfer*** deinen Pass mindestens 1 m vom und parallel zum Netz zuwirfst!

2) Wie (1), jedoch wird der Ball zur Pos. II zugeworfen (Abb. 35).

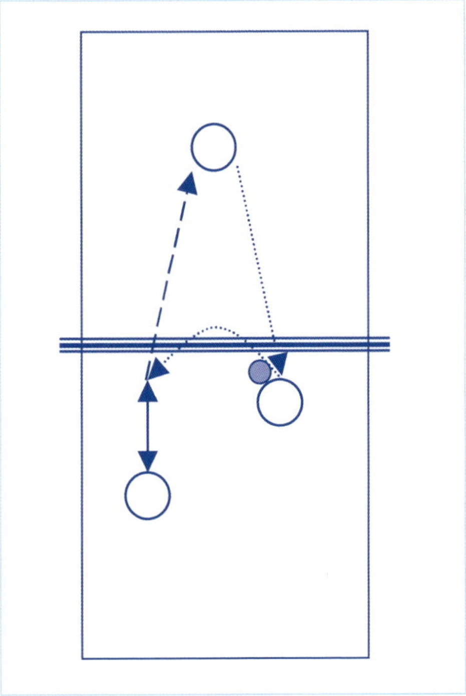

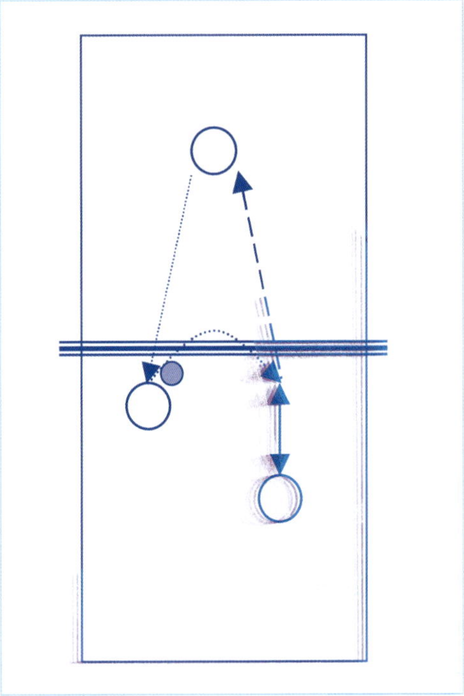

Abb. 34/35: Pritschen 2 mit 1 über das Netz

10 Spiel 3 mit 3

Zwei Dreierteams stehen sich im offenen Dreieck (Foto 41) gegenüber. Jeder zweite Ball muss gepritscht werden, d. h., der Ball wird innerhalb der Sechsergruppe abwechselnd angeworfen bzw. gepritscht. Jeder Ballwechsel beginnt mit einem genau zum Mitspieler über das Netz zugeworfenen Ball. Drei Ballberührungen auf jeder Spielfeldseite sind Pflicht. Bei einem Fehler (Bodenberührung des Balls, Ball ins Netz) rotieren die Spieler und das Aufschlag- bzw. Anwurfrecht wechselt. *Welche Sechsergruppe schafft in einer vorgegebenen Zeit die längste Serie an Netzüberquerungen ohne Fehler?*

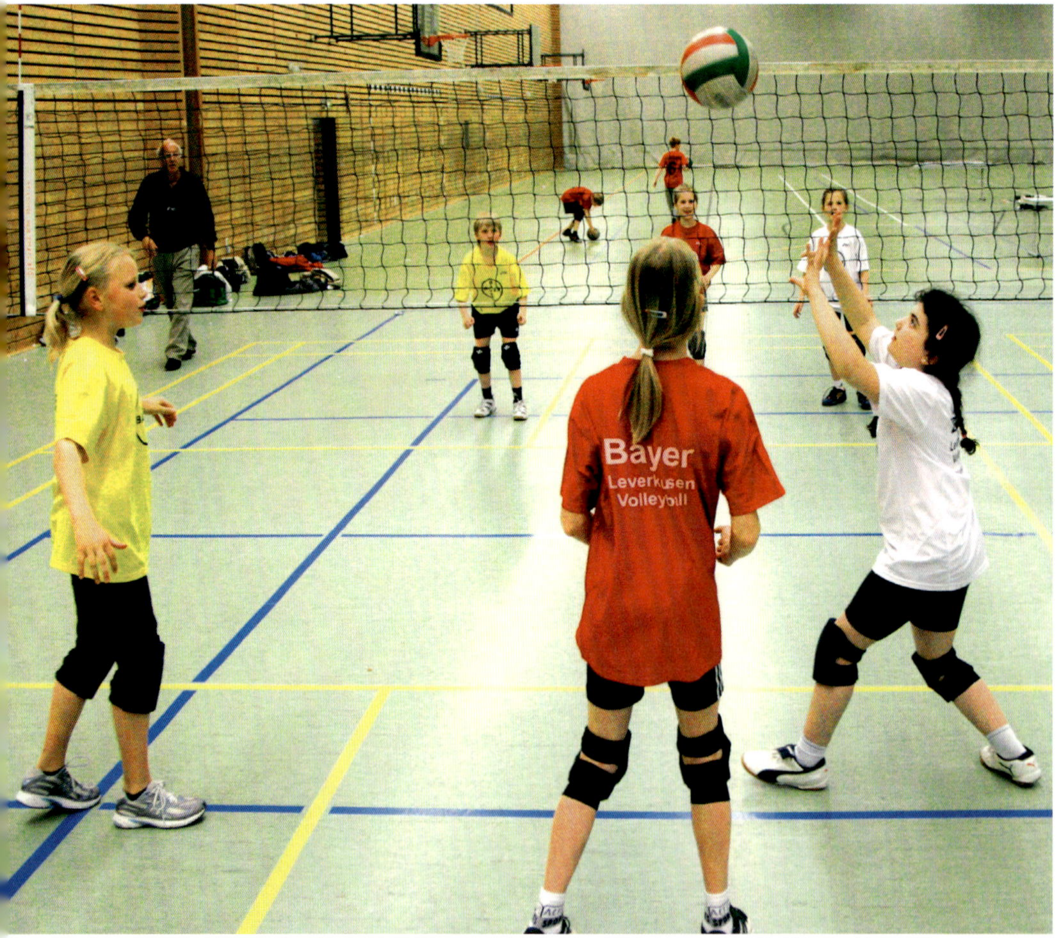

Foto 41: Spiel 3 mit 3 im offenen Dreieck

Handlungshinweise:

- Halte dich an die vorgegebenen Ball- und Laufwege!
- Pritsche bzw. wirf den ersten Pass immer diagonal, hoch und mindestens 1 m vom Netz entfernt!
- Pritsche bzw. wirf den zweiten Pass immer parallel zum Netz und hoch!
- Pritsche bzw. wirf den Ball auf der eigenen Spielfeldseite stets zum näher am Netz stehenden Mitspieler!
- Spiele den Ball über das Netz auf unterschiedliche Mitspieler!
- Rufe laut den Namen deines Mitspielers, den du anspielen willst!

Variationen:

1) Nach jeder Netzüberquerung rotieren die Spieler um eine Position.
2) Die Spielform wird mit der Aufstellung im geschlossenen Dreieck (Foto 42) durchgeführt. Der Spieler am Netz steht mittig auf Pos. III und spielt möglichst jede zweite Ballberührung.
3) Wie (2), jedoch mit dem Spieler am Netz auf Pos. II (Foto 43).

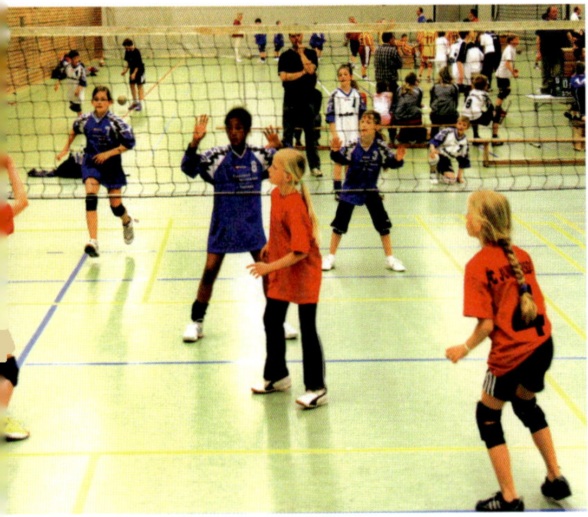

Fotos 42/43: Spiel 3 mit 3 im geschlossenen Dreieck

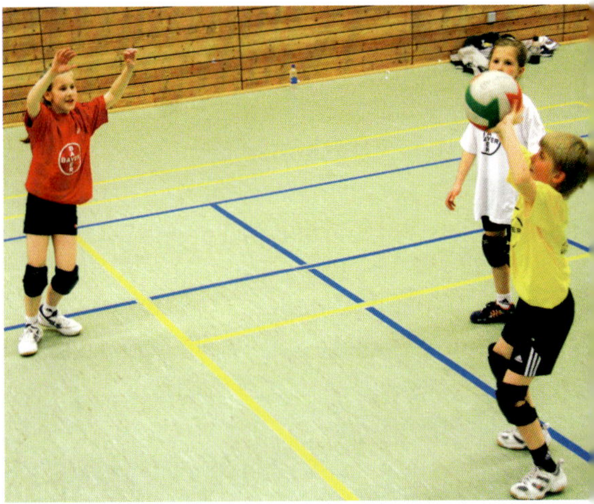

11 Spiel 2 mit 2

Zwei Zweierteams stehen sich auf einem Kleinspielfeld gegenüber. Jeder zweite Ball muss gepritscht werden, d. h., der Ball wird abwechselnd angeworfen bzw. gepritscht. Jeder Ballwechsel beginnt mit einem genau zum Mitspieler über das Netz zugeworfenen Ball. Bei einem Fehler tauschen die Spieler auf einer Feldseite ihre Positionen und das Aufschlag- bzw. Anwurfrecht wechselt. Drei Ballberührungen auf jeder Spielfeldseite sind Pflicht. *Welche Vierergruppe schafft in einer vorgegebenen Zeit die längste Serie an Netzüberquerungen ohne Fehler?*

Handlungshinweise:

- Verteidige eine Hälfte deines Spielfelds!
- Verständige dich stets mit deinem Partner!
- Pritsche den Ball über das Netz nicht immer zum gleichen Mitspieler!
- **Bedenke: Jeder höher gespielte Ball kann leichter aufgefangen/gepritscht werden, selbst wenn er ungenauer gespielt wird!**

Variation:

1) Nach jeder Netzüberquerung des Balls tauschen die Spieler auf einer Netzseite ihre Positionen.

12 Spiel 3 gegen 3

Die Spielform 10 „Spiel 3 mit 3" und deren Variationen als Spiel gegeneinander. Die Spielfeldgröße beträgt anfangs 4 x 8 m, später 4,5 x 9 m. Allerdings muss jeder Ballwechsel mit dem oberen Zuspiel über das Netz vom Sieger des letzten Ballwechsels begonnen werden (Einpritschen als Aufschlaghandlung). Die Rotation der Spieler erfolgt, wenn die eigene Mannschaft das Aufschlagrecht erhält. Drei Ballberührungen sind Pflicht. Der vom Gegner über das Netz gepritschte oder angeworfene Ball darf immer aufgefangen werden. Weitere Fehler sind Ausball, Ball im Netz und Bodenberührung, d. h. Nichtfangen des Balls. *Gespielt wird nach der Rally-Point-Zählweise bis 11, 15 oder 25 Punkte.*

Handlungshinweise:

- Pritsche deinen Partnern den Ball hoch und genau zu!
- **Pritsche den Ball flach über das Netz zwischen deine Gegenspieler!**

13 Spiel 2 gegen 2

Es gelten die Spielregeln der Spielform 12 „Spiel 3 gegen 3", jedoch mit zwei Ballberührungen auf jeder Spielfeldseite.

Variation:

1) Mit drei Ballberührungen, wobei jeder über das Netz gepritschte/geworfene Ball gefangen werden darf.

Dritte Lerneinheit: Miteinander volley pritschen

14 Spiel 1 mit 1

Der Ball wird zwischen den sich gegenüberstehenden Spielern im hohen Bogen über das Netz hin- und hergepritscht. *Sieger ist das Paar, dem die meisten Ballberührungen/Netzüberquerungen (5 x, 10 x etc.) ohne Unterbrechung gelingen oder welches in einer bestimmten Zeit (zwei, drei etc. Minuten) die wenigsten Fehler macht.*

Handlungshinweise:

- Stehe, bevor du den Ball spielst!
- Berühre den Ball so kurz wie möglich!
- Spiele den Ball nur mit den oberen Fingergliedern!
- Halte die Spannung in deinen Fingern!
- Mit 10 Fingern spielst du genauer!
- Je höher du den Ball pritschst, desto leichter kann ihn dein Mitspieler erlaufen!
- Beobachte ständig Standorte und Bewegungen deines Mitspielers!

Variationen:

1) Das Spiel 1 mit 1 mit Zusatzaufgaben:

- **a)** Nach dem Abspiel einen beidarmigen Armkreisschwung ausführen (zuerst vorwärts, später rückwärts).
- **b)** Nach dem Abspiel mit beiden Händen den Boden berühren.
- **c)** Nach dem Abspiel die Fersen berühren.
- **d)** Nach dem Abspiel die Angriffslinie berühren.
- **e)** Nach dem Abspiel die Mittellinie berühren.
- **f)** Nach dem Abspiel eine Körperdrehung um die Längsachse ausführen etc.

2) Das Spiel 1 mit 1 zu viert, d. h., auf jeder Netzseite stehen zwei Spieler hintereinander. Nach dem Spielen des Balls wechselt der Spieler hinter seinen Mitspieler, der den nächsten Ball spielen soll. (Bei nicht ausreichenden Spielfeldern/Bällen als Spiel mit drei Spielern auf jeder Spielfeldseite.)

3) Staffelwettkampf mit vier oder mehr Spielern mit Nachlaufen des eigenen Balls (Abb. 36)

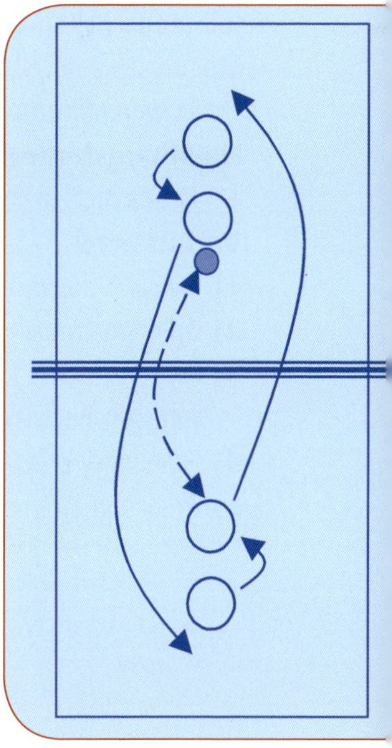

Abb. 36: Pritschen 1 mit 1 als Staffelwettkampf

15 Spiel 1 mit 5

Ein Spieler steht in der Mitte seiner fünf Mitspieler, die im Kreis um ihn formiert sind. Der Spieler in der Mitte pritscht den Ball zu einem Außenspieler. Dieser spielt ihn ebenfalls im oberen Zuspiel zu ihm zurück, wonach er direkt zum nächsten Außenspieler pritschst. Nach zwei vollständigen Drehungen (d. h. 10 Ballkontakten des Spielers im Kreis) wird er ausgetauscht.

Organisationshinweis:

Das Spiel 1 mit 5 ist nur dann zu empfehlen, wenn nur eine kleine Anzahl von Bällen vorhanden ist.

Variationen:

1) Als Spiel 1 mit 4 im Viereck.
2) Als Spiel 1 mit 3 im Dreieck.

16 Pritschen im Dreieck

Drei Spieler stehen in einem Dreieck (vgl. Abb. 32/33). Spieler A pritscht den Ball zu Spieler B, B zu C, C wieder zu B usw. (Reihenfolge: A-B-C-B-A) Der Zuspielwinkel soll möglichst spitz sein. Die Spieler wechseln ihre Funktionen nach ein oder zwei Minuten. *Sieger ist die Dreiergruppe, der in der vorgegebenen Zeit die meisten Zuspiele hintereinander ohne Fehler gelingen.*

Handlungshinweis:

- Drehe dich in die neue Abspielrichtung, bevor du den Ball pritscht!

Variationen:

1) Vergrößerung des Zuspielwinkels.
2) Spiel im Dreieck mit der Passreihenfolge A-B-C-A-B-C.
3) Wie Variation (2), aber mit vier oder mehr Spielern sowie mit Nachlaufen des eigenen Passes (Abb. 37).
4) Spiel im Viereck mit vier Spielern.
5) Pritschen im Viereck, aber mit fünf oder mehr Spielern mit Nachlaufen (Abb. 38).

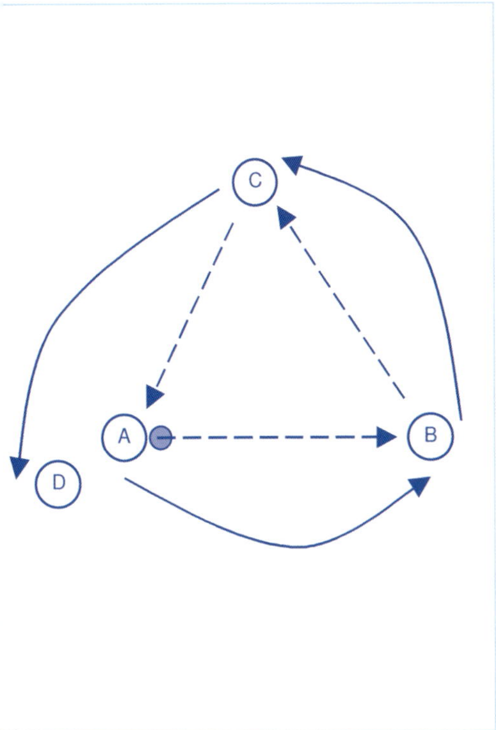

Abb. 37:
Pritschen im Dreieck mit Nachlaufen

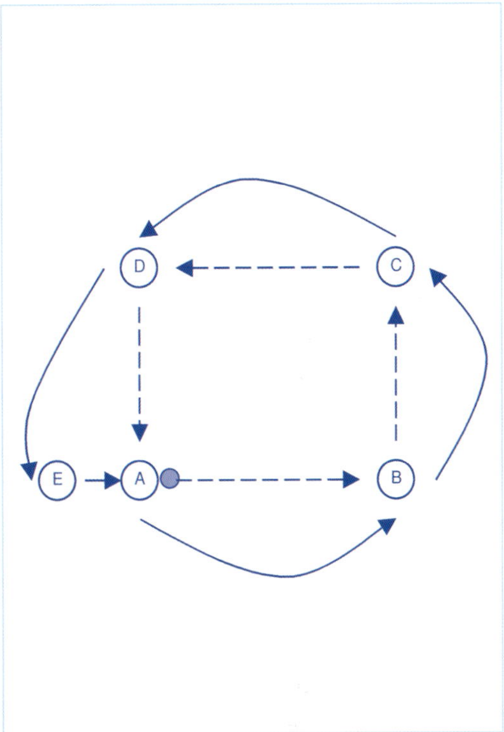

Abb. 38:
Pritschen im Viereck mit Nachlaufen

17 Spiel 3 mit 3

Zwei Dreierteams stehen sich im ***offenen Dreieck*** auf zwei kleinen Spielfeldern (ca. 4,5 x 4,5 m) gegenüber. Drei Ballberührungen auf jeder Seite sind Pflicht (vgl. Fotoserie 44). Der Ball darf auf jeder Netzseite bei diesen drei Ballkontakten 1 x aufgefangen werden und anschließend (mit dem selbst angeworfenen Ball) weitergespielt werden. Nach einem Fehler rotieren beide Dreiergruppen um eine Position. *Welche Sechsergruppe schafft in einer vorgegebenen Zeit die längste Serie von Netzüberquerungen ohne Fehler?*

Handlungshinweise:

- Vermeide Folgefehler, indem du den Ball hoch und weg vom Netz zu deinem Partner pritschst!
- Pritsche den Ball hoch und zielgenau zu einem deiner Mitspieler auf der Gegenseite!

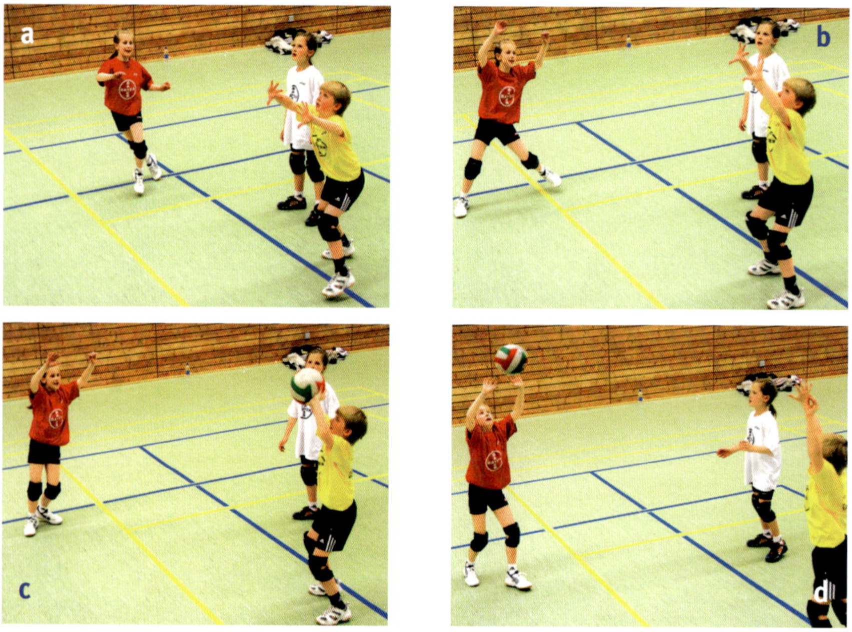

Fotoserie 44

Variationen:

1) Die Variation (1) a-f der Spielform 14 „Spiel 1 mit 1".
2) Nach dem eigenen Abspiel des Balls über das Netz erfolgt eine Rotation innerhalb der eigenen Gruppe.
3) Positionsgebunden im ***geschlossenen Dreieck*** mit Angriffsaufbau über ***Pos. III. Hierbei müssen auch die Variationen (1) und (2) berücksichtigt werden.***
4) Positionsgebunden im ***geschlossenen Dreieck*** mit Angriffsaufbau über ***Pos. II. Hierbei müssen auch die Variationen (1) und (2) berücksichtigt werden***.

18 Spiel 2 mit 2

Wie Spielform 14 „Spiel 1 mit 1" und deren Variation (1) a-f, jedoch zunächst mit mindestens zwei, später mit drei Ballberührungen.

Handlungshinweis:

- Verständige dich mit deinem Partner rechtzeitig durch Zuruf, insbesondere bei Bällen im Überschneidungsbereich!

Variation:

1) Das „Spiel 2 mit 2" und die Variationen a-f unter Einbeziehung der Rotation innerhalb der eigenen Gruppe nach dem Abspiel des Balls über das Netz.

Vierte Lerneinheit: Gegeneinander volley pritschen

19 Spiel 1 gegen 1

Zwei Spieler stehen sich durch ein Netz getrennt auf einem Spielfeld der Größe 2 x 4 m gegenüber und spielen gegeneinander. Der Ball darf gefangen werden (wenn er nicht mehr in Kopfhöhe gepritscht werden kann). Der Ball muss dann vom Fangort aus über das Netz gepritscht werden. Als Fehler gelten „Aus"-Ball, Ball ins Netz und Bodenberührung des Balls. Jeder Spieler darf den Ball nur 1 x spielen. E*s wird bis 15 oder 25 Punkte oder auf Zeit gespielt.*

Handlungshinweise:

- Versuche, das Verhalten deines Gegenspielers so früh wie möglich zu erkennen!
- Spiele den Ball nach hinten, wenn dein Gegner vorne steht und umgekehrt!
- Bei Ballbesitz des Gegners bewege dich schnell zur Spielfeldmitte, um eine optimale Ausgangsstellung einzunehmen!
- Vermeide leichte Fehler!

Variationen:

1) Das Spiel „1 gegen 1" mit Zusatzaufgaben:
   - **a)** Nach dem Abspiel einen beidarmigen Armkreisschwung ausführen.
   - **b)** Nach dem Abspiel mit beiden Händen den Boden berühren.
   - **c)** Nach dem Abspiel die Fersen berühren.
   - **d)** Nach dem Abspiel die Angriffslinie berühren.
   - **e)** Nach dem Abspiel die Mittellinie berühren.
   - **f)** Nach dem Abspiel eine Körperdrehung um die Längsachse ausführen etc.

2) Spielfeldgrößen variieren: Spielfeld der Größe 3 x 4 m, 2 x 6 m, 3 x 6 m wählen. ***Hierbei müssen bei jeder Spielfeldgröße auch die Variationen (1) a-f berücksichtigt werden***.

3) Variationen (1) und (2) auf unterschiedlichen Spielfeldern mit einem „Graben" als Freifläche (Abb. 39).

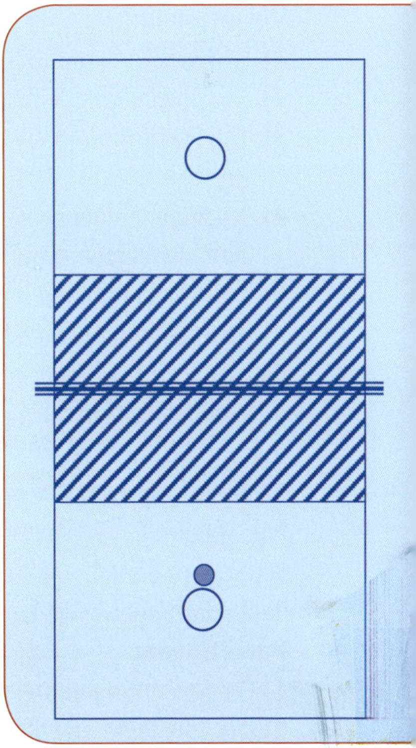

Abb. 39: Pritschen 1 gegen 1 über einen Graben

4) Die Variationen (1) bis (3), allerdings zählt ein Punkt doppelt, wenn der Spieler diesen erzielt, ohne zuvor den Ball aufgefangen zu haben. Jeder Punktgewinn nach dem Auffangen zählt weiterhin einfach.

Organisationshinweis:
Alle Spiele gegeneinander (1 gegen 1, 3 gegen 3 etc.) und deren Variationen sollen aus motivationalen Gründen als Pritschwettkampf im „Kaiserballturniermodus" (vgl. Abb. 11) durchgeführt werden.

20 Spiel 3 gegen 3

Spielgedanke, Regeln und Wettkampfformen wie bei Spielform 19 „Spiel 1 gegen 1", jedoch zunächst mit mindestens zwei Ballberührungen. Nur der vom Gegner über das Netz gepritschte Ball darf aufgefangen werden, ohne dass es als Fehler gilt. Die Spielfeldgröße beträgt 4 x 8 m. Die Dreierteams agieren im ***offenen Dreieck***. Der Ball wird von einem Spieler der Mannschaft, die den Punkt erzielt hat, hinter der Angriffslinie eingepritscht.

Variationen:

1) Die Spielform mit drei Ballberührungen.
2) Die Spielfeldmaße betragen 4,5 x 9 m.
3) Die Spielform mit Zusatzaufgaben (vgl. Spielform 19 „Spiel 1 gegen 1", Variation (1) a-f).
4) Nach dem eigenen Abspiel des Balls über das Netz erfolgt eine Rotation innerhalb der eigenen Gruppe.
5) Positionsgebunden im ***geschlossenen Dreieck*** mit Angriffsaufbau über ***Pos. III. Hierbei müssen auch die Variationen (1) – (4) berücksichtigt werden.***
6) Positionsgebunden im ***geschlossenen Dreieck*** mit Angriffsaufbau über ***Pos. II. Hierbei müssen auch die Variationen (1) - (4) berücksichtigt werden***.

21 Spiel 2 gegen 2

Wie Spielform 19 „Spiel 1 gegen 1" und die Spielform 20 „Spiel 3 gegen 3" und deren Variationen, auf einem Spielfeld der Größe 3 x 6 m. Es sind mindestens zwei Ballberührungen Pflicht.

Variationen:

1) Die Spielform mit drei Ballberührungen.
2) Die Spielfeldmaße betragen 4 x 8 m.

2.2 Unteres Zuspiel (Baggern)

Die drei wichtigsten Bewegungsmerkmale sind:

- Körper-Ball-Verhältnis: ***„Spieler hinter dem Ball"*** (Foto 45).
- Trefffläche: ***„Ball mit den Unterarmen spielen bei gestreckten Armen und ineinander gelegten Händen"*** (Foto 46).
- Impulsgebung (für Zuspielbagger): ***„Streckung aus den Beinen und Impuls aus den Schultern"*** (Foto 47).
  Beim Annahmebagger aus weiter Distanz erfolgt der Impuls nach Möglichkeit nur aus den Schultern und bei schneller anfliegenden Bällen wird der Ball gegebenenfalls durch Zurückziehen der Arme zum Körper entschärft (Abwehrbagger).

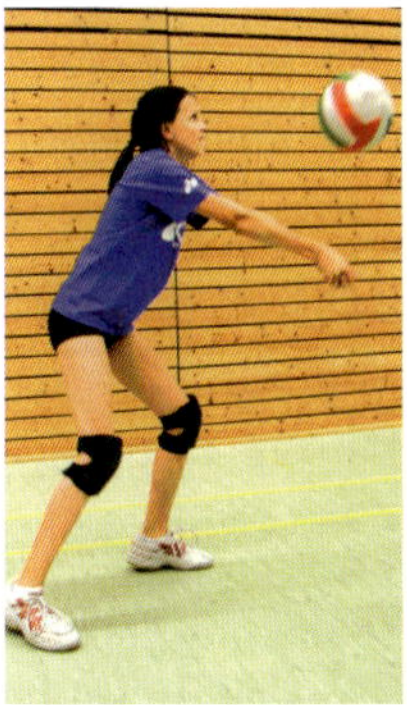

Foto 45

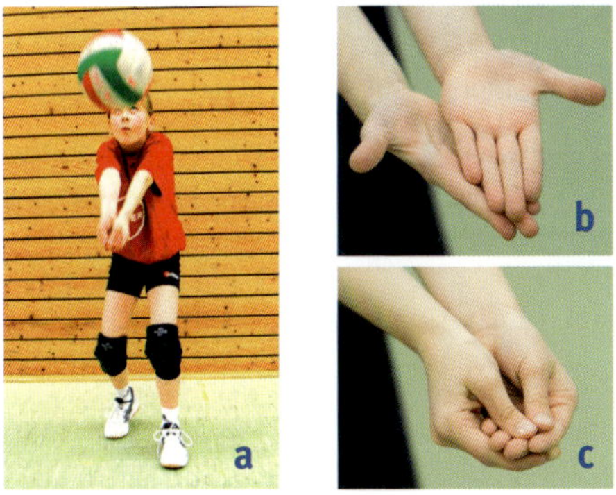

Foto 46 a-c

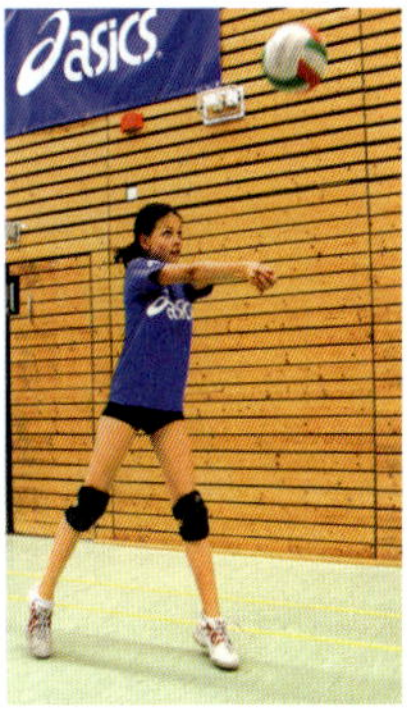

Foto 47

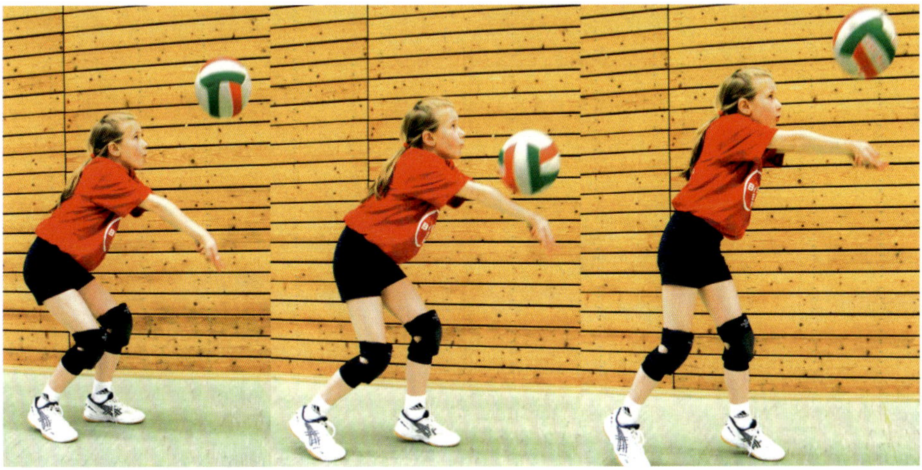

Fotoserie 48: Bewegungsablauf Baggern

Erste Lerneinheit: Den zugeworfenen Ball baggern

Diese Lerneinheit entspricht weitestgehend der zweiten Lerneinheit zum „oberen Zuspiel".

1 Spiel 1 mit 1

Dem gegenüberstehenden Spieler wird der Ball so im hohen Bogen (über das Netz) zugeworfen, dass dieser ihn in Hüfthöhe annehmen kann. Der Spieler baggert ihn so zurück, dass er von seinem Mitspieler hochgepritscht und aufgefangen werden kann. Nach fünfmaligem Baggern erfolgt ein Wechsel. *Sieger ist das Paar, das den Ball 5 x, 10 x etc. hintereinander gebaggert hat, ohne dass der Ball den Boden berührt und er immer vom Partner gepritscht/gefangen werden kann.*

Hat man ein Volleyballfeld zur Verfügung, so soll der anwerfende Spieler im Angriffsraum stehen und den Ball von dort über das Netz in die gegnerische Angriffszone werfen (Abb. 40). Der Partner steht – auf der anderen Seite des Netzes – in seiner Ausgangsposition hinter der Angriffszone und läuft erst zum Spielen des Balls in den Angriffsraum hinein. Vor der nächsten Ballberührung im unteren Zuspiel muss er jeweils die Angriffszone verlassen. So bleibt gewährleistet, dass der baggernde Spieler seine Spielposition immer hinter dem Ball hat. Durch die hohe Flugkurve des Balls, welche aus dem hohen Netz und den geringen Abständen zwischen den Spielern resultiert, wird das Spielen des Balls aus einer Körper- und insbesondere Beinstreckung erreicht.

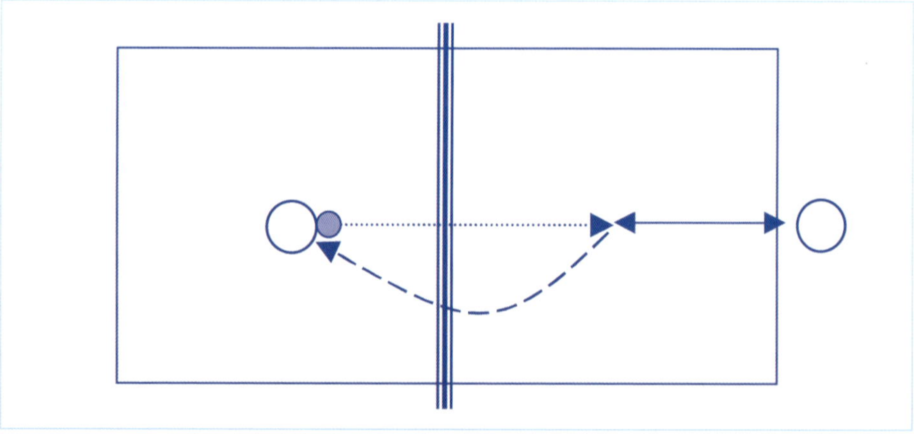

Abb. 40: Baggern 1 mit 1 nach Bewegung

Handlungshinweise:

- Wirf den Ball zielgenau ***vor*** deinen Partner!
- Laufe schnell zum Ball!
- Stehe hinter dem Ball in Abspielrichtung im sicheren Stand!
- Halte deine gestreckten Arme annähernd parallel zu den Oberschenkeln!
- Strecke dich dem Ball entgegen!

Variationen:

1) Die Abstände der Spieler zueinander und zum Netz allmählich vergrößern.

2) Spiel 1 mit 3. Der Einzelspieler wirft den Ball abwechselnd je einem der drei zunächst hintereinander, später nebeneinander stehenden Spieler zu (vgl. Abb. 30/31), der dann zu ihm zurückbaggert. Kann der Ball vom Einzelspieler nicht hochgepritscht werden, tauschen die beteiligten Spieler die Plätze.

3) Der Ball wird auf ein Ziel (Matte, Reifen usw.) zurück ins gegnerische Feld gebaggert. Sieger ist die Gruppe, die bei einer bestimmten Anzahl von Versuchen die meisten Treffer erzielt hat. Nach jedem Durchgang wird der Anwerfer gewechselt.

Methodischer Hinweis:

Ist bereits diese leichte Spielform für die Schüler nicht gut umsetzbar, empfiehlt sich die Übung/Spielform ***Hochbaggern des Balls***. Diese kann in zwei Schritten erfolgen:

a) Den senkrecht und flach selbst angeworfenen Ball auf dem Boden aufprellen lassen, ihn hochbaggern und anschließend auffangen.

b) Den Ball so viele Male wie möglich hintereinander aus den Beinen heraus baggern. Hierbei sollen die Arme parallel zum Boden (Überkorrektur) gehalten werden (Foto 49). Spielform: *Wer schafft die meisten Baggerhandlungen ohne Fehler hintereinander in einer bestimmten Zeit?*

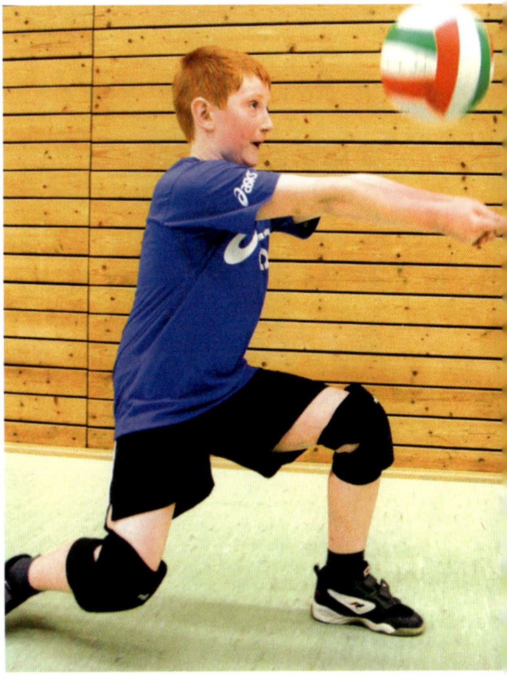

Foto 49: Armhaltung beim Baggern

2 Baggern 2 mit 1

Drei Spieler stehen in einem Dreieck. Spieler A wirft den Ball zu B, B baggert zu C, C pritscht den Ball hoch, fängt ihn und wirft ihn wieder zu B usw. (vgl. Abb. 32/33). Der Zuspielwinkel soll zunächst möglichst spitz sein. Nach einem/zwei Fehler(n) (Nichtfangen des Balls) bzw. fünf erfolgreichen Baggerhandlungen eines Spielers hintereinander wechseln die Spieler ihre Funktionen. *Sieger ist die Dreiergruppe, der in einer bestimmten Anzahl von Versuchen (15, 18 etc.) die meisten Baggerhandlungen hintereinander ohne Fehler gelingen.*

Handlungshinweise:

- Drehe dich vor der Ballberührung!
- Beobachte stets dein Ziel!
- Spiele den Ball eher höher als flach!

Variationen:

1) Zwei Spieler stehen auf der einen Spielfeldseite. Spieler A wirft den Ball aus ca. 2 m Abstand zur Pos. IV parallel zum Netz flach vor seinen Mitspieler B. B baggert den Ball zielgenau über das Netz auf den dritten Spieler C, der den Ball hochpritscht, fängt und ihn an A auf der anderen Netzseite weiterleitet (vgl. Abb. 34).

Handlungshinweis:

- Bedenke, dass du als ***Werfer*** deinen Pass mindestens 1 m vom und parallel zum Netz zuwirfst!

2) Wie (1), jedoch wird der Ball zur Pos. II zugeworfen (vgl. Abb. 35).

3 Spiel 3 mit 3

Zwei Dreierteams stehen sich im ***offenen Dreieck*** gegenüber. Jeder zweite Ball muss gebaggert werden, d. h., der Ball wird abwechselnd angeworfen bzw. gebaggert (Foto 50). Jeder Ballwechsel beginnt mit einem flach über das Netz und genau vor den Mitspieler zugeworfenen Ball. Drei Ballberührungen auf jeder Spielfeldseite sind Pflicht. Bei einem Fehler (Bodenberührung des Balls, Ball ins Netz) rotieren die Spieler und das Aufschlag- bzw. Anwurfrecht wechselt. *Welche Sechsergruppe schafft in einer vorgegebenen Zeit die längste Serie an Netzüberquerungen ohne Fehler?*

Variationen:

1) Nach jeder Netzüberquerung rotieren die Spieler um eine Position.

2) Die Spielform wird mit der Aufstellung im **geschlossenen Dreieck** durchgeführt. Der Spieler am Netz steht mittig auf ***Pos. III und spielt möglichst jede zweite Ballberührung***.

3) Wie (2), jedoch mit dem Spieler am Netz auf ***Pos. II*** (Foto 51).

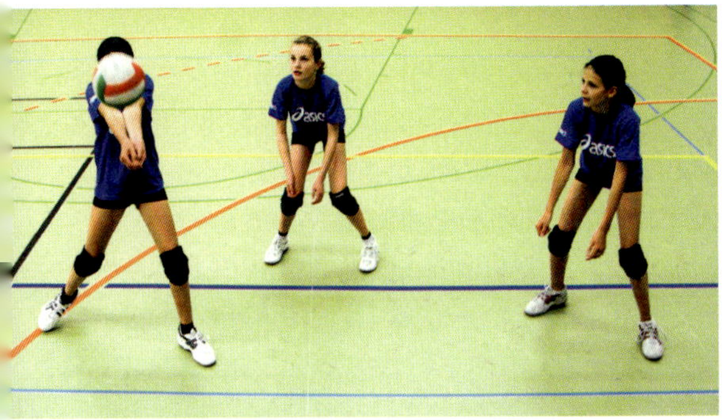

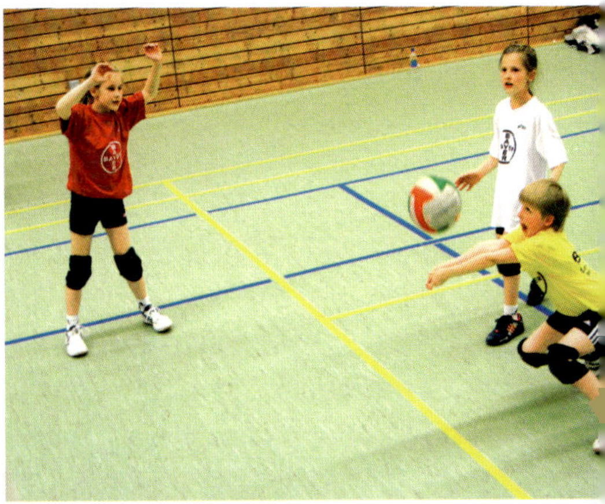

^ Foto 50: Baggern im offenen Dreieck

> Foto 51: Baggern mit Zuspieler auf Pos. II

4 Spiel 2 mit 2

Der vom Spieler A in der eigenen Spielfeldhälfte zugeworfene Ball wird von seinem Partner B über das Netz gebaggert. Der Mitspieler C auf der Gegenseite pritscht diesen hoch, fängt ihn und wirft ihn seinem Partner D auf seiner Spielfeldseite an usw. (Abb. 41). Zwei Ballberührungen sind Pflicht. *Welche Vierergruppe schafft in einer vorgegebenen Zeit die längste Serie an Netzüberquerungen ohne Fehler?*

Handlungshinweise:

- Baggere den Ball hoch diagonal und weg vom Netz!
- Baggere den Ball abwechselnd auf die Spieler der Gegenseite!

Variation:

1) Nach jeder Netzüberquerung des Balls tauschen die Spieler auf einer Netzseite ihre Positionen.

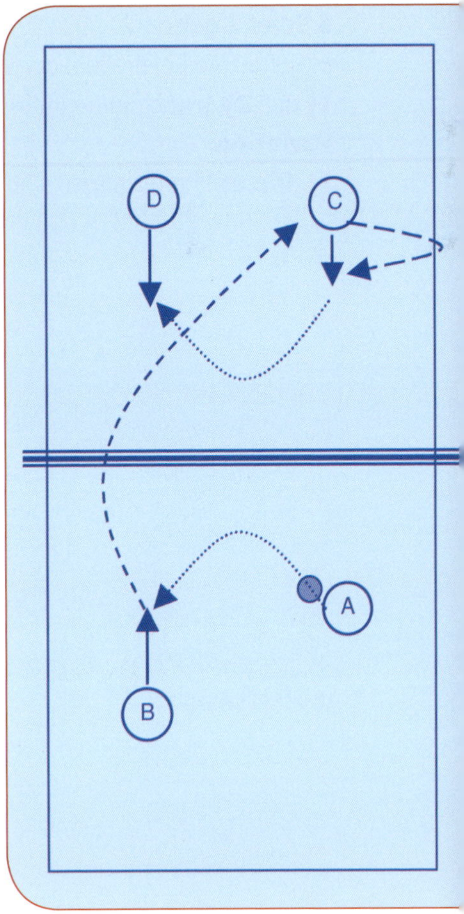

Abb. 41: Spiel 2 mit 2

5 Spiel 3 gegen 3

Die Spielform 3 „Spiel 3 mit 3" und deren Variationen als Spiel gegeneinander. Die Spielfeldgröße beträgt 4 x 8 m. Allerdings muss jeder Ballwechsel mit dem oberen Zuspiel über das Netz vom Sieger des letzten Ballwechsels begonnen werden (Einpritschen als Aufschlaghandlung). Die Rotation der Spieler erfolgt, wenn die eigene Mannschaft das Aufschlagrecht erhält. Drei Ballberührungen sind Pflicht. Jeder vom Gegner über das Netz gespielte Ball darf aufgefangen werden. Es gelten die Spielregeln. *Gespielt wird nach der Rally-Point-Zählweise bis 11, 15 oder 25 Punkte.*

Variationen:

1) Der Ball darf nicht mehr aufgefangen werden.

2) Die Spielfeldgröße beträgt 4,5 x 9 m.

6 Spiel 2 gegen 2

Es gelten die Spielregeln der Spielform 5 „Spiel 3 gegen 3" und deren Variationen **1)** und **2)**, jedoch mit mindestens zwei Ballberührungen auf jeder Spielfeldseite.

Variation:

1) Drei Ballberührungen sind vorgeschrieben.

Zweite Lerneinheit: Den zugepritschten Ball baggern

In dieser Lerneinheit können alle in der vorangegangenen ersten Lerneinheit zum Baggern vorgestellten Spielformen statt mit Zuwerfen mit Zupritschen des Balls durchgeführt werden. Dabei ist darauf zu achten, dass die Kinder aus den im theoretischen Teil genannten Gründen kein Doppelspiel durchführen, d. h., der Ball wird dem Partner zugepritscht statt zugeworfen. Der zum Partner gebaggerte Ball soll erst im Pritschen angenommen, dann aufgefangen und anschließend dem Partner wiederum im oberen Zuspiel angespielt werden.

Organisationshinweis:
Alle Spielformen können gut umgesetzt werden, wenn der vom Partner zugepritschte Ball hoch, jedoch vor dem Mitspieler anfliegt, damit sich dieser im Moment der Ballberührung hinter dem Ball befindet.

Dritte Lerneinheit: Miteinander volley pritschen und baggern

In dieser Lerneinheit können alle in der dritten Lerneinheit zum „Pritschen" vorgestellten Spielformen unter Anwendung der beiden Zuspieltechniken Pritschen und Baggern durchgeführt werden. Das Fangen des Balls ist NICHT mehr erlaubt!

Handlungshinweise:

- Bewege dich schnell, damit du möglichst viele Bälle pritschen kannst!
- Baggere nur Bälle, die du nicht mehr pritschen kannst!
- Sehr flach und schnell anfliegende Bälle musst du baggern!
- Bedenke, dass dein Partner höher gespielte Bälle leichter erlaufen kann!
- Spiele den Ball lieber höher und ungenauer als flach und zielgenau!
- Spiele den Ball lieber weiter weg als zu dicht ans Netz!
- Verständige dich stets mit all deinen Mitspielern (Fotos 52-54)!

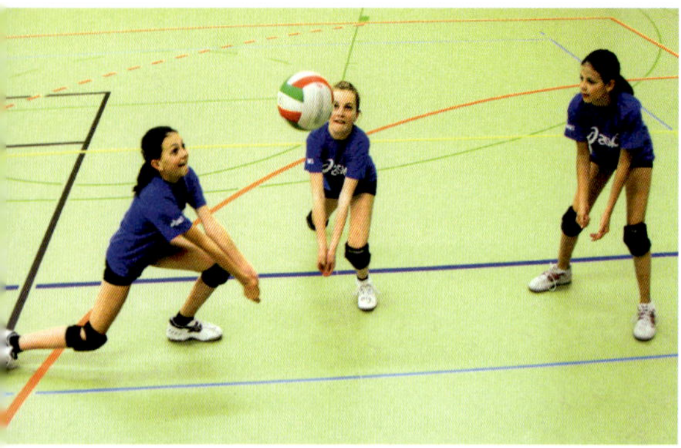

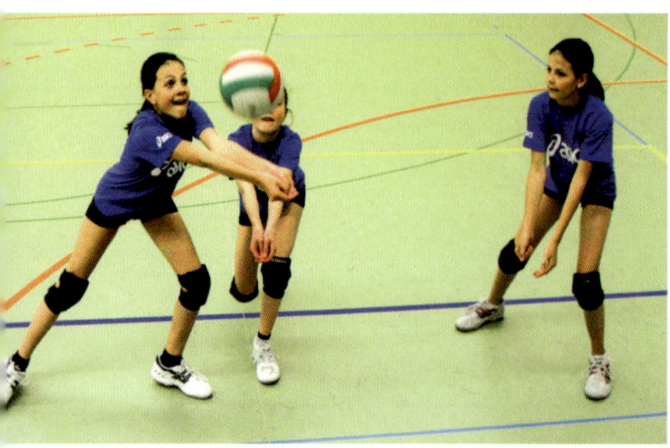

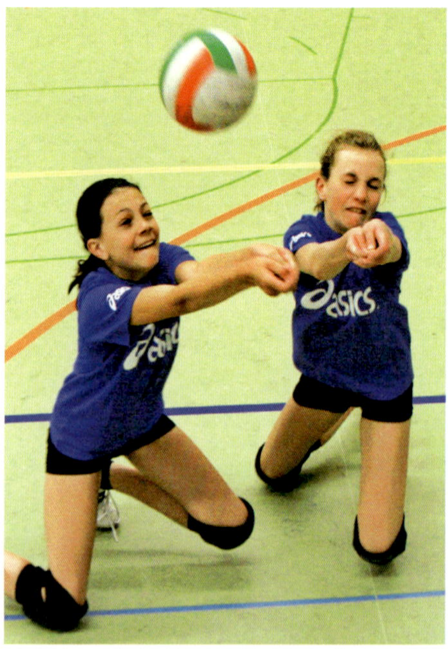

^ Foto 54: Schlechte Verständigung

< Fotos 52/53: Gute Verständigung

Vierte Lerneinheit: Gegeneinander volley pritschen und baggern

In dieser Lerneinheit können ebenfalls alle in der vierten Lerneinheit zum „Pritschen“ vorgestellten Spielformen nun mit beiden Zuspieltechniken durchgeführt werden.

Handlungshinweise:

- Beobachte deinen Gegner, damit du frühzeitig erkennst, wohin er spielt!
- **Wähle stets deine Ausgangsposition so, dass du knapp zwei Drittel deines Spielfelds vor dir hast (Foto 55)! Bedenke: Du kannst den Ball vorwärts schneller erlaufen als rückwärts!**
- Variiere dein Angriffsverhalten, indem du Richtung und Länge der Pässe veränderst!
- Beobachte deinen Gegner, um den Ball zwischen den gegnerischen Spielern zu platzieren bzw. den Ball in wenig abgedeckte Zonen zu spielen!
- Wer zuerst ruft oder sich zuerst zum Ball bewegt, nimmt den Ball!

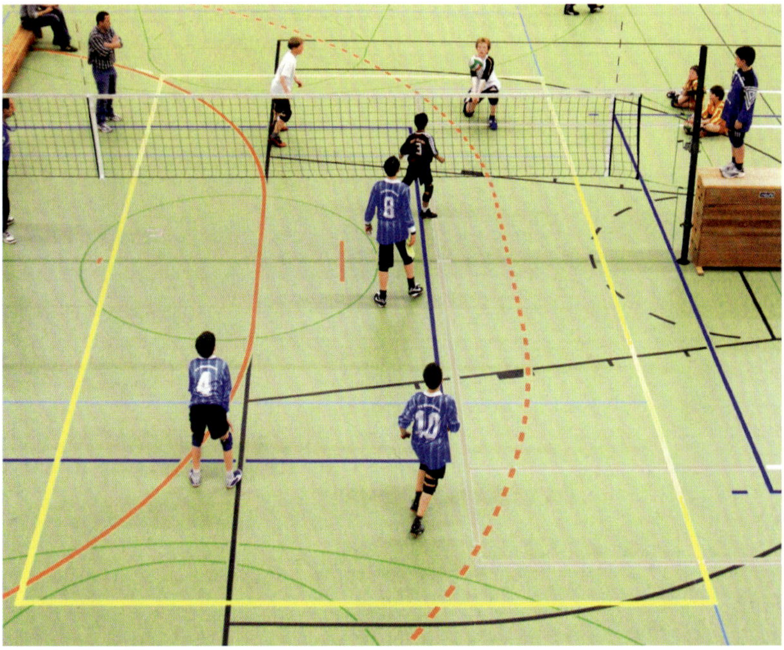

Foto 55: Ausgangsposition in Annahme und Abwehr

Methodische Hinweise:
Spätestens bei den Spielen gegeneinander bei der Erlernung der beiden Zuspieltechniken, jedoch noch vor der Hinführung zum Driveschlag, soll das obere Zuspiel im SPRUNG (Fotoserie 56) als BEIDHÄNDIGE ANGRIFFSFINTE erlernt werden. Hierbei macht es Sinn, sowohl Einzelwettkämpfe als auch alle Spielformen und Spiele mit- und gegeneinander mit dem Sprungabspiel als Angriffshandlung durchzuführen.
DIE EINFÜHRUNG DER BEIDHÄNDIGEN ANGRIFFSFINTE ENTSPRICHT DER DES DRIVESCHLAGS (vgl. Kapitel 2.3)!

Spätestens zu diesem Zeitpunkt müssen die „Timing-Spielformen" (siehe Kapitel 1.2 „Allgemeine vorbereitende Spiele mit Ball", Spielformen 27 bzw. 29) intensiv geübt und beherrscht werden. Diese stellen die wichtigste Voraussetzung für jede Sprunghandlung im Volleyball dar.

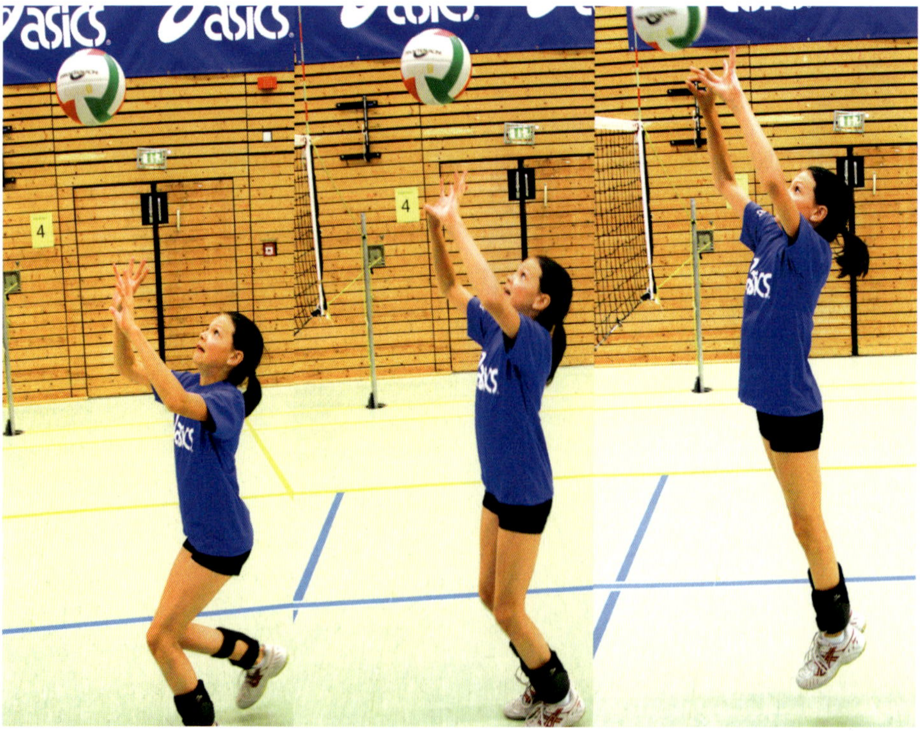

Fotoserie 56:
Bewegungsablauf Pritschen im Sprung (beidhändige Angriffsfinte)

2.3 Driveschlag (und Angriffsfinte)

Nach der Einführung der beidhändigen Angriffsfinte im letzten Kapitel soll der ***Driveschlag*** aus motivationalen Gründen als erste ***echte*** Angriffshandlung eingeführt werden. ***Zusätzlich soll in der folgenden Lerneinheit zum Driveschlag die beidhändige (und einhändige) Angriffsfinte weiterhin als Alternativhandlung berücksichtigt werden.*** Diese lässt sich leichter umsetzen und kann ein schlechteres Zuspiel besser ausgleichen, d. h., die Angriffsfinte ist wichtig, um eigene Fehler zu vermeiden.

Die Ein- und Weiterführung des Driveschlags ist identisch mit dem methodischen Weg der beid- und einhändigen Angriffsfinte im Sprung über das Netz. Im Folgenden wird jedoch nur die neue Grundtechnik des Driveschlags eingeführt. Alle Spielformen und Variationen gelten ebenso für die beid- und einhändige Angriffsfinte im Sprung über das Netz.

Zu den drei wichtigsten Bewegungsmerkmalen des ***Driveschlags*** gehören:

- Spielstellung: ***„Nach einem Stemmschritt (Fotoserie 60) beidbeinig UNTER dem Ball abspringen"*** (Foto 57).
- Trefffläche und Timing: ***„Den Ball mit der Handfläche IM HÖCHSTEN PUNKT des Sprungs schlagen"*** (Foto 58).
- Impulsgebung: ***„Den Ball von unten hinten durch Armstreckung und Handgelenkeinsatz bogenförmig ins Hinterfeld schlagen"*** (Foto 59).

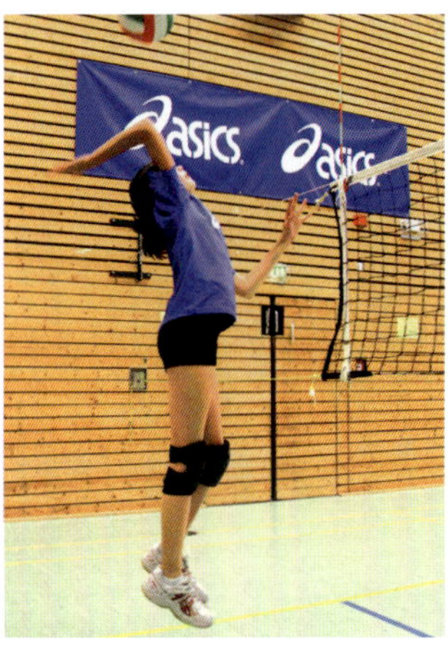

Foto 57

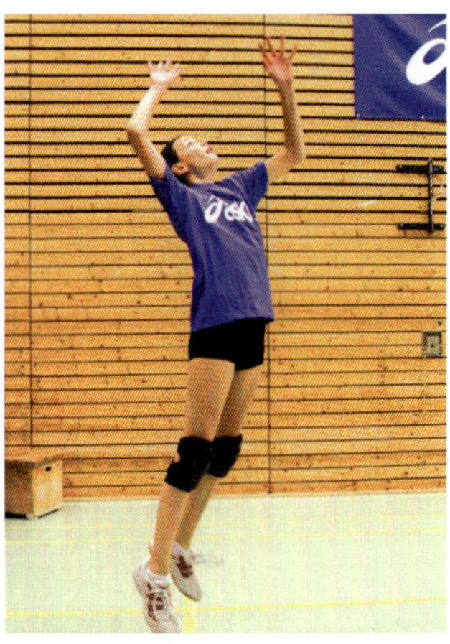

Foto 58

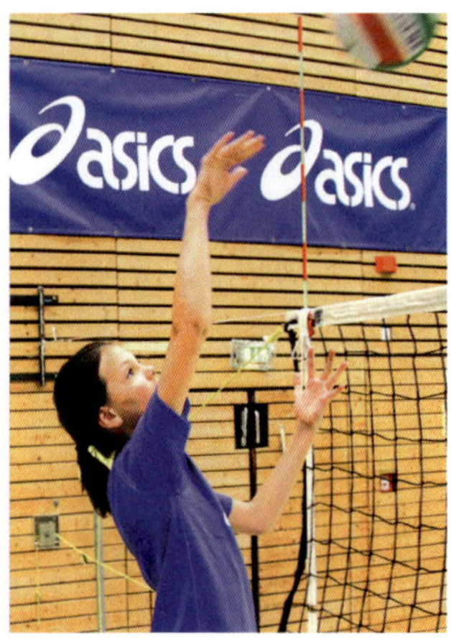

Foto 59

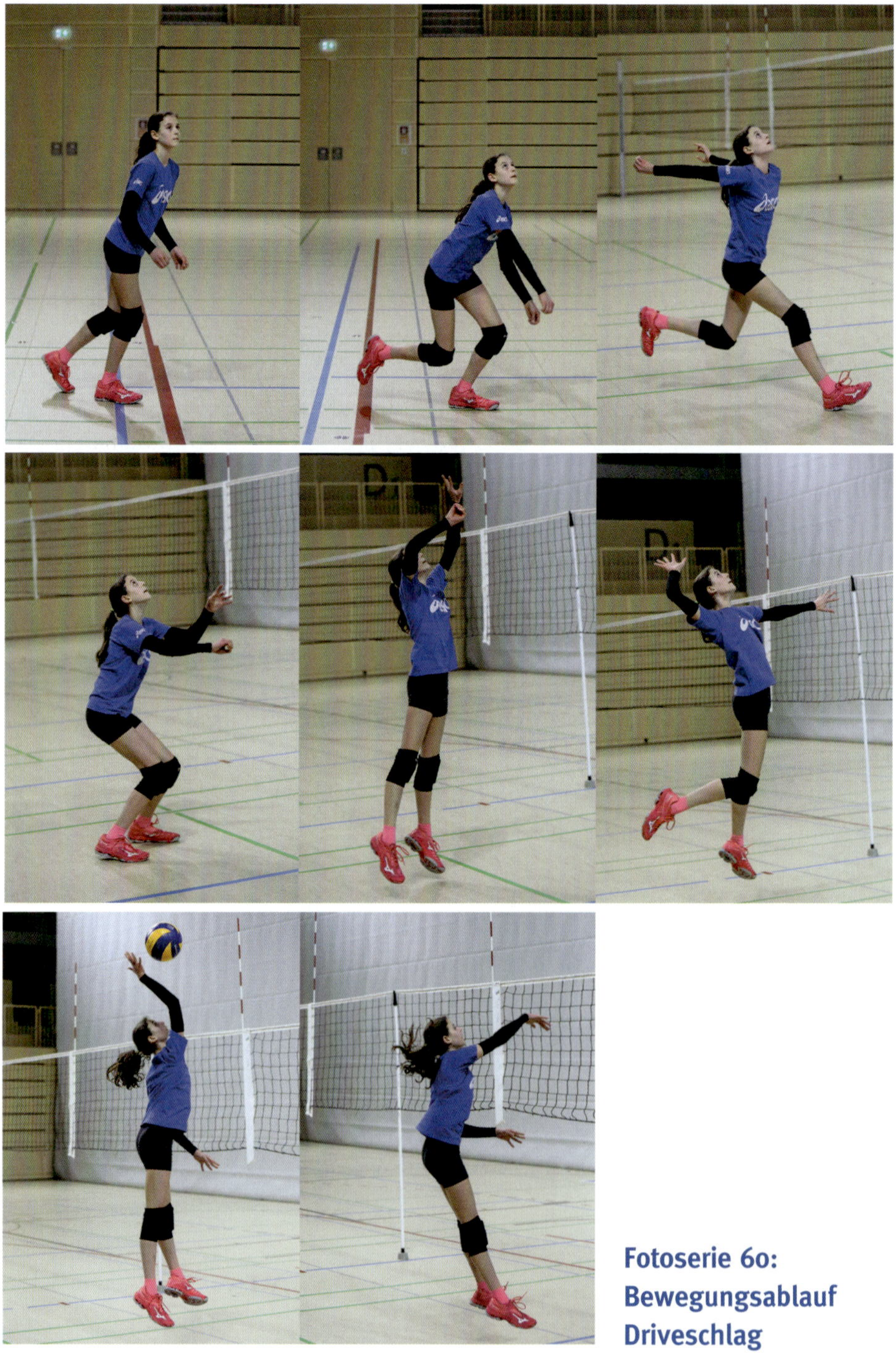

Fotoserie 60: Bewegungsablauf Driveschlag

Erste Lerneinheit: Den selbst angeworfenen Ball angreifen

1 Zielschlagen aus dem Stand

Der Spieler steht in ca. 2-3 m Entfernung vor einer Wand, auf der in 2 m Höhe eine Markierung (Linie) angebracht ist. Er wirft den Ball mit beiden Händen von unten über Kopfhöhe und schlägt ihn dann mit einer Hand über die Markierung gegen die Wand. *Sieger ist der Spieler, der bei einer bestimmten Anzahl von Versuchen (10, 15, 20 Bälle) die meisten Treffer erzielt.*

Handlungshinweise:

- Wirf den Ball nicht höher als 1 m über Kopfhöhe!
- Stehe im Moment des Schlags unter dem Ball!
- Beuge den Schlagarm beim Ausholen, als ob du deine Hand in deinen „Rucksack" steckst (Foto 61)!
- Strecke den Schlagarm bei der Ballberührung, als ob du schnell deine Hand aus deinem „Rucksack" ziehst (Foto 62)!
- Schlage mit der offenen Hand (Foto 62)!
- Schlage zielgenau statt hart!

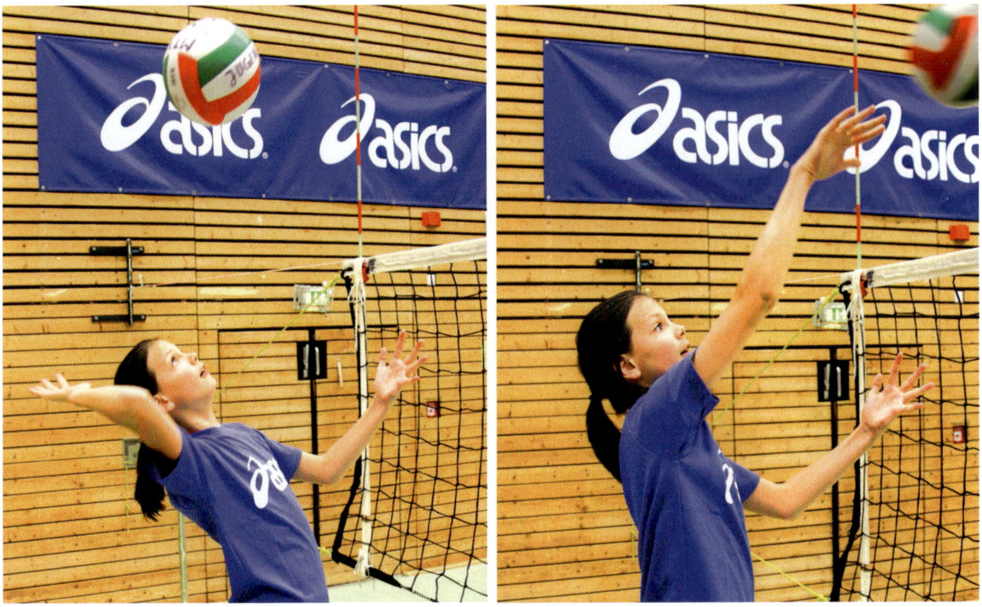

Fotos 61/62: Driveschlag aus dem Stand

Variationen:

1) Nach dem Angriff soll der von der Wand zurückspringende Ball aufgefangen werden.

2) Nach dem Angriff soll der von der Wand zurückspringende Ball im oberen Zuspiel angenommen und anschließend aufgefangen werden.

3) Die Spieler stehen auf der Angriffslinie des Minivolleyballfeldes und schlagen den Ball ins gegenüberliegende Feld.

4) Der Ball soll in die Spielfeldhälfte hinter der Angriffslinie geschlagen werden.

5) Der Ball soll in die rechte bzw. linke Spielfeldhälfte geschlagen werden.

6) Der Ball soll je 3 x in die rechte und linke Spielfeldhälfte geschlagen werden.

7) Der Ball soll auf vorgegebene Ziele (Matten, Kastenteile, Ringe) geschlagen werden.

2 Spiel 1 mit 1 mit Driveschlag aus dem Stand

Zwei Spieler sind durch das Netz getrennt. Der Ball wird zum Partner geschlagen, der ihn fängt (ein Punkt) bzw. im oberen oder unteren Zuspiel sich selbst hochspielt und dann fängt (zwei Punkte). Anschließend schlägt er den Ball zum Partner zurück. *Welches Zweierteam schafft zuerst fünf, sieben, neun Handlungsketten (fünf, sieben, neun Punkte) in Folge, d. h. ohne Fehler?*

3 Zielschlagen aus dem Sprung

Wie Spielform 1 „Zielschlagen aus dem Stand" und deren Variationen (3) bis (7), nur wird der Ball aus dem Sprung angegriffen.

Handlungshinweise:

- Bei Timingschwierigkeiten: Wiederhole zunächst allgemeine Übungen zum Timing ***(siehe Kapitel 1.2 „Allgemeine, vorbereitende Spiele mit Ball", Spielformen 27 und 29)*** und anschließend das obere Zuspiel im Sprung!
- Führe beide Arme beim Absprung von hinten nach vorne oben, um deinen Sprung zu unterstützen!
- Schlage den Ball von unten/hinten mit Handgelenkeinsatz, sodass er eine bogenförmige Flugbahn besitzt!
- Wende bei ungenauem Anwurf das beidhändige Sprungzuspiel an!

4 Spiel 1 mit 1 mit Driveschlag aus dem Sprung

Wie Spielform 2 „Spiel 1 mit 1 mit Driveschlag aus dem Stand", nur wird der Ball aus dem Sprung geschlagen/gepritscht.

5 Spiel 1 gegen 1 mit Driveschlag aus dem Stand

Wie Spielform 2 „Spiel 1 mit 1 mit Driveschlag aus dem Stand", jedoch gegeneinander im Spielfeld 3 x 8 m. Der Ball darf nicht in die ersten 1,5 m hinter das Netz geschlagen werden. Nur Ausball und Bodenberührung, d. h. Nichtfangen des Balls, gelten als Fehler. *Gespielt wird nach der Rally-Point-Zählweise bis 15 oder 25 Punkte.*

Variation:

1) Die Spielfeldmaße zunächst auf 3 x 10 m, später auf 2 x 8 m und zuletzt auf 2 x 10 m verändern.

6 Spiel 1 gegen 1 mit Driveschlag aus dem Sprung

Wie Spielform 5 „Spiel 1 gegen 1 mit Driveschlag aus dem Stand" und deren Variation, nur wird der Ball aus dem Sprung angegriffen.

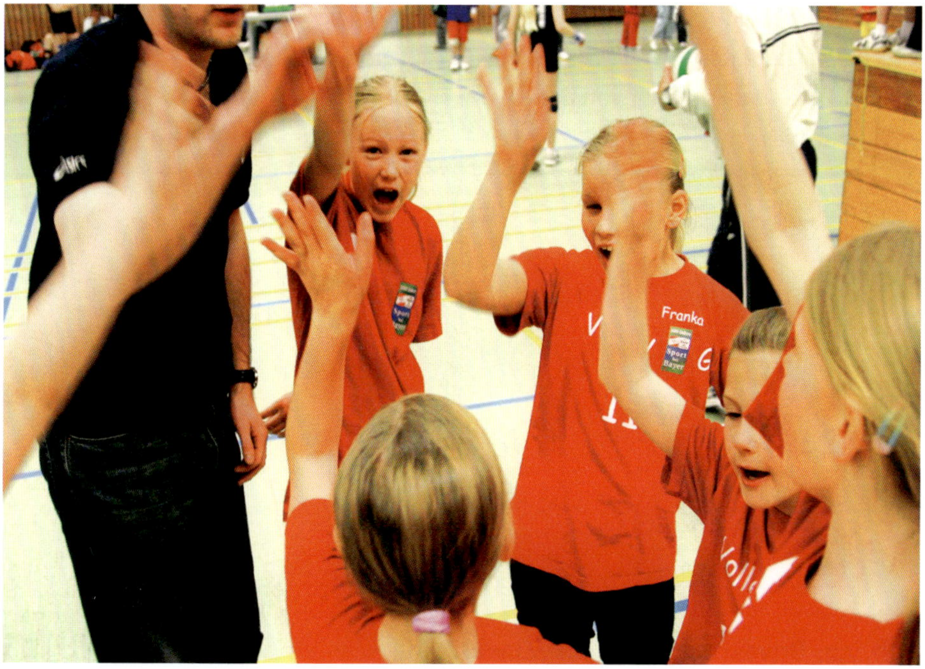

Zweite Lerneinheit: Den zugeworfenen Ball angreifen

7 Sicherheitsangriff

Der Ball soll von Pos. IV in das gegenüberliegende Feld möglichst im Sprung geschlagen werden. Jede Gruppe besteht aus drei Angreifern und einem Zuwerfer, der den Ball ca. 1,5 m über Netzhöhe anwirft. Der Abstand des Zuwerfers zum Absprungort des Angreifers sollte höchstens 1,5 m betragen (Abb. 42). *Sieger ist die Gruppe, die innerhalb einer Zeiteinheit (drei oder fünf Minuten) die meisten Bälle ins gegnerische Feld geschlagen hat. Im Sprung angegriffene Bälle zählen doppelt.* Nach jedem Durchgang wird der Ballanwerfer ausgetauscht.

Handlungshinweise:

- Wirf den Ball mit beiden Händen gleichmäßig hoch an und lieber weiter vom Netz entfernt als zu dicht!
- Beobachte die Flughöhe des zugeworfenen Balls!
- Springe so, als ob du den Ball im höchsten Punkt fangen wolltest!
- Schwinge deine Arme kraftvoll von hinten/unten nach vorne/oben!
- Springe senkrecht hoch, d. h. dein Absprung- und Landeort sind identisch!
- Springe mit beiden Beinen ab!

Variationen:

1) Der Abstand des Anwerfers wird auf 2,5 m vergrößert.

2) Der Driveschlag erfolgt von Pos. II.

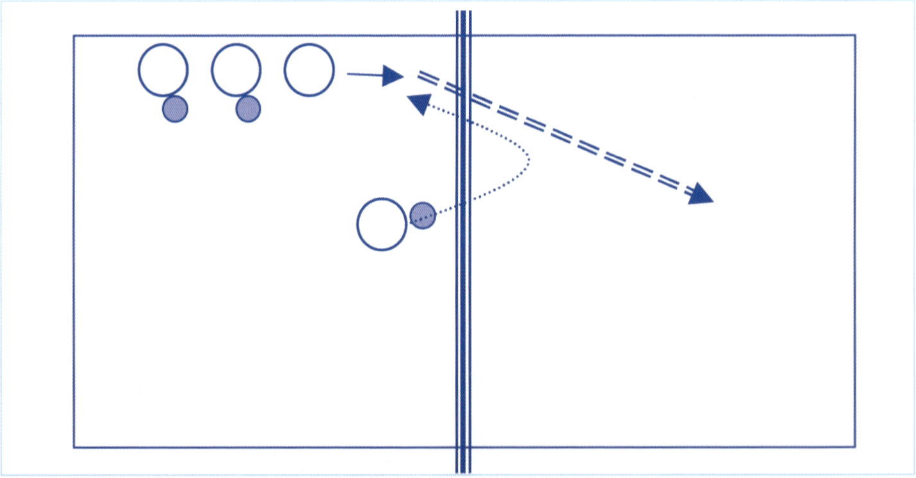

Abb. 42: Driveschlag nach An-/Zuwurf

8 Zielschlagen aus dem Stand oder Sprung

Wie Spielform 7 „Sicherheitsangriff" mit allen Variationen, jedoch soll der Ball in die rechte bzw. linke Spielfeldhälfte geschlagen werden.

Variationen:

1) Der Ball soll je 3 x in die rechte und linke Spielfeldhälfte geschlagen werden.

2) Der Ball soll auf vorgegebene, allmählich kleinere Ziele (Matten, Kastenteile, Ringe) geschlagen werden.

3) Der Ball soll auf Zuruf des Anwerfers in die rechte oder linke Spielfeldhälfte geschlagen werden.

9 Spiel 3 mit 3 (Canadian-Volley)

Canadian-Volley bedeutet, dass jede zweite Ballberührung im eigenen Spielfeld im Fangen/Werfen erfolgen soll, d. h., die Zuspielhandlung erfolgt immer als An- bzw. Zuwurf, um den Spielfluss zu fördern.

Je drei Spieler stehen sich, durch das Netz getrennt, jeweils im offenen Dreieck formiert gegenüber. Der Hinterspieler bringt den Ball ins Spiel, indem er ihn diagonal zum Mitspieler in Richtung Pos. II pritscht. Dieser Spieler fängt den Ball auf, wirft ihn zielgenau (ohne sich mit dem Ball zu bewegen) möglichst parallel zum Netz zum dritten Spieler auf Pos. IV, welcher nach Möglichkeit einen Driveschlag im Sprung (oder im Stand oder im oberen Zuspiel im Sprung etc.) über das Netz auf die andere Seite gezielt zu den drei Mitspielern schlägt. Einer der drei nimmt den Ball im Pritschen oder Baggern an und spielt ihn entsprechend hoch und diagonal in Richtung Netz. Der Spieler in diesem Bereich läuft ans Netz, fängt den Ball und wirft ihn anschließend parallel zum Netz seinem Vorderspieler zum Angriff an. Rotiert wird nach Zeit oder nach drei bzw. fünf Fehlern.

Welche Sechsergruppe schafft in einer vorgegebenen Zeit die längste Serie an Netzüberquerungen ohne Fehler?

Variationen:

1) Als Netzüberquerungen zählen nur die Handlungen, die mit einem Driveschlag und/oder mit einer beidhändigen Angriffsfinte im Sprung erfolgen.

2) Wie Variation (1), aber nur der Driveschlag aus dem Sprung zählt als erfolgreiche Netzüberquerung.

3) Beide Variationen im Sinne des positionsgebundenen Angriffsaufbaus über Pos. III, später über Pos. II.

4) Die Spieler rotieren, nachdem sie den Ball über das Netz gespielt haben, um eine Position.

10 Spiel 2 mit 2 (Canadian-Volley)

Wie Spielform 9 „Spiel 3 mit 3 (Canadian-Volley)" und deren Variationen (1), (2) und (4).

11 Spiel 3 gegen 3 (Canadian-Volley)

Wie Spielform 9 „Spiel 3 mit 3 (Canadian-Volley)" mit allen Variationen, allerdings gegeneinander auf dem Spielfeld 4,5 x 10 m. Nur Ausball und Bodenberührung bzw. Nichtfangen des zweiten Balls gelten als Fehler. *Gespielt wird nach der Rally-Point-Zählweise bis 15 oder 25 Punkte.*

Variation:

1) Die Spielfeldmaße betragen 4,5 x 12 m, später 4,5 x 14 m.

12 Spiel 2 gegen 2 (Canadian-Volley)

Wie Spielform 11 „Spiel 3 gegen 3 (Canadian-Volley)" mit deren Variation, nur in Zweierteams.

Alle Canadian-Volley-Spiele können/sollen im „Kaiserball-Turniermodus" durchgeführt werden!

Dritte Lerneinheit: Den zugepritschten Ball angreifen

In dieser Lerneinheit sollen alle in der vorangegangenen zweiten Lerneinheit zum Driveschlag vorgestellten Spielformen durchgeführt werden. Der einzige Unterschied besteht darin, dass der Ball vom Zuspieler aufgefangen, sich selbst angeworfen und als Zuspielhandlung zum ***Angreifer gepritscht*** wird (***erweitertes Canadian-Volley***).

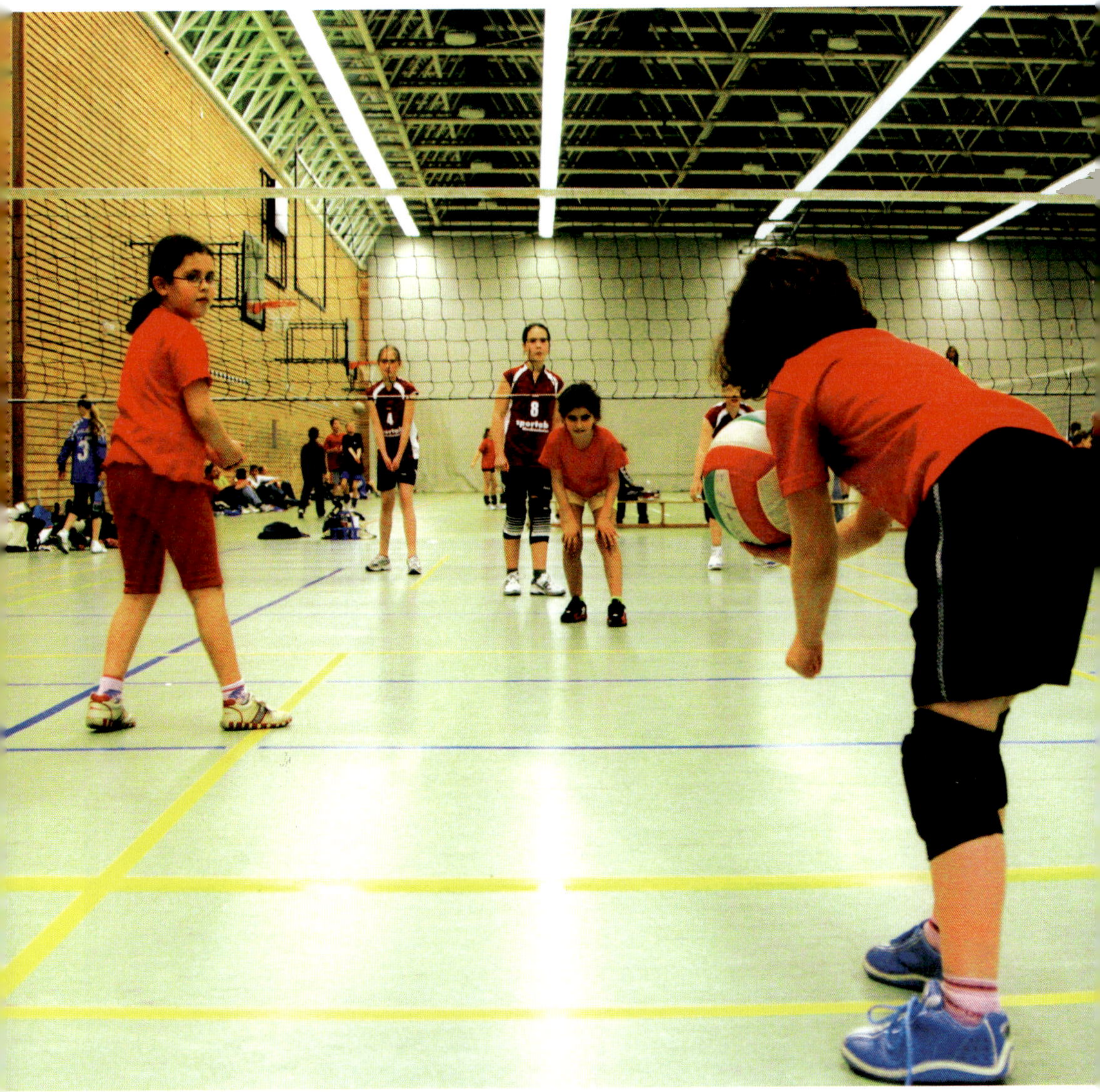

Vierte Lerneinheit: Miteinander volley spielen

13 Spiel 3 mit 3

Wie Spielform 9 „3 mit 3 (Canadian-Volley)" in der zweiten Lerneinheit zum Driveschlag mit allen Variationen, ***nur darf der Ball nicht mehr aufgefangen werden***, sondern er muss stets ***volley*** weitergespielt werden. Der Ball wird anstelle eines Aufschlags aus dem eigenen Angriffsraum hinter die gegnerische Angriffslinie eingepritscht.

14 Spiel 2 mit 2

Wie Spielform 13 „Spiel 3 mit 3" mit Variationen, nur in Zweierteams.

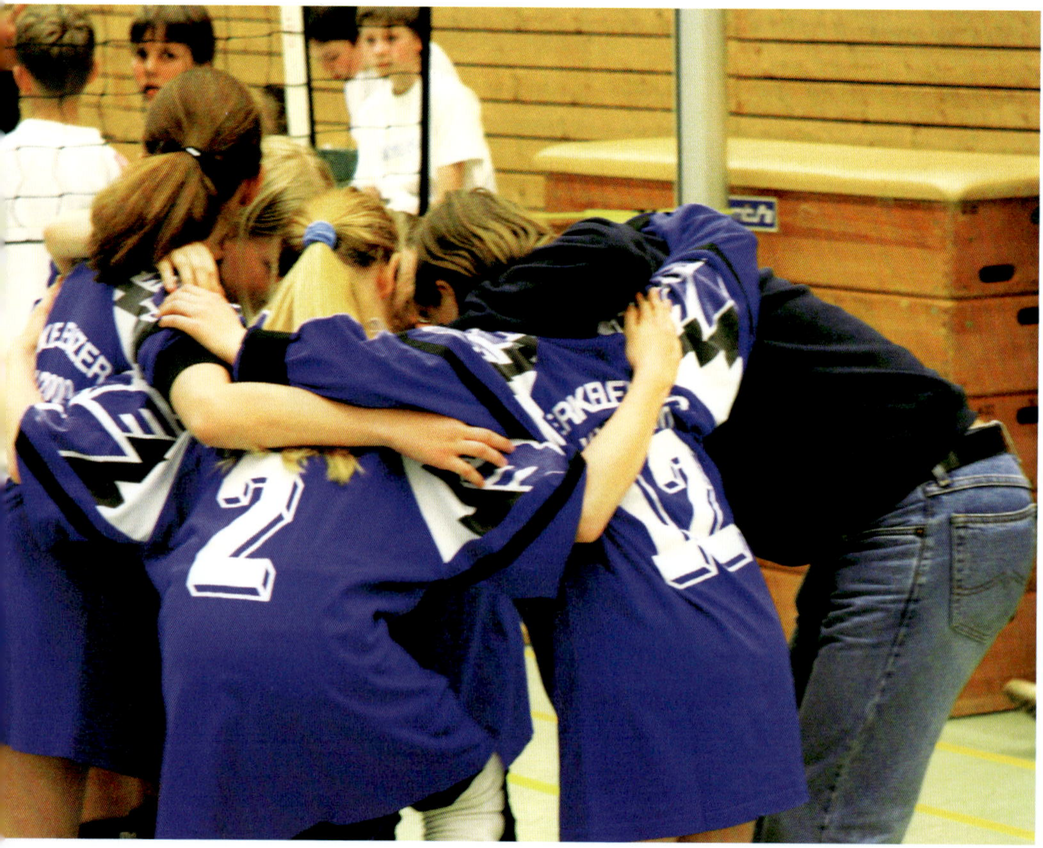

Fünfte Lerneinheit: Gegeneinander volley spielen

In dieser Lerneinheit sollen alle, in der vorangegangenen vierten Lerneinheit zum Driveschlag vorgestellten Spielformen im Sinne des Gegeneinanderspielens durchgeführt werden. ***Variationsmöglichkeiten*** ergeben sich insbesondere in der Zählweise, was bedeutet, dass es für einen erfolgreichen, nicht abgewehrten (d. h., es ist keine zweite Ballberührung möglich) Driveschlag aus dem Sprung drei Punkte gibt (Foto 63), für einen erfolgreichen Driveschlag aus dem Stand bzw. ein beidhändiges oberes Zuspiel im Sprung zwei Punkte etc.

Methodische Hinweise:

Bei allen Spielen gegeneinander darf der vom Gegner anfliegende Ball ANFANGS aufgefangen werden, um die Abwehrhandlung und somit den Spielfluss zu fördern!

Bei sehr häufigen Spielunterbrechungen sollten die Canadian-Volley-Spiele erneut intensiv gespielt werden!

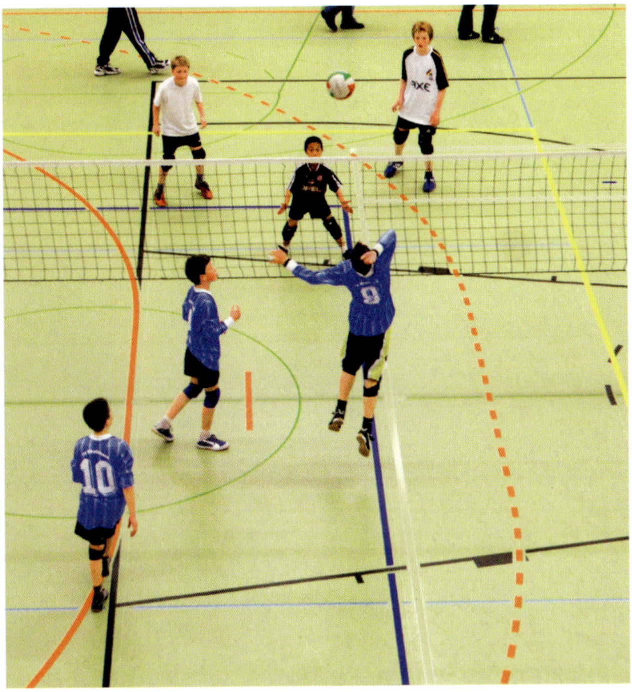

Foto 63: Driveschlag im Spiel 3 gegen 3

2.4 Aufschlag von unten

Die drei wichtigsten Bewegungsmerkmale sind:

- Impulsgebung: ***„Pendelarmschwung mit gestrecktem Arm parallel zum Körper aus der Beinstreckung heraus"*** (Foto 64)
- Körper-Ball-Verhältnis: ***„Den sehr flach (maximal 15 cm) angeworfenen Ball von hinten unten schlagen"*** (Foto 65).
- Trefffläche: ***„Den Ball mit dem flachen angespannten Handteller schlagen"*** (Foto 66).

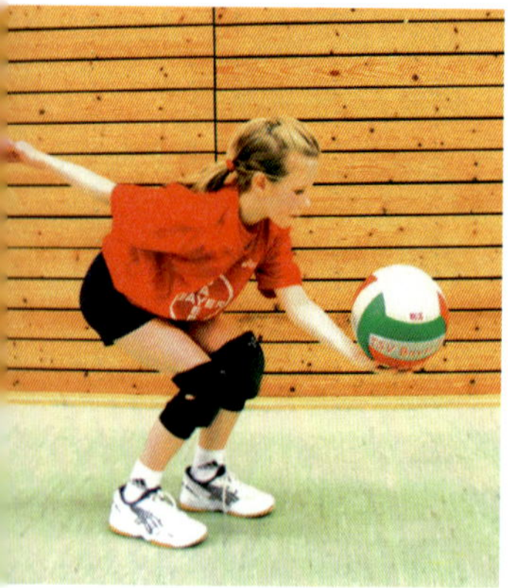

Foto 64

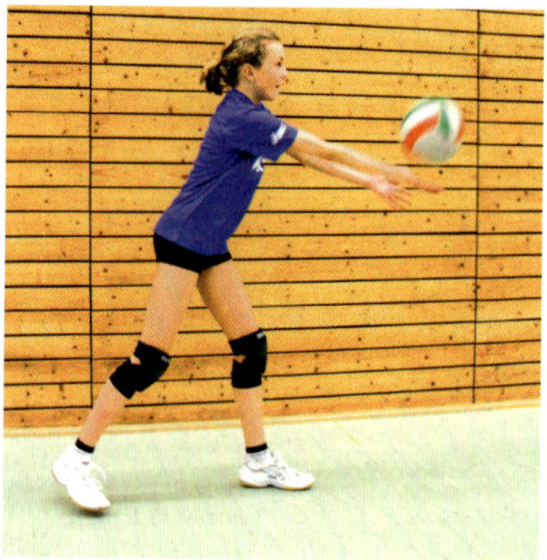

Foto 65

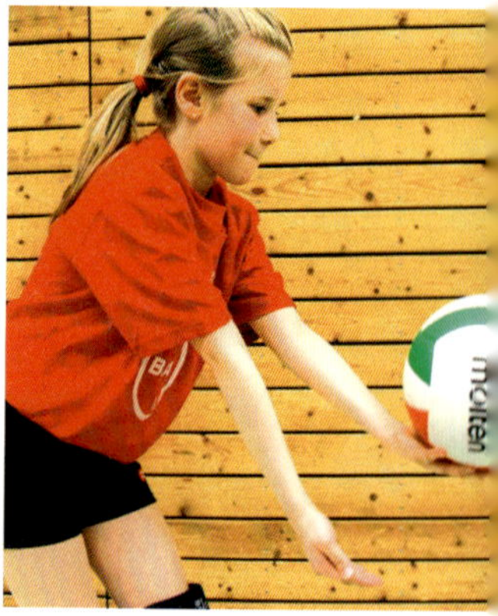

Foto 66

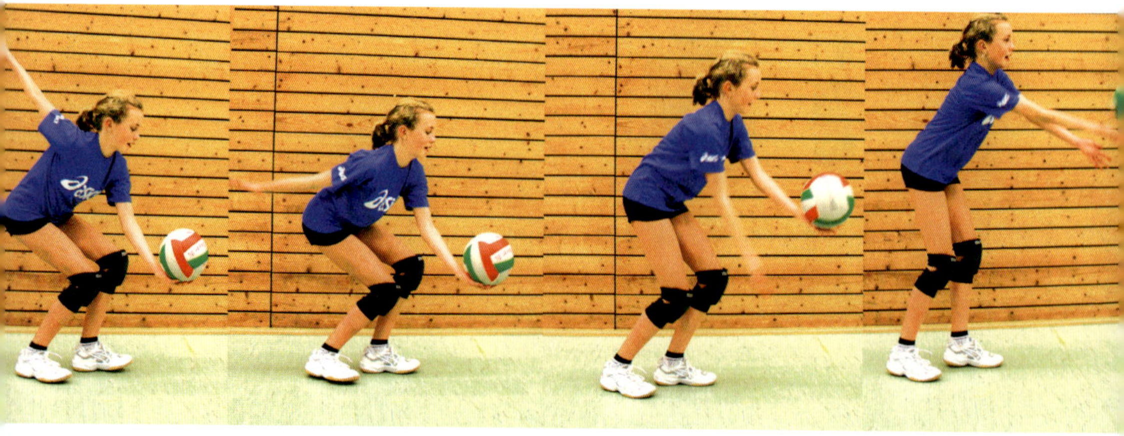

Fotoserie 67: Bewegungsablauf Aufschlag von unten

Erste Lerneinheit: Aufschlag auf Ziele/den Partner

1 Zielaufschlag an die Wand

Die Spieler schlagen den Aufschlag von unten aus einer Entfernung von 3 m gegen eine Wand. Der Ball soll über eine Markierung an der Wand in ca. 3 m Höhe geschlagen werden. *Sieger ist der Spieler oder die Gruppe (bestehend aus 2-5 Spielern), der als Erster fünf, 10, 15 erfolgreiche Handlungen ausführt.*

Handlungshinweise:

- Hole erst mit dem Schlagarm aus und wirf dann einhändig den Ball sehr flach an!
- Wirf den Ball in Verlängerung des Schlagarms an!

Variationen:

1) Die erfolgreichen Handlungen müssen ***hintereinander*** erfolgen.

2) Wie die Spielform und Variation (1), jedoch mit allmählicher Vergrößerung der Entfernung zur Wand bis auf 6 m.

2 Zielaufschlag über das Netz

Die Spieler schlagen den Aufschlag von unten von der Angriffslinie ins gegenüberliegende Feld. *Welcher Spieler schafft als Erster fünf, 10 oder 15 Aufschläge von unten über das Netz (fehlerfrei hintereinander)?*

Variationen:

1) Wie die Spielform, jedoch wird die Entfernung zum Netz allmählich auf 5 bzw. 7 m vergrößert.

Handlungshinweis:

- Positioniere dich in der Mitte der Grundlinie hinter deinem Feld!

2) Wie die Spielform und die Variation, jedoch soll abwechselnd in die linke und rechte Spielfeldhälfte geschlagen werden.

3) Der Aufschlag wird auf Ziele (Matten, Kastenteile etc.) geschlagen. Zuerst auf ein Ziel, dann auf das andere und am Ende abwechselnd.

Zweite Lerneinheit: Aufschlag auf den Partner

3 Aufschlagspiel 1 mit 1

Zwei Partner sind durch das Netz getrennt. Der aufschlagende Spieler steht hinter der Grundlinie (Spielfeldmaße 3 x 6/8 m) und sein Partner im gegenüberliegenden Feld. Dieser fängt den Aufschlag und rollt den Ball zurück. Ein Wechsel der Aufgabenstellung erfolgt nach jeweils fünf Aufschlägen. *Sieger ist das Paar, welches die meisten fehlerfreien Aufschläge fängt.*

Variationen:

1) Wie die Spielform, jedoch wird der Ball im Pritschen (und Baggern) angenommen und erst anschließend gefangen. Es wird abwechselnd aufgeschlagen.
2) Der annehmende Spieler steht auf einer Matte/in einem Ring etc., welche/n er zur Annahme des Balls nicht verlassen darf.

4 Aufschlagspiel 2 mit 3

Zwei Spieler schlagen abwechselnd Aufschläge von unten auf eine Dreiergruppe, die im offenen Dreieck steht. Diese spielt die Annahme entsprechend dem ***situationsgebundenen*** Angriffsaufbau ans Netz, wo ihn der Zuspieler auffängt und zum jeweiligen Aufschläger zurückrollt (Abb. 43). Rotiert wird (einschließlich jeweils eines Aufschlägers) nach insgesamt acht Aufschlagversuchen um jeweils eine Position. *Welche Gruppe schafft als Erste 25, 30, 35 erfolgreiche Annahmen?* (Diese Spielform kann auch mit nur einem Aufschlagspieler durchgeführt werden.)

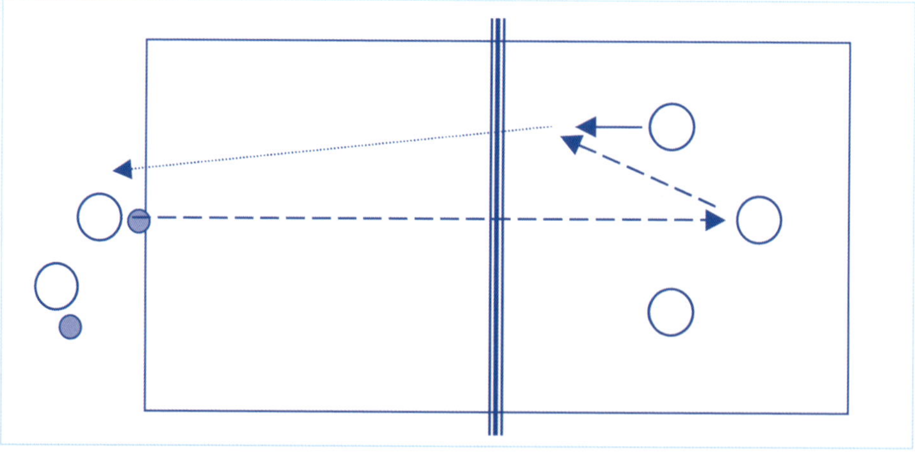

Abb. 43: Aufschlagspiel 2 mit 3

Variationen:

1) Wie die Spielform, jedoch wird der Ball nicht vom zuspielenden Spieler gefangen, sondern dem Angreifer zugespielt, der den Ball auffängt.
2) Wie die Spielform und Variation (1), jedoch im geschlossenen Dreieck, d. h. ***positionsgebunden*** mit Angriffsaufbau über die Pos. III, später über Pos. II.

5 Aufschlagspiel 2 mit 2

Wie Spielform 4 „Aufschlagspiel 2 mit 3" mit Variation (1), nur mit Annahme im Zweierriegel.

Handlungshinweise:

- Wehre den Ball im hohen Bogen ab!
- Spiele den ersten Pass mindestens 1 m vom Netz entfernt!

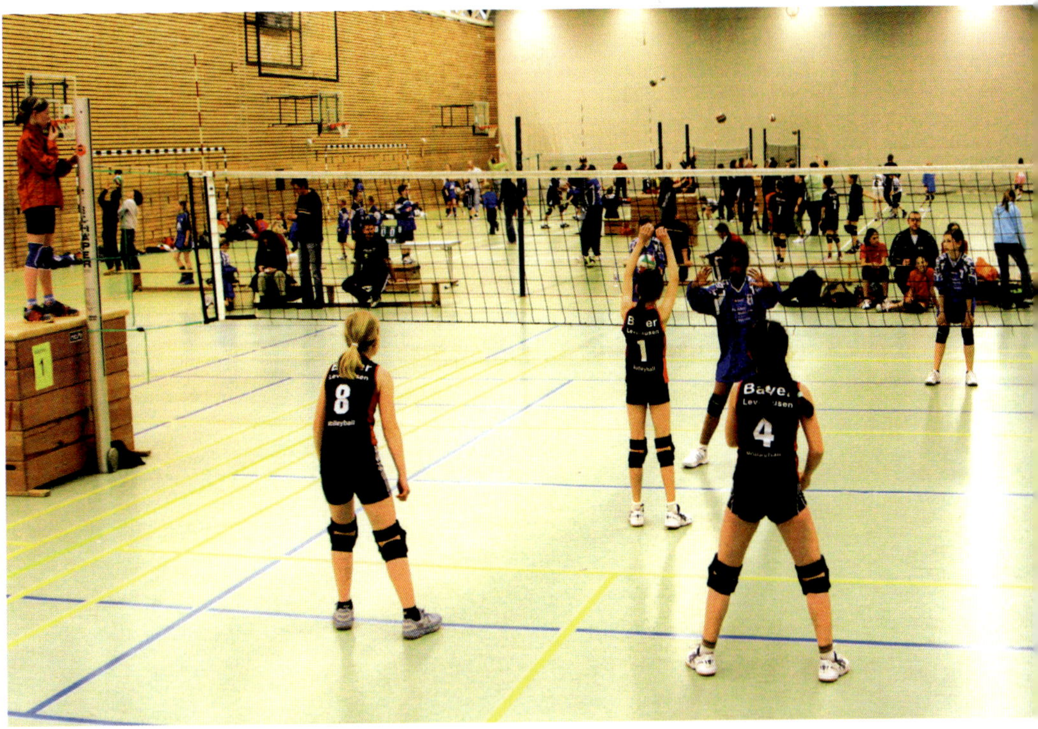

Dritte Lerneinheit: Miteinander volley spielen

6 Aufschlagspiel 2 mit 3

Wie die Variationen (1) und (2) der Spielform 4 „Aufschlagspiel 2 mit 3" in der vorangegangenen Lerneinheit, nur dass der Angreifer den Ball nicht auffängt, sondern einen Driveschlag oder eine beidhändige Angriffsfinte aus dem Sprung zielgenau auf den ins Feld gelaufenen Aufschläger spielt (Abb. 44). *Schafft es der Aufschläger, den Ball zu fangen, so bekommt die Fünfergruppe einen Punkt.*

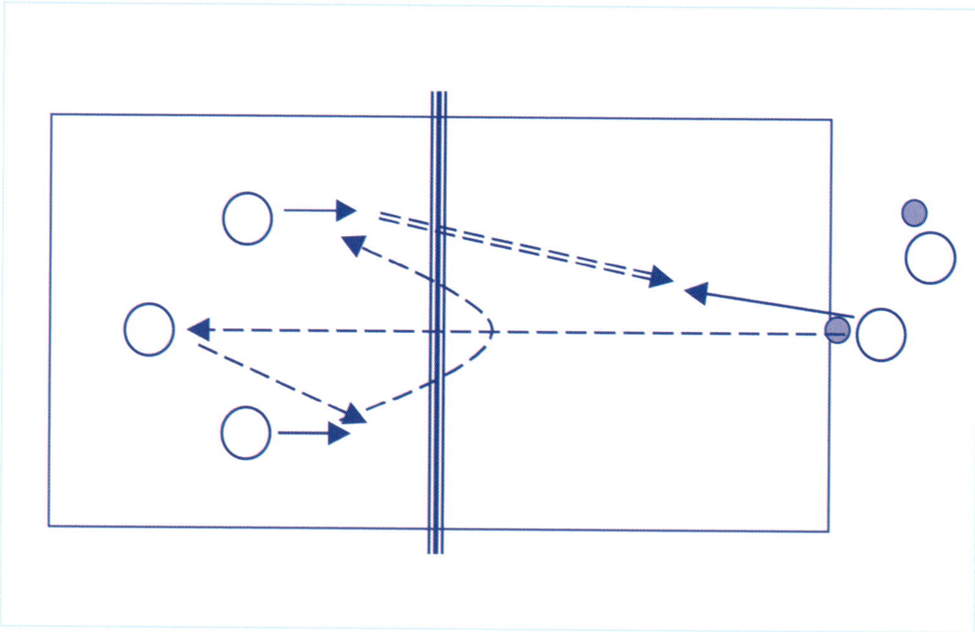

Abb. 44: Aufschlagspiel mit Angriffsaufbau

Variation:

1) Wie die Spielform, jedoch wird der Ball vom Aufschläger zuerst verteidigt und anschließend aufgefangen.

7 Aufschlagspiel 2 mit 2

Wie Spielform 6 „Aufschlagspiel 2 mit 3" und deren Variation, nur mit der Annahme im Zweierriegel.

Vierte Lerneinheit: Gegeneinander volley spielen

8 Aufschlagspiel 2 gegen 3

Die zwei aufschlagenden Spieler schlagen abwechselnd auf die drei gegnerischen Spieler, die im offenen Dreieck im Spielfeld 4,5 x 9 m stehen, auf. Diese sollen den Ball unter Anwendung der erlernten Fertigkeiten mit mindestens zwei Ballberührungen über das Netz so zurückspielen, dass der ins Feld gelaufene Aufschläger den Ball nicht mehr fangen kann. Nach insgesamt 10 Aufschlägen rotiert die Fünfergruppe um eine Position, sodass nach fünf Rotationen jeder Spieler 2 x als Aufschläger agiert hat. *Sieger ist der Spieler, der die meisten Aufschläge schlägt, die entweder nicht mehr zurückgespielt bzw. so zurückgespielt werden, dass er den Ball fangen kann.*

Handlungshinweise:

- Vermeide leichte Fehler, indem du eine sichere Angriffstechnik (Driveschlag aus dem Stand, oberes Zuspiel im Sprung etc.) anwendest!
- Spiele lieber aus dem Stand in ungedeckte Feldbereiche als aus dem Sprung auf den Feldverteidiger!
- Schlage in ungenügend gedeckte Zonen auf!
- Schlage zwischen die Spieler auf!
- Verändere die Flugrichtung und Fluglänge des Aufschlags!
- Beobachte genau den aufschlagenden/abwehrenden Spieler!

Variationen:

1) Wie die Spielform, jedoch muss der Aufschläger den Ball abwehren und anschließend fangen.

2) Wie die Spielform, aber die zwei Aufschläger agieren als Team und verteidigen das Spielfeld zusammen (Aufschlagrotation und Anzahl der Aufschläge wird beibehalten). *Sieger ist das Zweierteam mit den meisten erfolgreichen Handlungen.*

3) Wie Variation (2), jedoch entwickelt sich ein Spiel 2 gegen 3, d. h. das Aufschlagteam versucht, den Ball mit maximal drei Ballberührungen ins gegnerische Feld zurückzuspielen. Zählweise: Rally-Point-System, d. h., beide Mannschaften können punkten, jedoch bekommen die Aufschläger zwei Punkte für ein Aufschlagass oder wenn sie den Ballwechsel für sich entscheiden. Die Dreiermannschaft erhält für einen erfolgreichen Ballwechsel jeweils einen Punkt. *Sieger ist die Zweier- oder die Dreiermannschaft, welche zuerst 10 Punkte erreicht.*

4) Wie die Spielform und die Variationen (1) bis (3), jedoch sind jetzt drei Ballberührungen für die Dreiermannschaft vorgeschrieben.

5) Wie Variation (4), jedoch muss die dritte Ballberührung der Dreiermannschaft im Sprung erfolgen.

6) Wie die Spielform und alle Variationen, jedoch im geschlossenen Dreieck, d. h. positionsgebunden mit Angriffsaufbau über Pos. III, später über Pos. II.

9 Aufschlagspiel 2 gegen 2

Wie die Spielform 8 „Aufschlagspiel 2 gegen 3" und deren Variationen (1) bis (5), nur mit Annahme im Zweierriegel.

10 Einseitiges Spiel 3 gegen 3

Im Spiel 3 gegen 3 mit Aufstellung im ***offenen Dreieck*** hat eine Mannschaft das Aufschlagrecht. Nach jeweils fünf Aufschlägen rotieren beide Mannschaften um jeweils eine Position. Nach insgesamt 15 Aufschlägen wechselt das Aufschlagrecht auf die andere Seite. Die aufschlagende Mannschaft erhält einen Punkt, wenn die annehmende Mannschaft den Ball nicht über das Netz zurückspielen kann. Dies gilt auch bei mehreren Netzüberquerungen. Die abwehrende Mannschaft erhält einen Punkt bei fehlerhaftem Aufschlag bzw. im Spiel bei Fehler der gegnerischen Mannschaft. *Sieger ist die Mannschaft, die nach insgesamt 30 Aufschlägen die meisten Punkte erzielt.*

Variationen:

1) Wie die Spielform, jedoch im ***geschlossenen Dreieck***, d. h. positionsgebunden mit Angriffsaufbau über Pos. III, später über Pos. II.

2) Die Spielform als einseitiges Spiel 2 gegen 2.

2.5 Minivolleyball als Wettkampfspiel

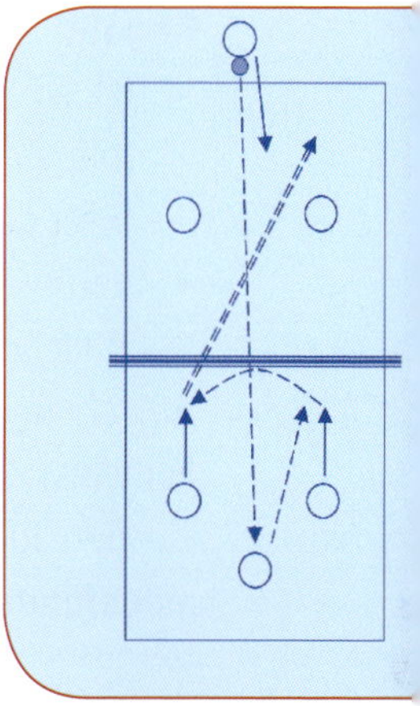

Abb. 45

Unter Minivolleyball wird die Anwendung der im vorliegenden Konzept erarbeiteten Grundtechniken und -taktiken im Wettspiel verstanden: Zwei Mannschaften aus jeweils drei Spielern stehen sich in einem Minivolleyballspielfeld (4,5 x 12 m) gegenüber. Die Netzhöhe beträgt 2,10 m. Anhand der Abb. 45-47 sind alle möglichen Grundaufstellungen bei eigenem und gegnerischem Aufschlag/Ballbesitz zu erkennen:

Abb. 45 zeigt die Aufstellung der Mannschaften mit situationsgebundenem Angriffsaufbau (Annahme im offenen Dreieck).

Abb. 46 und Foto 68 zeigen die Aufstellung der Mannschaften mit positionsgebundenem Angriffsaufbau über Pos. III (Annahme im geschlossenen Dreieck).

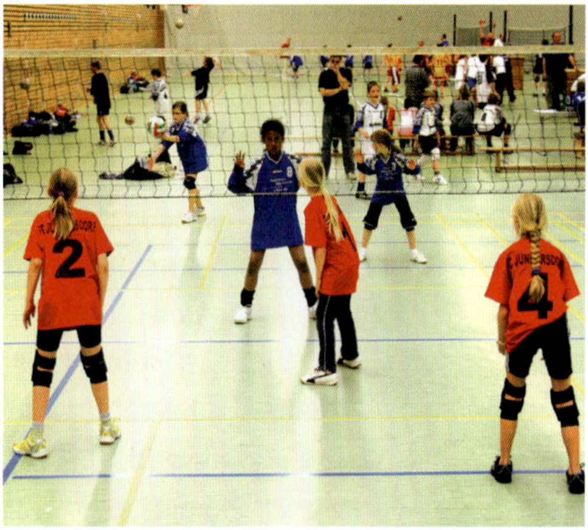

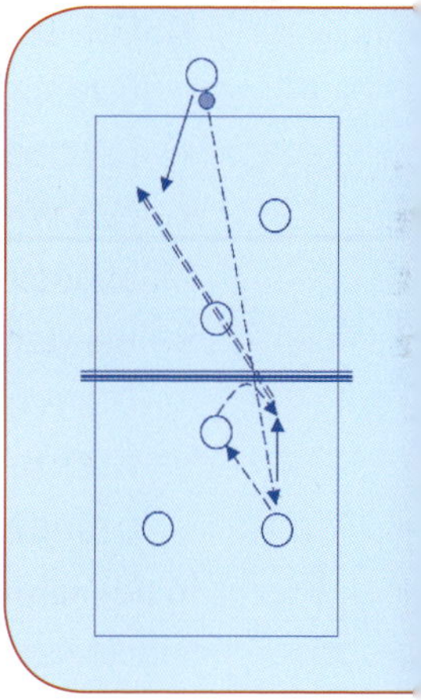

Abb. 46/Foto 68

Abb. 47 und Foto 69 zeigen die Aufstellung der Mannschaften mit positionsgebundenem Angriffsaufbau über Pos. II (Annahme im geschlossenen Dreieck).

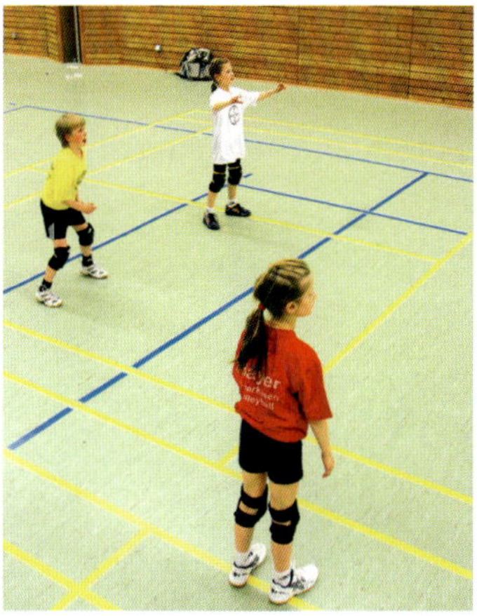

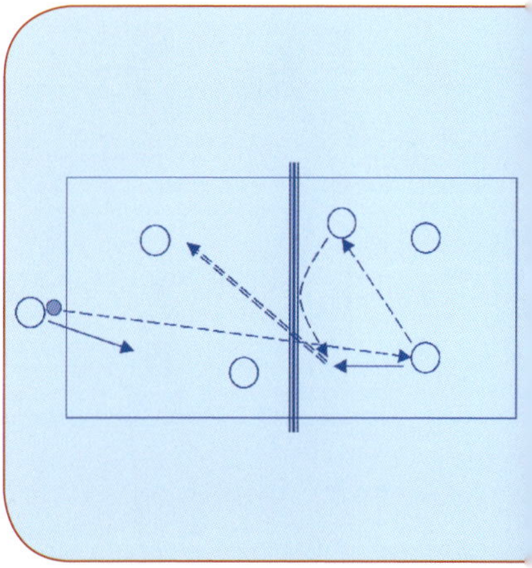

Abb. 47/Foto 69

Regeln:

- Ist ein Spieler/eine Mannschaft 2 x hintereinander mit seinem Aufschlag erfolgreich, so rotiert seine Mannschaft um eine Position und der nächste Spieler führt den nächsten Aufschlag aus (portugiesische Regel).
- Berührt der Ball nach einer Annahme-/Abwehrhandlung (erster Ballkontakt) die Hallendecke, darf der Ball von der gleichen Mannschaft weitergespielt werden.

Hinweis:
Für den Jugendspielbetrieb des Deutschen Volleyball-Verbandes gelten die unten aufgeführten Sonderregeln:

Altersklasse U13 (12 Jahre und jünger):

- Die Netzhöhe beträgt für Mädchen und Jungen 2,10 m und die Spielfeldgröße 6 x 6 m.
- Positionswechsel sind nicht erlaubt.
- Das Weiterspielen des Balls nach Berührung der Hallendecke (s. o.) wurde ***leider*** abgeschafft.
- Bei der Annahme des gegnerischen Aufschlags muss ***leider*** im geschlossenen Dreieck, d. h. im Zweierriegel, angenommen und über den mittleren Spieler am Netz zugespielt werden (Foto 70). **Es ist somit (aus methodisch-didaktischen Gründen unerklärlich!) nur der positionsgebundene Angriffsaufbau erlaubt!**

In der Altersklasse U12 (11 Jahre und jünger) wird 2 gegen 2 gespielt. Das Spielfeld ist 4,5 x 4,5 m groß und die Netzhöhe beträgt lediglich 2,05 m.

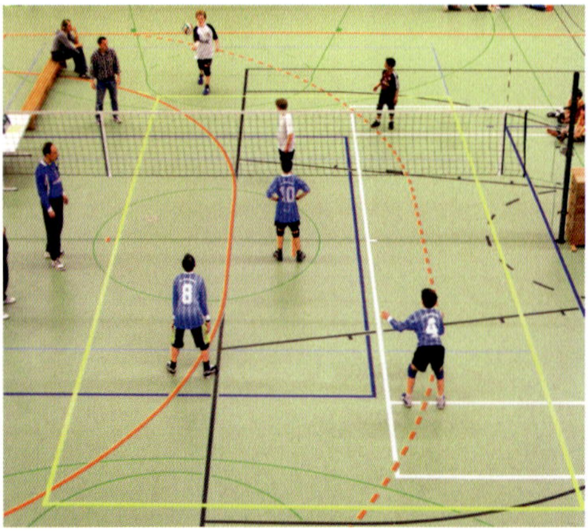

Foto 70:
Angriffsaufbau über Pos. III

2.6 Minivolleyball nach internationalen Spielregeln

Beim ***Minivolleyball nach internationalen Spielregeln*** sind alle Grundtechniken und deren Varianten erlaubt, d. h. der Aufschlag von oben, der Schmetterschlag und somit auch der Block sind möglich.

Das Minivolleyballspiel ist ein normiertes Spiel, was bedeutet, dass die vorgeschriebenen Regeln international identisch sind, sodass Vergleichswettkämpfe nicht nur national, sondern über die Landesgrenzen hinaus erfolgen (Foto 71).

Auf die Einführung des Sportspiels Minivolleyball nach internationalen Regeln wurde im vorliegenden Vermittlungskonzept ***bewusst*** verzichtet, da der Aufschlag von oben, der Schmetterschlag sowie der Block zu vermehrten Spielunterbrechungen, zur Verkürzung der Spielzuglänge und zur Minderung der Spielintensität, der Spielfreude und der Motivation führen und somit – wie bereits erläutert – einen kontraproduktiven Beitrag zur Einführung des Sportspiels leisten.

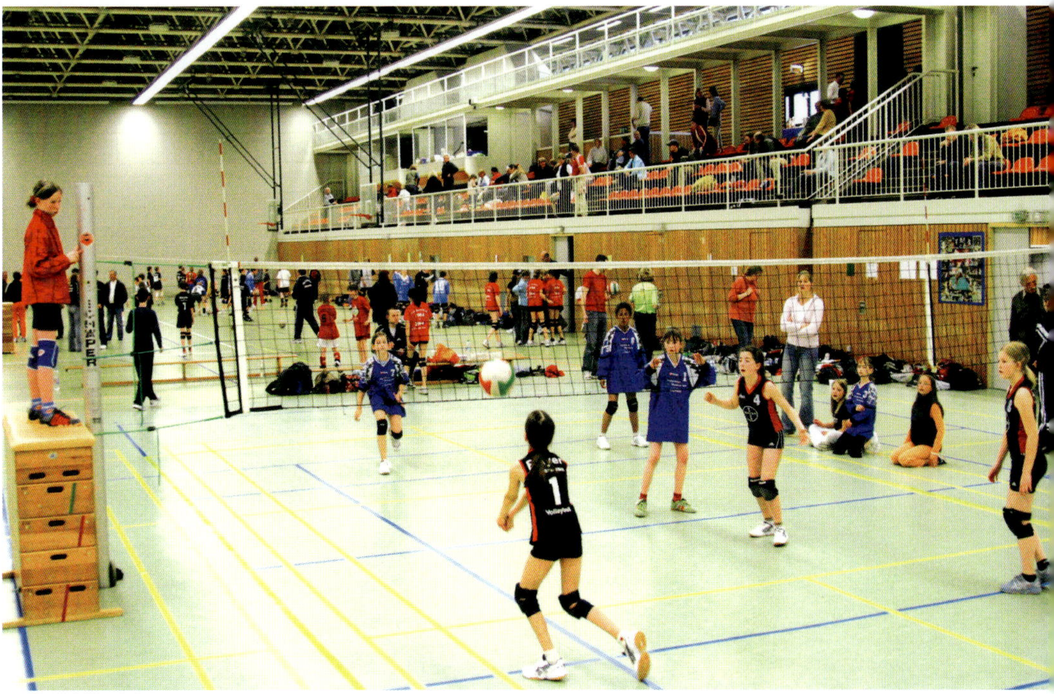

Foto 71: Internationales Minivolleyballturnier

2.7 Midivolleyball

Ausgehend vom Minivolleyball mit der Annahme im Dreierriegel und dem situationsgebundenen Angriffsaufbau, d. h. dem Spiel im offenen Dreieck, erfolgt auf vergrößertem Spielfeld (anfangs 6 x 12 m, später 7 x 14 m) der Übergang zum Spiel „4 gegen 4", dem ***Midivolleyball***. In diesem Spiel sollte zunächst im ***Viererriegel als Halbkreis*** angenommen werden (Abb. 48), der ***Angriffsaufbau erfolgt über die beiden Vorderspieler,*** welche als die äußeren beiden Spieler das Zuspiel bzw. den Angriff übernehmen.

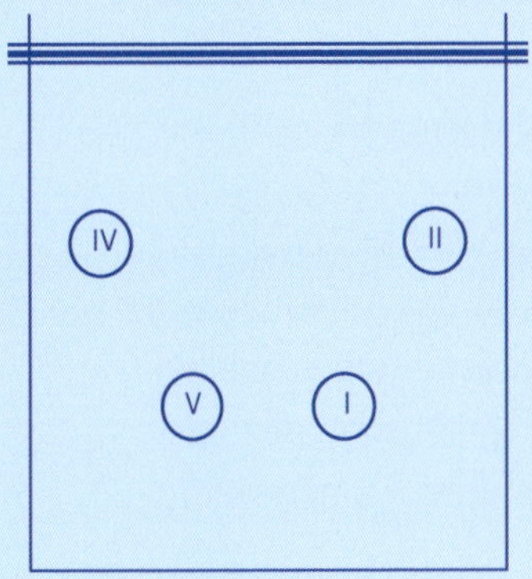

Abb. 48: Midivolleyball aus dem Viererriegel (Annahme im Halbkreis)

Die Abb. 49 verdeutlicht die Annahmebereiche und deren Überschneidungen bei der Annahme im Halbkreis.

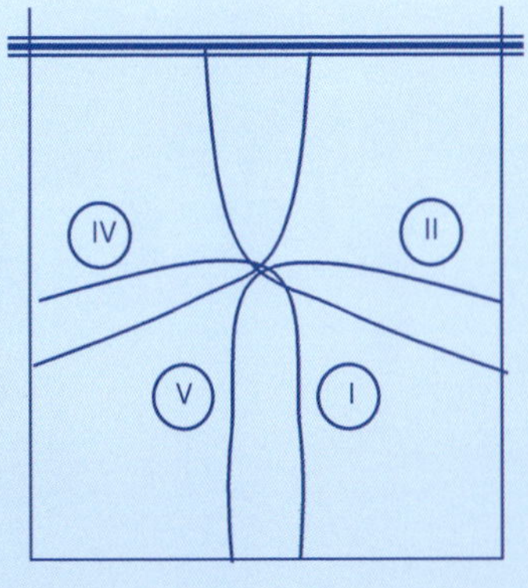

Zum besseren Spielverständnis und zur leichteren Umsetzung des situationsgebundenen Angriffsaufbaus aus dem Viererriegel teilt man das Spielfeld in zwei Hälften:

Erfolgt der Aufschlag der gegnerischen Mannschaft in die Spielfeldhälfte A, so wird der Ball diagonal ans Netz zum Spieler auf Pos. II angenommen, welcher anschließend als Zuspieler agiert und den Angreifer auf Pos. IV einsetzt (Abb. 50/Fotos 72-74). Liegt der Annahmeort umgekehrt auf der Spielfeldhälfte B, so erfolgt der Angriffsaufbau spiegelbildlich, d. h., der Spieler auf Pos. IV läuft ans Netz, agiert als Zuspieler und setzt den Spieler auf Pos. II ein. Aufschläger ist der auf der rechten Seite agierende Hinterspieler, also der Spieler auf Pos. I (Abb. 51).

Abb. 49

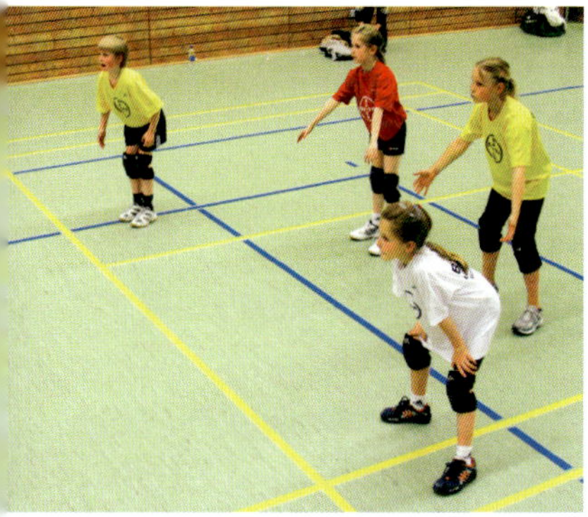

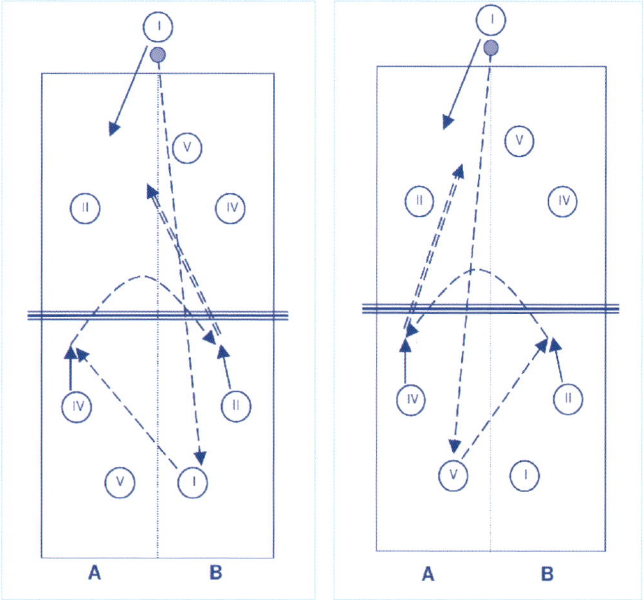

Abb. 50/51: Angriffsaufbau aus dem Viererriegel (Annahme im Halbkreis)

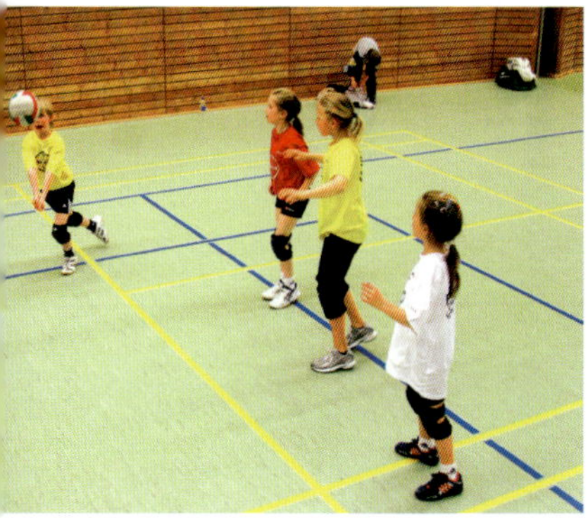

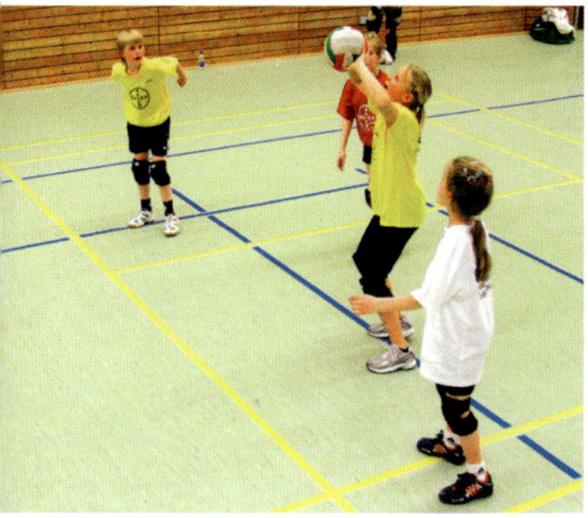

Fotos 72-74: Angriffsaufbau aus dem Viererriegel (Annahme im Halbkreis)

Die Abwehrformation ist weitestgehend identisch mit der Annahmeformation, da im Midivolleyball zunächst auch ohne Schmetterschlag und somit ohne Block gespielt werden soll.

Eine Variante des Viererriegels mit situationsgebundenem Angriffsaufbau zeigen die Abb. 52/53. Bei der so genannten ***Zickzackannahmeformation*** besetzen die Vorderspieler die Pos. IV und III und die Hinterspieler die Pos. VI und I.

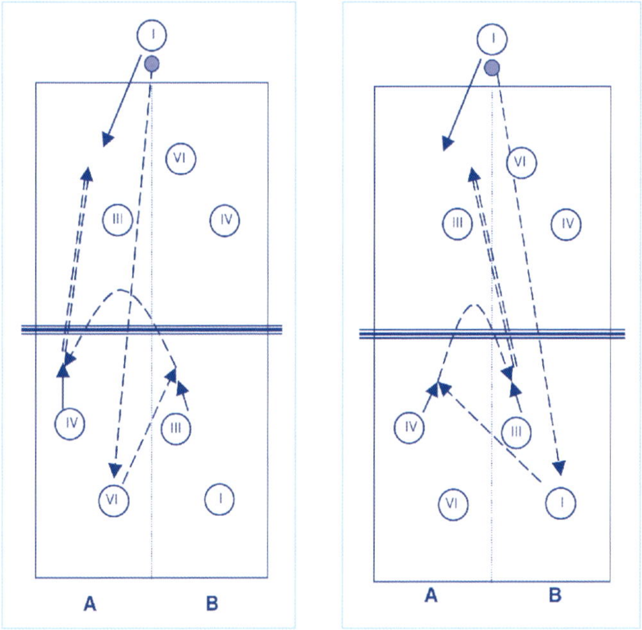

Abb. 52/53: Angriffsaufbau aus dem Viererriegel (Zickzack-Annahme-formation)

In Abb. 54 sind die Annahmebereiche und deren Überschneidungen in der Zickzack-Aufstellung aufgezeigt.

Nehmen die Spieler IV und VI auf dem Spielfeld A an, so wird Spieler III das Zuspiel übernehmen (Fotos 75-78). Liegt der Annahmeort in der Feldhälfte B, so übernimmt Vorderspieler IV das Zuspiel.

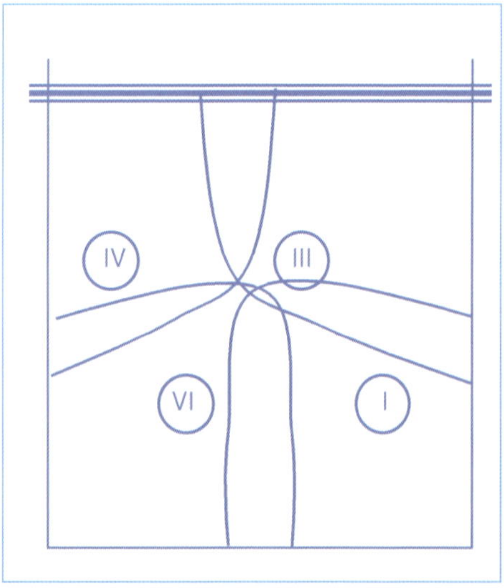

Abb. 54

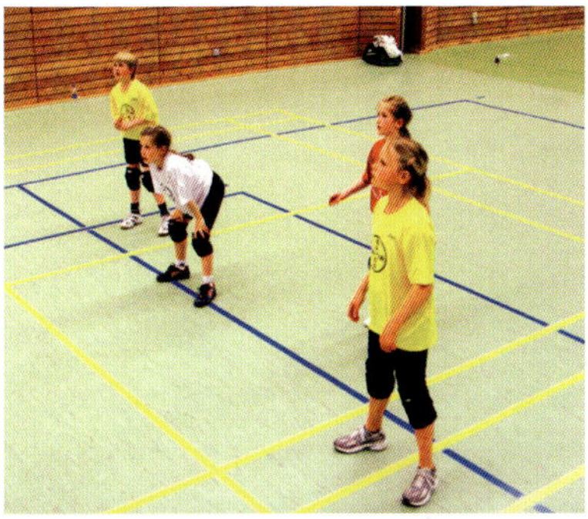

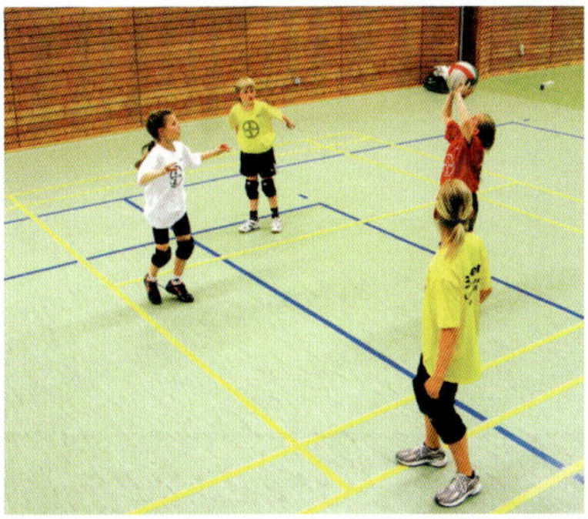

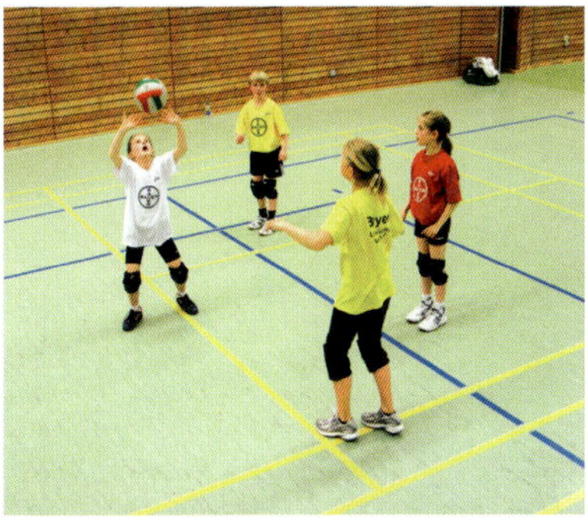

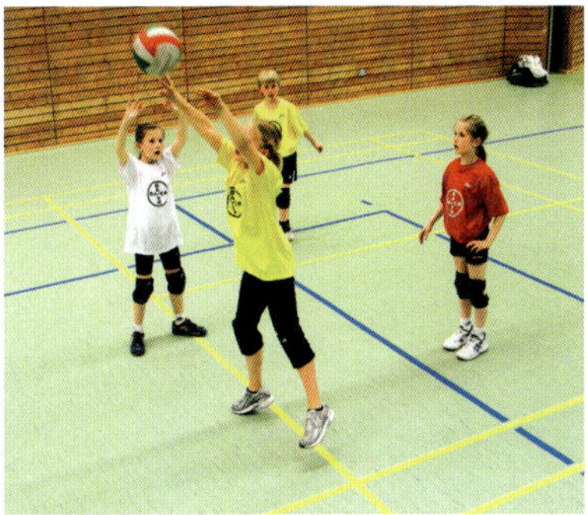

Fotos 75-78: Angriffsaufbau aus dem Viererriegel (Zickzackannahmeformation)

Die folgenden beiden Abb. 55/56 zeigen die Zickzackannahmeformation mit den Spielern III und II als Vorderspieler sowie VI/I und V als Hinterspieler.

Abb. 55/56

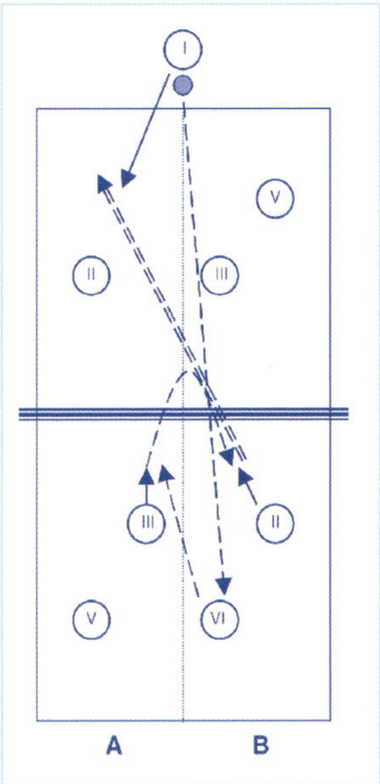

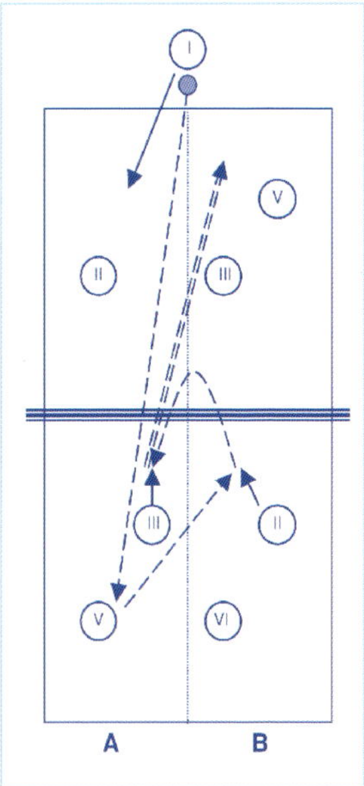

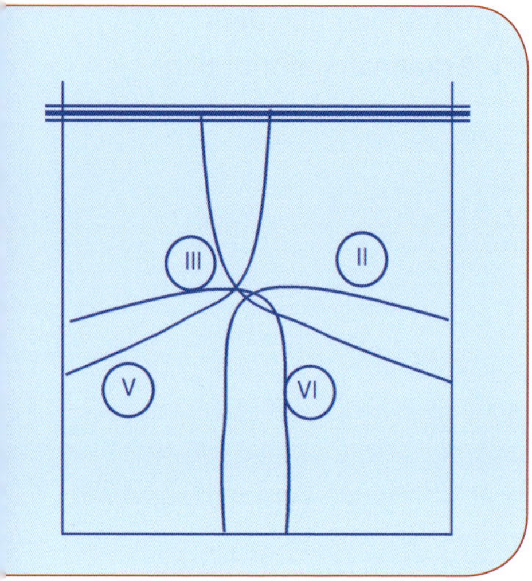

In Abb. 57 sind wiederum die entsprechenden Überschneidungsbereiche aufgezeigt.

Beide Arten der Zickzackannahmeformation im Viererriegel können auch ohne Hinterspieler gespielt werden, d. h., alle vier Universalspieler können dabei als Angreifer eingesetzt werden.

Die Zickzackaufstellungen empfehlen sich, weil einerseits der mittlere Bereich des Spielfelds sehr gut abgedeckt ist und andererseits die Annahme- und Zuspielpasswege kürzer sind als beim Viererriegel im Halbkreis.

Abb. 57

Beim positionsgebundenen Angriffsaufbau über Pos. III (Abb. 58/Foto 79) besteht die Mannschaft aus drei Vorderspielern (Pos. II, III und IV) und einem Hinterspieler (Pos. VI).

Abb. 58

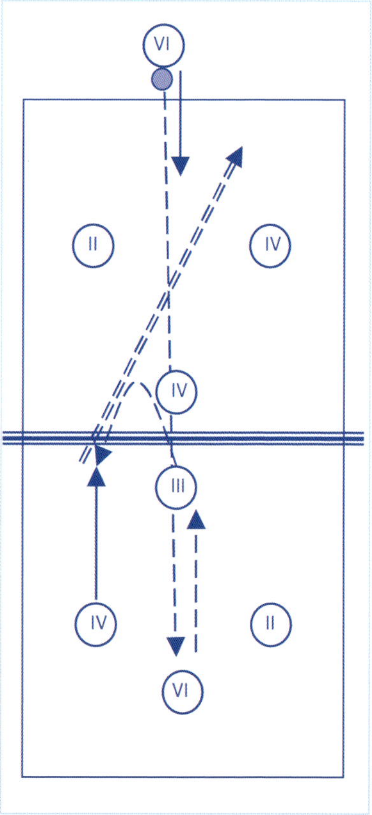

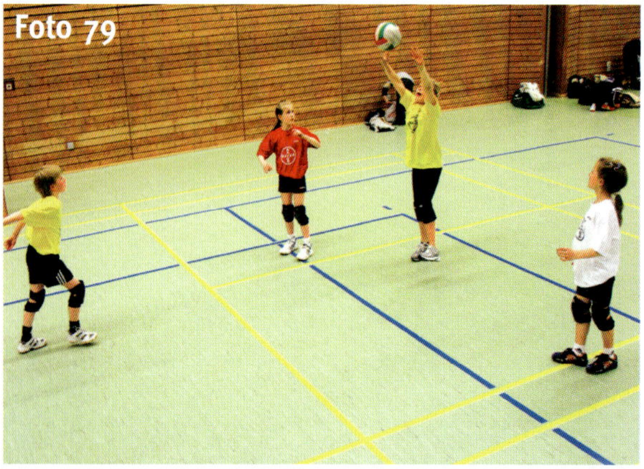

Foto 79

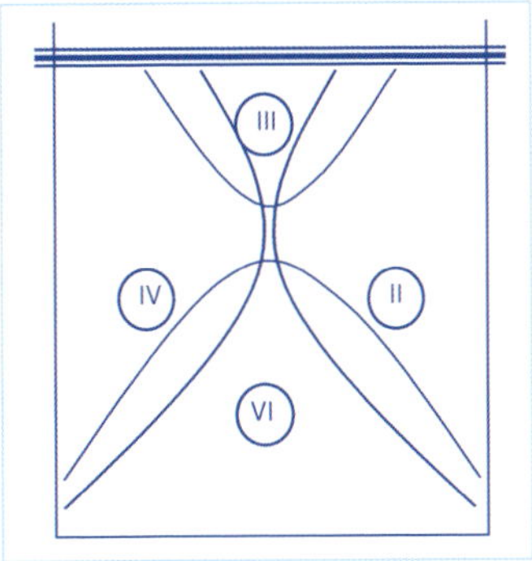

Abb. 59

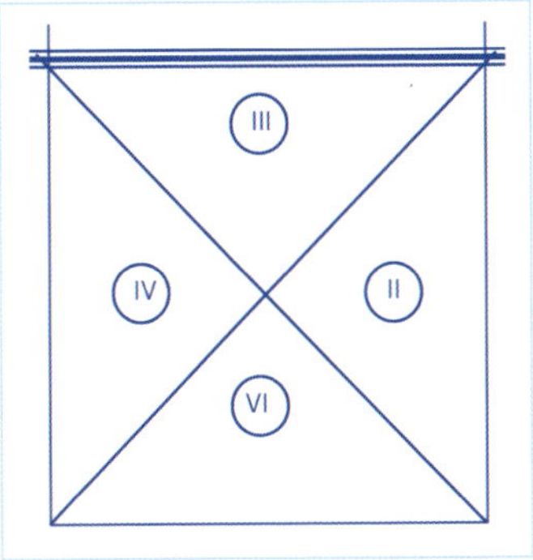

Abb. 60

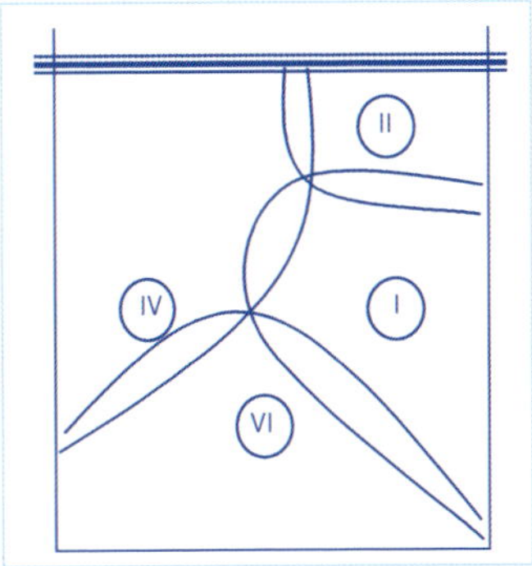

Abb. 61

Die Linien in Abb. 59 dienen der Orientierung der Spieler hinsichtlich ihrer Ausgangsposition in der Riegelformation. Abb. 60 verdeutlicht die Überschneidungsbereiche in der Annahme.

Der positionsgebundene Angriffsaufbau über Pos. III lässt sich jedoch auch ***ohne Hinterspieler***, d. h., alle vier Spieler agieren als Vorderspieler, durchführen.

Beim ***positionsgebundenen Angriffsaufbau über Pos. II*** (Abb. 61/62) kann die Mannschaft zunächst aus zwei Vorderspielern (Pos. II und IV) und zwei Hinterspielern (Pos. I und VI) bestehen.

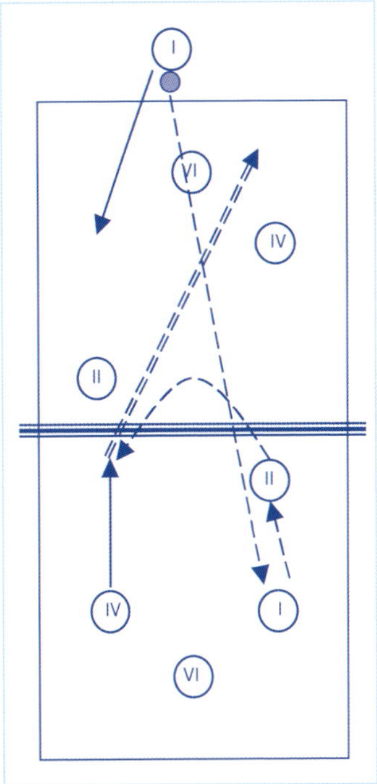

Abb. 62

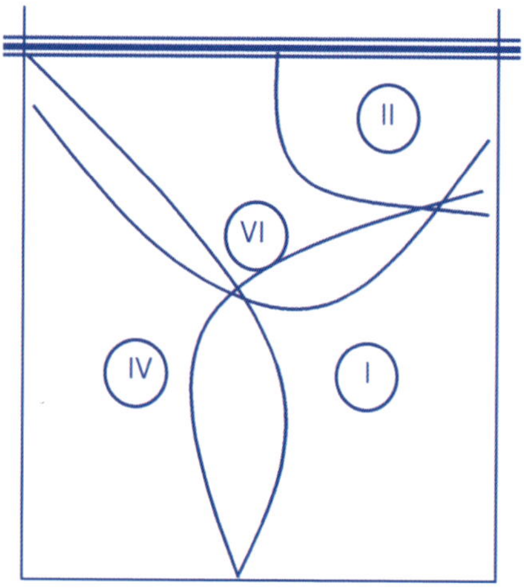

Abb. 63

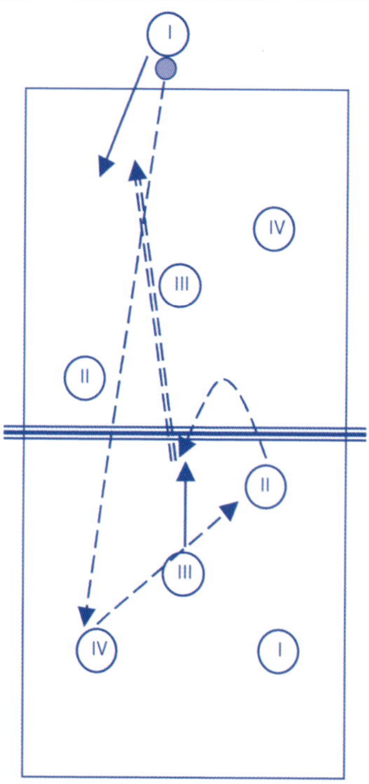

Abb. 64

Der positionsgebundene Angriffsaufbau über Pos. II kann wiederum auch ohne Hinterspieler gespielt werden, d. h., alle vier Spieler agieren als Vorderspieler (Abb. 63/64). Die Hinführung vom Mini- zum Midivolleyball erfolgt auch im Sinne des spielgemäßen Konzepts, d. h. über die methodischen Spielreihen. Die Spielreihen entsprechen fast den methodischen Spielreihen des Minivolleyballkonzepts, wobei für das Midivolleyballspiel vorrangig Spiele mit- und gegeneinander angewendet werden sollen.

Im Folgenden sollen kurz ***methodische Schwerpunkte*** einer Spielreihe für die Erlernung des Midivolleyballspiels gesetzt werden:

- Miteinander nur mit Fangen und Werfen.
- Miteinander nur mit Pritschen (und Baggern).
- Miteinander mit Aufschlag von unten und Driveschlag.
- Gegeneinander nur mit den Zuspieltechniken.
- Gegeneinander mit Aufschlag von unten und Driveschlag.
- Positionsgebundener Angriffsaufbau über den Vorderspieler auf Pos. III aus dem Dreier-/Viererriegel (Hauptspieler Pos. II, IV, VI, Pos. III übernimmt kurze Bälle).

Für das Erlernen der unterschiedlichen Annahme- und Abwehrformationen muss der oben aufgeführte methodische Weg nach folgenden ***didaktischen Schwerpunkten*** umgesetzt werden:

- Situationsgebundener Angriffsaufbau über die Vorderspieler aus dem Viererriegel (Pos. II, IV, I, V).
- Positionsgebundener Angriffsaufbau über den Vorderspieler auf Pos. III aus dem Dreier-/Viererriegel (Hauptspieler Pos. II, IV, VI, Pos. III übernimmt kurze Bälle).
- Positionsgebundener Angriffsaufbau über den Vorderspieler auf Pos. II aus dem Dreier-/Viererriegel (Hauptspieler Pos. III/VI, IV, I, Pos. II übernimmt kurze Bälle).

Im ***Midivolleyball*** wird anfangs – wie beim Minivolleyball – ebenfalls ohne Block nur mit Feldverteidigung durch alle vier Spieler agiert. Deshalb wird die Blockbildung bei allen Abbildungen ***nicht*** berücksichtigt. Jedoch eignet sich das Spiel Midivolleyball hervorragend dazu, gruppen- und mannschaftstaktische Handlungen einzuführen. Insbesondere kann der ***Schmetterschlag*** (längeres Spielfeld) und der ***Einerblock*** als die effektivste Abwehrtechnik gegen den Schmetterschlag sowie die ***Angriffssicherung*** vermittelt werden. Diese zusätzlichen Grundtechniken und ihre Varianten sowie die entsprechenden taktischen Grundformationen werden sehr ausführlich im weiterführenden ***Handbuch für Volleyball – Grundlagenausbildung*** (Papageorgiou & Spitzley, 2005) sowie im Buch ***Volleyball – Training & Coaching. Vom Jugend- zum Leistungsvolleyballer. Kombinierte Rahmentrainingskonzeption Volleyball und Beach-Volleyball des Deutschen Volleyball-Verbandes*** (Czimek & DVV, 2017) behandelt.

Das Spiel Midivolleyball stellt somit die unabdingbare Zwischenstufe bzw. „Brücke" vom Minivolleyball zur Einführung des Volleyballspiels 6 gegen 6 und zum Spielsystem mit sechs Universalisten (0:0:6-Spielsystem) dar.

Hinweis:
Für den Jugendspielbetrieb des Deutschen Volleyball-Verbandes gelten die unten aufgeführten Sonderregeln:

Altersklasse U14 (13 Jahre und jünger):

- Die Netzhöhe beträgt für Mädchen und Jungen 2,15 m und die Spielfeldgröße 7 x 7 m.
- Die portugiesische (Aufschlag-)Regel ist weiterhin gültig.
- Positionswechsel sind nicht erlaubt.
- Das Weiterspielen des Balls nach Berührung der Hallendecke (s. o.) wurde ***leider*** abgeschafft.
- Die Vierermannschaft besteht aus drei Vorderspielern und einem Hinterspieler (der Aufschlagspieler).
- Der Hinterspieler darf den Ball nicht oberhalb der Netzoberkante zum Gegner spielen.
- Bei der Annahme des gegnerischen Aufschlags muss ***leider*** über den Spieler auf Pos. III am Netz aufgebaut werden. Es ist somit (aus methodisch-didaktischen Gründen unerklärlich!) nur der positionsgebundene Angriffsaufbau erlaubt!

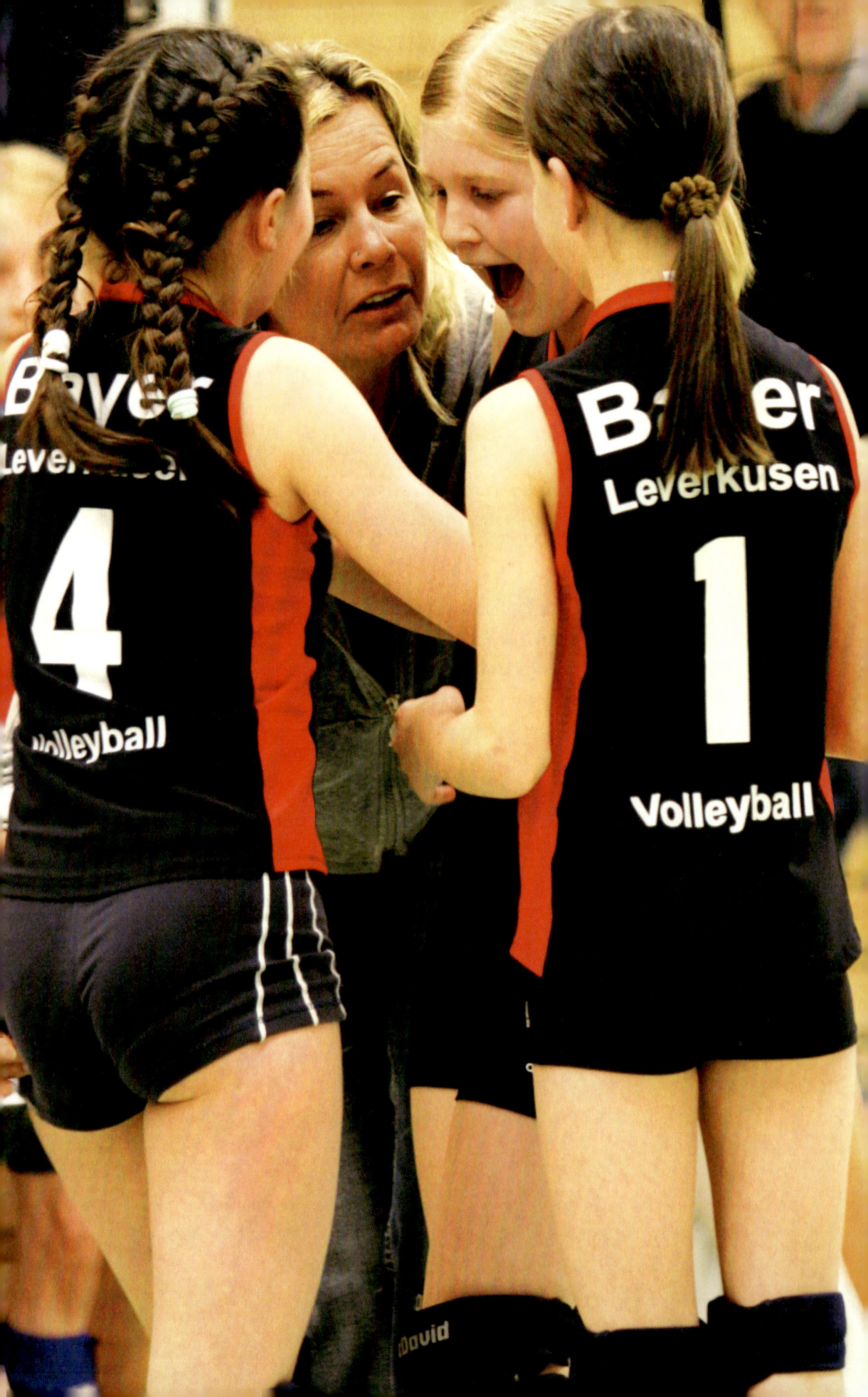
4
Leverkusen
1
Volleyball

3 Vom Midivolleyball zum Spiel 6 gegen 6

Bei der Vermittlung einer technisch anspruchsvollen Sportart wie die Spielsportart Volleyball ist nicht nur das Lehrerverhalten und die Medienwahl, sondern in erster Linie die ***Methodenkonzeption mit einer bis ins Detail abgestimmten Reihenfolge der einzelnen Lernziele*** von entscheidender Bedeutung.

In diesem Kapitel wird ein ***anfängergerechtes, aus 17 Lernzielen bestehendes Vermittlungsmodell (vgl. Abb. 65) vorgestellt***. Dieses Konzept berücksichtigt sehr stark die oben aufgestellte Forderung nach einer sinnvollen Reihenfolge von Lernzielen. Dabei erfolgt die Erarbeitung eines Lernziels überwiegend in zwei Lerneinheiten. ***Die erste Lerneinheit bildet stets die Grundlage der zweiten***, d. h., die erste Lerneinheit bezieht sich fast immer auf ein Technikelement (bzw. eine -variante), das die Grundvoraussetzung der zweiten Lerneinheit darstellt. Die zweite Lerneinheit wiederum erarbeitet fast ausschließlich eine gruppen- oder mannschaftstaktische Formation, wobei individualtaktische Aspekte stets Berücksichtigung finden.

Besonders im Anfängerunterricht in der Schule, aber auch im Verein und in der Lehrer-/Übungsleiterausbildung hat sich dieses praxisnahe Modell bereits sehr bewährt. Zur erfolgreichen Umsetzung werden im Folgenden die wichtigsten grundlegenden Aspekte zur sinnvollen Ein- und Weiterführung des Volleyballspiels angesprochen, deren Berücksichtigung unabdingbar für ein schnelles Erreichen einerseits der kognitiv-motorischen Komponente ***Spielfähigkeit*** und andererseits der affektiv-sozialen Komponenten ***Spielfreude/Motivation*** (Foto 80) und ***Kooperation*** (Foto 81) sind.

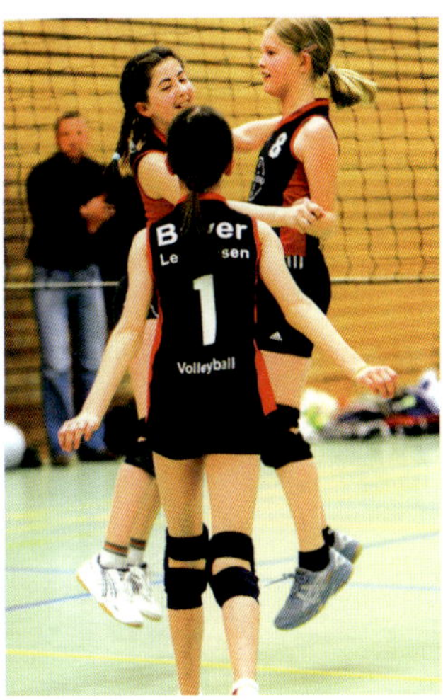

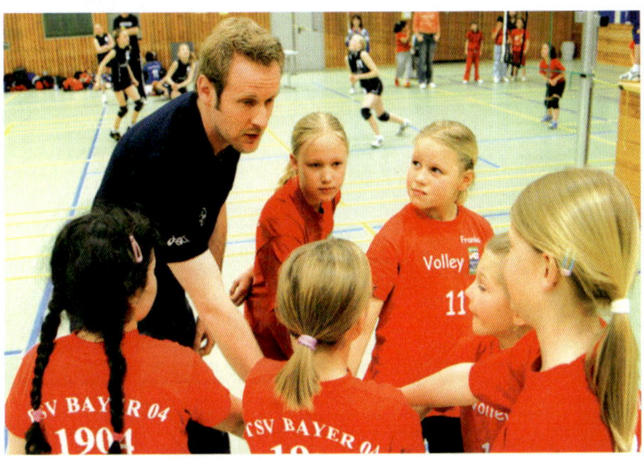

Foto 80: Spielfreude **Foto 81: Kooperation**

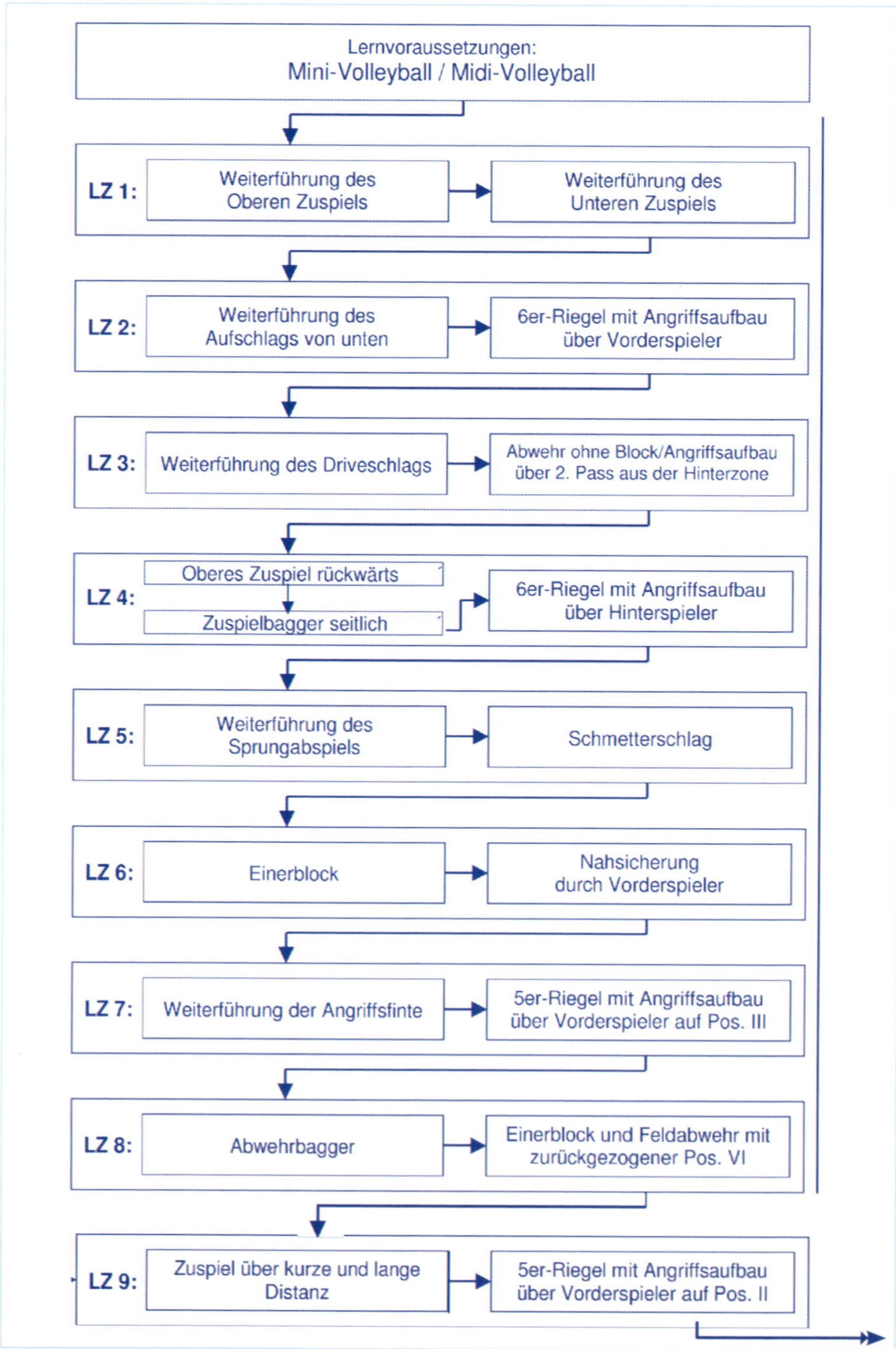
Lernvoraussetzungen:
Mini-Volleyball / Midi-Volleyball
LZ 1:
Weiterführung des Oberen Zuspiels
Weiterführung des Unteren Zuspiels
LZ 2:
Weiterführung des Aufschlags von unten
6er-Riegel mit Angriffsaufbau über Vorderspieler
LZ 3:
Weiterführung des Driveschlags
Abwehr ohne Block/Angriffsaufbau über 2. Pass aus der Hinterzone
LZ 4:
Oberes Zuspiel rückwärts
Zuspielbagger seitlich
6er-Riegel mit Angriffsaufbau über Hinterspieler
LZ 5:
Weiterführung des Sprungabspiels
Schmetterschlag
LZ 6:
Einerblock
Nahsicherung durch Vorderspieler
LZ 7:
Weiterführung der Angriffsfinte
5er-Riegel mit Angriffsaufbau über Vorderspieler auf Pos. III
LZ 8:
Abwehrbagger
Einerblock und Feldabwehr mit zurückgezogener Pos. VI
LZ 9:
Zuspiel über kurze und lange Distanz
5er-Riegel mit Angriffsaufbau über Vorderspieler auf Pos. II

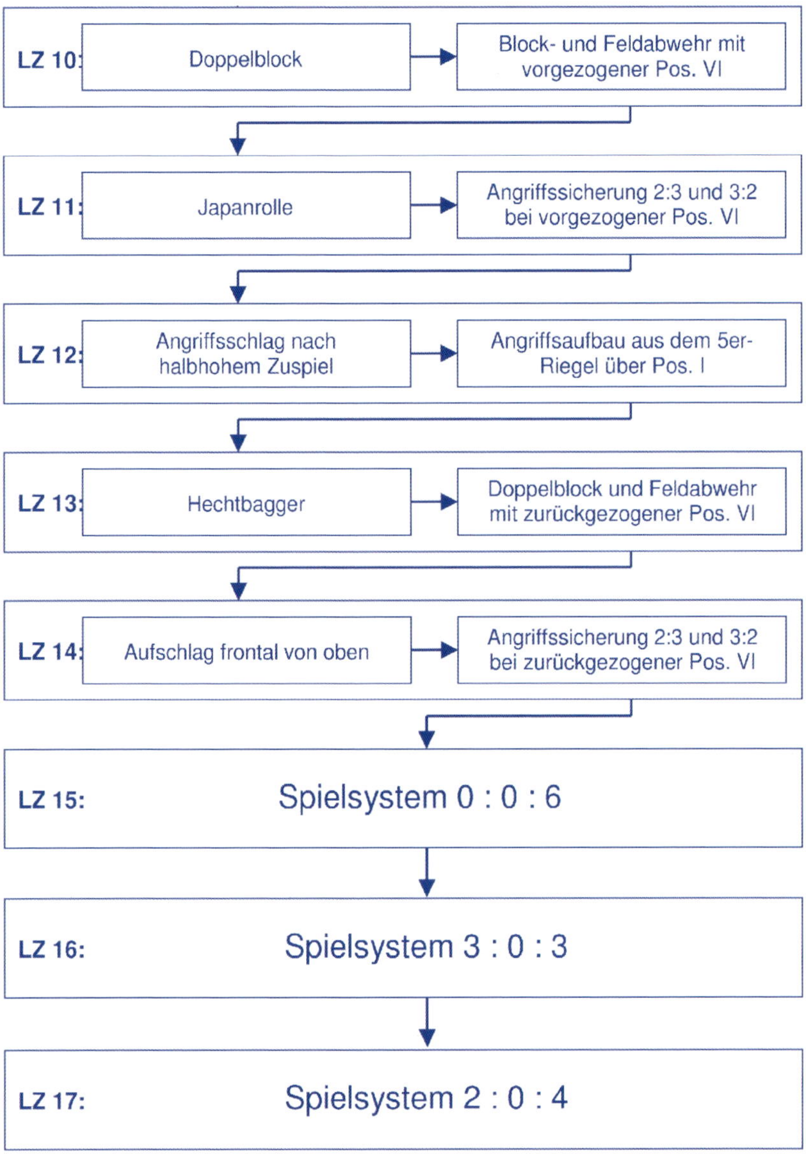

Abb. 65: Modifiziertes Vermittlungsmodell „Vom Minivolleyballspieler zum Universalisten“ (nach Papageorgiou & Spitzley, 2005)

Oberstes Ziel bei der Einführung des Volleyballspiels muss die Ausbildung zum ***Universalspieler*** sein (vgl. Abb. 65, Lernziele 1-15). Dieser soll sich ein möglichst breites Spektrum individual-, gruppen- und mannschaftstaktischer Handlungsmuster aneignen und befähigt werden, diese spiel- und situationsgerecht anzuwenden. Dies bedingt, dass die Spielstruktur sowie alle grundlegenden Interaktionsmöglichkeiten in Abwehr und Angriff erfasst und umgesetzt werden können. Dazu muss der Spieler frühzeitig im kognitiven Bereich gefordert, zur Bewegungsantizipation angeregt und handlungsflexibel ausgebildet werden. In diesem Ausbildungsstadium sollte somit ***auf jede Art der Spezialisierung verzichtet*** werden, um die Entwicklung des Spielers nicht frühzeitig einzuengen, sondern ein Höchstmaß an Flexibilität und infolgedessen an Kreativität zu erreichen.

Diese Forderung nach einer vertieften universellen Ausbildung wird zudem durch die Rotationsregel unterstützt: Sie „verhindert" einseitiges, allzu spezielles Handeln eines Spielers nur im Element „Angriff" oder „Abwehr". ***Jeder Volleyballspieler ist Aufschlag-, Annahme-, Aufbau-/Zu-, Angriffs-, Block-, Abwehr- und Sicherungsspieler***. Auch der Libero als Annahme- und Abwehrspezialist soll genauso wie alle anderen Spezialisten (wie z. B. Schnellangreifer oder Diagonalangreifer) im Anfängerbereich keine Berücksichtigung finden.

Von überragender Bedeutung ist es, wie beim Mini- und Midivolleyball, die Schüler weiterhin in ***offene Handlungssituationen*** zu bringen, um ***Entscheidungsprozesse*** zu initiieren und das Volleyballspiel als Bewegungsspiel zu fördern. Aus diesem Grund wird als erste Annahmeformation auf dem großen Feld nicht der Fünferriegel, sondern der ***Sechserriegel empfohlen***, auch wenn viele Volleyballexperten bisher keine Erfahrungen mit dieser Formation gemacht haben.

Aus oben genannten Gründen sollte demzufolge als erstes Spielsystem das ***0:0:6-Spielsystem*** zur Anwendung kommen, da hier alle Spieler gleichermaßen in allen Grundsituationen alles erfahren und umsetzen können. Das 0:0:6-Spielsystem bedeutet, dass eine Mannschaft aus sechs Universalisten besteht, die sowohl Annahme-, Abwehr- als auch Zuspiel- und Angriffsfunktionen übernehmen sollen (vgl. Abb. 65, Lernziel 1-15).

Möchte man jedoch nicht mit dem Sechserriegel als erste Formation beginnen, dann ist es sehr sinnvoll, sich bis zum Lernziel 7 nur auf den Fünferriegel mit Angriffsaufbau über den Vorderspieler auf Pos. III zu beschränken.

Auch und insbesondere bei der Einführung des Volleyballspiels „6 gegen 6" muss darauf geachtet werden, dass die Annahme- und Abwehrhandlungen besser oder aber mindestens gleich gut beherrscht werden müssen wie die Angriffshandlungen.

Aus diesen Gründen werden im ***Vermittlungskonzept*** zunächst das bereits im Minivolleyball erlernte ***Pritschen und Baggern*** verbessert. Anschließend erfolgt die Weiterführung des ***Aufschlags von unten***. Da der Aufschlag von oben sehr leicht zu erlernen, jedoch sehr schwierig anzunehmen ist, findet dieser erst am Ende des Konzepts Berücksichtigung.

Bewusst werden vor dem Angriffsschlag, der als erstes echtes Angriffselement betrachtet wird, das ***obere Zuspiel im Sprung*** sowie der ***Driveschlag*** weitergeführt. Die Bewegungsabläufe von beiden Elementen, insbesondere der Anlauf und zum großen Teil das Timing, bereiten die Einführung des ***Schmetterschlags*** sehr sinnvoll vor. (Der Schmetterschlag und der Block können bereits im Midivolleyballspiel bei entsprechenden Voraussetzungen der Spieler eingeführt werden.)

Unmittelbar danach werden der ***Einerblock*** und der ***Abwehrbagger*** in den Lernprozess eingebunden, um die wichtigsten Abwehrelemente gegen den Schmetterschlag zu schulen. Erst mit der Verbesserung des ***unteren und oberen Zuspiels über längere Distanzen wird der Angriffsaufbau über den Vorderspieler auf Pos. II*** erlernt.

Im Bereich der ***Block- und Feldabwehr*** wird zunächst die Formation ***Einerblock mit zurückgezogener Pos. VI*** gespielt (Abb. 66), da der Nebenblockspieler die Nahsicherung des Blocks übernehmen soll. Erst bei Einführung des ***Doppelblocks*** wird in der Feldabwehr zunächst mit ***vorgezogener Pos. VI*** agiert (Abb. 67) und später die ***(Doppel-)Block- und Feldabwehr mit zurückgezogener Pos. VI*** (Abb. 68).

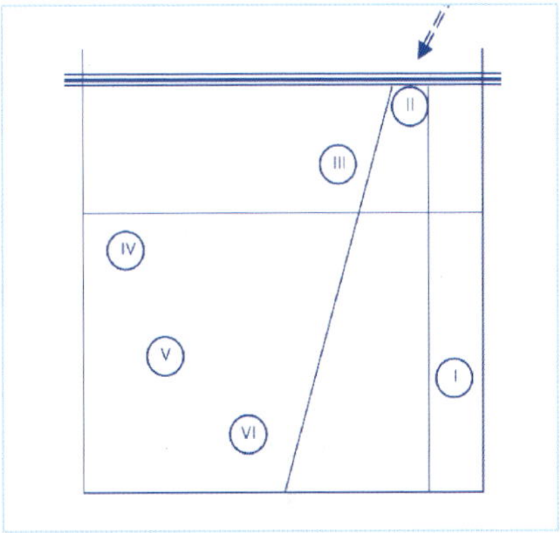

Abb. 66

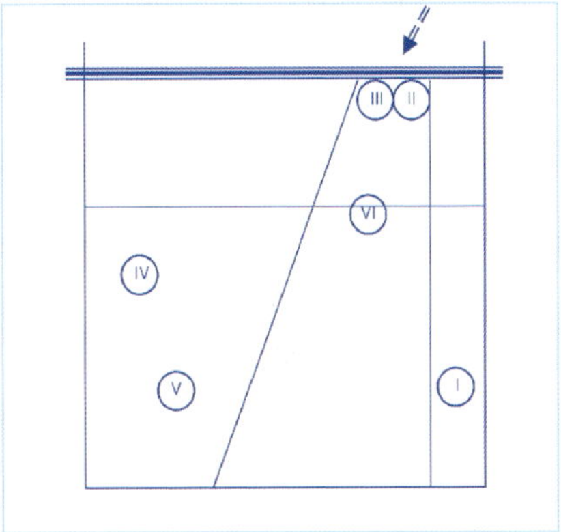

Abb. 67

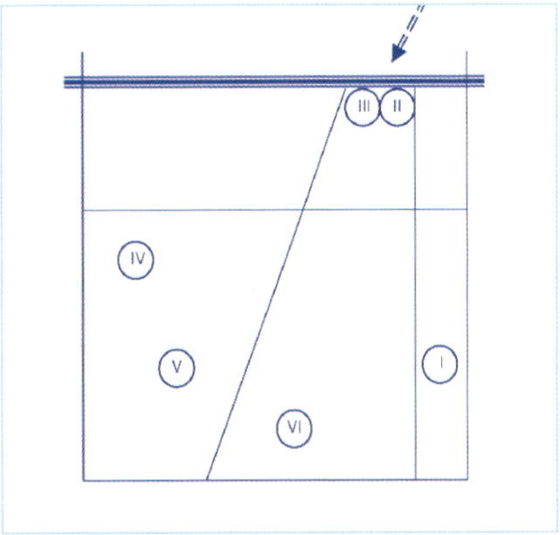

Abb. 68

Hinweis:
Für den Jugendspielbetrieb des Deutschen Volleyball-Verbandes gelten die unten aufgeführten Sonderregeln:

Altersklasse U16 (15 Jahre und jünger):

- Die Netzhöhe beträgt bei den Mädchen 2,20 m, bei den Jungen 2,24 m und die Spielfeldgröße 9 x 9 m.
- Es gelten die Spielregeln des Volleyballspiels. Allerdings ist der Einsatz des Liberos weiterhin nicht erlaubt.
- Die portugiesische Regel wird aufgehoben.

Für die **Altersklasse U18** (17 Jahre und jünger) gelten bis auf die Netzhöhe (Mädchen: 2,24 m; Jungen 2,35 m) die Regeln der C-Jugend, jedoch ist der Einsatz des Liberos jetzt möglich.

Für die **Altersklasse U20** (19 Jahre und jünger) gelten uneingeschränkt die Regeln des Sportspiels Volleyball der Erwachsenen (Netzhöhe bei den Frauen: 2,24 m; Netzhöhe bei den Männern: 2,43 m).

3.1 Methodisch-didaktische und organisatorische Hilfen

Hinsichtlich der folgenden, häufig bei der Vermittlung des Volleyballspiels auftretenden ***volleyballspezifischen Unterrichtsprobleme*** werden unterschiedliche, ***einfach zu handhabende Lösungsmöglichkeiten/-hilfen*** präsentiert, mittels derer man mehr Spielfreude erfährt und schneller eine gute Spielfähigkeit erreicht.

Bei ***großen Leistungsunterschieden im Spielverhalten*** der Spieler sollte der Lehrer die Gruppen bzw. Mannschaften gleichmäßig mit leistungsstarken und -schwachen Spielern besetzen. Zudem könnten leistungsstärkere Spieler in ihrem Handlungsrahmen durch ***Sonderregeln*** (z. B. Angriff nur mit der schwächeren Hand) eingeschränkt werden oder sie können ***Schlüsselfunktionen***, wie z. B. das Zuspiel, übernehmen. ***Spiele in Unterzahl*** (1:2; 2:3; 2:4; 2:6; 3:6 usw.) stellen ebenfalls eine geeignete Möglichkeit dar, Leistungsunterschiede von Spielern auszugleichen.

Um ***kurzen Spielzügen*** entgegenzuwirken, bietet es sich an, das ***Spielfeld zu verkleinern*** und/oder ***das Netz zu erhöhen***, sodass der Handlungsraum der Spieler eingeschränkt wird. Zudem kann das Angriffsspiel durch ***Sonderregeln*** entschärft (z. B. nur Driveschläge) und die Abwehr (z. B. Doppelspiel, Fangen des Balls) vereinfacht werden.

Bei der ***Abnahme der Intensität*** im Unterricht, wie es oftmals beim Spiel 6 gegen 6 geschieht, sollte wieder der Schritt zurück zu ***Kleinfeldspielen*** vollzogen werden und hierbei insbesondere ***Spiele „miteinander"***, z. B. auch unter Einbeziehung von volleyballspezifischen ***Zusatzaufgaben***, gewählt werden.

Findet der Lehrer in der Halle nur ***ungenügende organisationstechnische Voraussetzungen*** vor (z. B. kein Netzkreuz/Linien für Kleinfeldspiele), so kann er mithilfe von ***Zauberschnüren/Leinen und Klebeband*** zusätzliche Spielfelder schaffen. Bei unzureichender Anzahl von Volleybällen können einerseits ***andere Bälle*** verwendet werden, andererseits bieten sich Spiel- und Übungsformen mit ***Funktionswechsel der Spieler*** durch Nachlaufen, wie z. B. das Dreieckspiel mit vier oder fünf Spielern, an.

Treten beim ***koedukativen Sportunterricht*** Probleme auf, so sollten Spielformen, Kleinfeldspiele und Wettspiele am ***schrägen Netz*** durchgeführt werden, wobei die Mädchen am ***tieferen Netz*** agieren. Weiter bieten sich Spiele am ***Mädchennetz*** an, wobei die ***Jungen im Angriff nur mit der schwächeren Schlaghand*** agieren oder nur ***Driveschläge*** ausführen dürfen.

Auch können bei koedukativen Problemen zum einen Spiele am ***Jungennetz***, wobei die ***Jungen die Vorderspielerpositionen besetzen und untereinander rotieren*** und die ***Mädchen die Grundspielerpositionen besetzen und ebenfalls untereinander rotieren***, zum anderen Spiele am ***Mädchennetz*** durchgeführt werden, an dem entsprechend die ***Mädchen als Vorderspielerinnen und die Jungen als Hinterspieler*** agieren.

3.2 Exemplarische methodische Reihen

Beim Übergang vom Mini-/Midivolleyball zum Spiel 6 gegen 6 werden weiterführende Techniken einschließlich ihrer Varianten, wie z. B. der Schmetterschlag, der Hechtbagger und die Japanrolle, gelehrt.

Diese Techniken sind koordinativ sehr schwer zu erlernen und über methodische Spielreihen sehr langwierig vermittelbar. Aus diesem Grund wird im Folgenden eine ***exemplarische Übungsreihe*** vorgestellt, die insbesondere die methodischen Stufen hervorhebt.

Auch beim Übergang vom Kleinfeldvolleyball zum Spiel 6 gegen 6 sollen die mannschaftstaktischen Aufstellungen zielgerichtet ein- und weitergeführt werden. Da im bisherigen Konzept die taktischen Formationen sehr einfach und leicht erlernbar waren, wurde zur Vermittlung dieser keine methodische Reihe erarbeitet. Bei den komplexen Handlungsabläufen des Sportspiels Volleyball ist es notwendig, ebenso eine ***exemplarische methodische Spielreihe*** zur Ein- und Weiterführung einer mannschaftstaktischen Formation vorzustellen.

3.2.1 Exemplarische Spielreihe zum Erlernen einer taktischen Formation

Erste methodische Stufe: Schaffen einer Handlungsvorstellung
Hierzu können alle audiovisuellen Hilfsmittel genutzt werden, wobei die Handlungsvorstellung durch Vermittlung sehr weniger, wichtiger Aspekte geschaffen werden muss.

Es ist weiterhin sehr sinnvoll, eine Handlungsvorstellung durch Wiederholen des Spielzugs durch Fangen und Werfen des Balls zu verdeutlichen. Hierzu sollen die Spieler im Zeitlupentempo auch ihre Bewegungen ohne Ball umsetzen lernen. Auch ein schnelleres Fangen und Werfen des Balls empfiehlt sich sehr für die Konkretisierung der zu erlernenden Formation.

Zweite methodische Stufe: Kleinfeldspiele miteinander
Hierbei spielt ein Teil der Mannschaft (z. B. drei Spieler) in einem kleineren Spielfeld entsprechend ihren Aufgaben in der Formation miteinander. Zunächst empfiehlt sich dabei das Spiel 3 mit 3 vor dem Spiel 4 mit 4. Bei der Einführung einzelner taktischer Formationen, wie z. B. der Angriffssicherung, empfiehlt es sich, mit dem Spiel 2 mit 2 zu beginnen.

Dritte methodische Stufe: Kleinfeldspiele gegeneinander
Die Spiele miteinander werden als Spiele gegeneinander umgesetzt. Die Spiele 2 gegen 2, 3 gegen 3, 4 gegen 4 und 5 gegen 5 sollen in unterschiedlichen Spielfeldgrößen durchgeführt werden, da die Spieler so vor veränderte Anforderungen gestellt werden.

Vierte methodische Stufe: Spiel 6 mit 6
Hierbei spielen zwei Sechsermannschaften ***miteinander*** mit der Zielsetzung, dass jeder Spieler ohne große Probleme mit der Ausführung der Technik leichter seine Funktion im Spielsystem umsetzen kann.

Fünfte methodische Stufe: Spiel 6 mit 6 bzw. 6 gegen 6
Es werden zunächst drei Netzüberquerungen im Sinne des Miteinanderspielens gespielt, wonach ab der dritten Überquerung des Netzes gegeneinander agiert wird.

Sechste methodische Stufe: Einseitiges Spiel 3 gegen 6
In dieser Spielform erfüllen drei Spieler Hilfsfunktionen, um den anderen die Möglichkeit zu geben, die zu erlernende Formation fast unter Wettkampfbedingungen zu trainieren.

Bei der Hinführung zu einigen Formationen bietet das Spiel 4 gegen 6 eine sinnvolle Weiterführung bzw. Erschwerung der zu erlernenden Formation. Aus organisatorischen Gründen kann man das einseitige Spiel auch als Spiel 1 gegen 6 oder 2 gegen 6 durchführen.

Siebte methodische Stufe: Spiel 6 gegen 6
Es wird 6 gegen 6 gespielt, wobei der Lehrer/Übungsleiter die Umsetzung der erlernten Formation erfassen und analysieren kann.

Achte methodische Stufe: Trainingsspiel

Beim Trainingsspiel (gegen eine andere Mannschaft/Übungsgruppe) soll der Lehrer/Trainer sehr gezielt sowohl in freier, unsystematischer als auch in gebundener, systematischer Beobachtung die Umsetzung der erlernten taktischen Formation überprüfen, um über ihre Anwendbarkeit im Wettkampf zu entscheiden.

Neunte methodische Stufe: Wettkampfspiel

Auch hierbei – allerdings gegen ebenbürtige Gegner – soll der Lehrer/Trainer die Umsetzung des Erlernten beobachten, analysieren und besprechen (Foto 82).

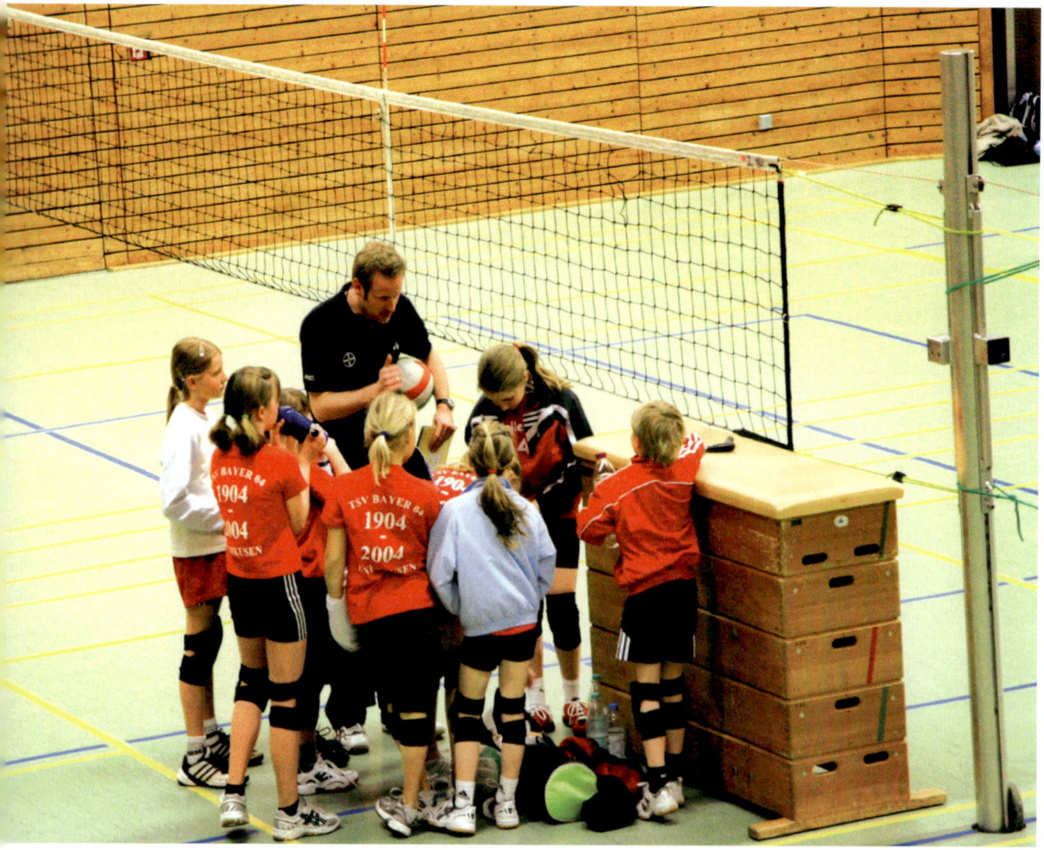

Foto 82: Taktikbesprechung vor/nach dem Spiel

3.2.2 Exemplarische Übungsreihe zum Erlernen eines Technikelements

Erste methodische Stufe: Schaffen einer Bewegungsvorstellung
Eine Bewegungsvorstellung lässt sich durch Erläuterung, Skizzen, Videos, Arbeitsstreifen etc. vermitteln. Hierbei ist es wiederum sehr wichtig, dass dem Anfänger nicht der detaillierte Bewegungsablauf erklärt wird, sondern er höchstens 2-3 Hauptbewegungsmerkmale erfährt. In der Weiterführung der Übungsreihe sollen dann weitere Bewegungsmerkmale hinzukommen.

Zweite methodische Stufe: Üben unter erleichterten Bedingungen
Hierzu zählen alle Übungen, die ohne Ball, mit gehaltenem Ball, mit zugeworfenem Ball und mit leicht zugespieltem Ball durchgeführt werden. Ebenso gehören hierzu alle Übungen, die mit Hilfsmitteln (z. B. Orientierungslinien für die richtige Ausführung des Stemmschritts, leichtere Bälle etc.) erfolgen.

Dritte methodische Stufe: Einfache Komplexübungen
Hierunter fallen solche Übungen, bei denen der einzelne Spieler ***nur ein Element*** (z. B. nur den Schmetterschlag) in ***nur einer Grundsituation*** (z. B. Angriff) ausführt. Dabei ist es sinnvoll, zunächst mit einer reduzierten Anzahl von Spielern sowie auf kleinerem Spielfeld zu üben.

Vierte methodische Stufe: Spielnahe Komplexübungen
Hierunter fallen alle Übungen, bei denen der Anfänger die Möglichkeit hat, zwischen zwei Grundelementen (z. B. Schmetterschlag oder Finte) auszuwählen. Dies erfolgt zunächst nur aus einer Spielsituation (z. B. aus der Annahmesituation, dem K1), später aus beiden Grundsituationen (d. h. auch aus der Abwehrsituation, dem K2). Somit erlernt der Anfänger sowohl die Anwendungsbereiche der Techniken als auch den Übergang vom Angriff zur Abwehr und umgekehrt. Auch soll zunächst im Kleinfeld mit wenigen Spielern geübt und allmählich die Spielerzahl sowie das Spielfeld vergrößert werden.

Bis zu dieser Stufe kann man von einer reinen Übungsreihe sprechen, d. h., es kommen nur Übungsformen zum Einsatz, deren Anwendung jedoch nur für die sehr schwierigen Spieltechniken als sinnvoll betrachtet werden kann. Bei der Weiterführung sollte man vermehrt auf Spiel- und Wettkampfformen zurückgreifen sowie auf die Kleinfeldspiele mit- und gegeneinander.

Allerdings muss darauf hingewiesen werden, dass auch zwischen den einzelnen methodischen Stufen der Übungsreihe ***Spiel- und Wettkampfformen*** nicht nur ihre Berechtigung haben, sondern eine echte ***Bereicherung des Vermittlungswegs*** darstellen. Dies ist natürlich auch umgekehrt der Fall, ganz besonders bei Korrekturübungen.

Sowohl bei der Vermittlung eines Elements als auch bei einer taktischen Formation soll der Lehrer/Übungsleiter von Zeit zu Zeit ***Kontrollübungsformen bzw. -spielformen (u. a. Test- bzw. Lernstandsüberprüfungsformen)*** einsetzen, um festzustellen, ob der ***Lernfortschritt*** für die jeweilige Stufe befriedigend ist, um in die nächste methodische Stufe einzusteigen oder um die vorausgegangene zu wiederholen.

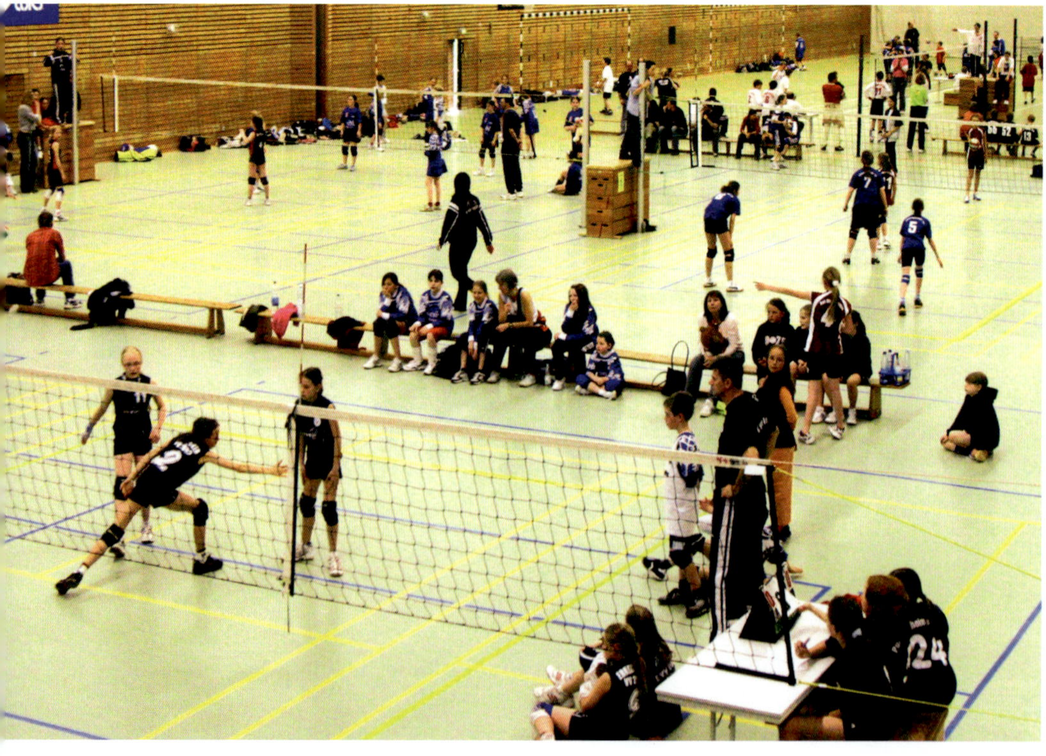

3.3 Spielsysteme für Anfänger

Ein Spielsystem steckt unter Berücksichtigung der athletischen, technisch-taktischen und psychischen Fähigkeiten der Spieler den Handlungsrahmen der Individual-, Gruppen- und Mannschaftstaktik ab. Es stellt ein Bündel von Entscheidungen des Trainers bzw. Lehrers dar, das sich als um so effektiver erweist, je präziser das gewählte Spielsystem den Fähigkeiten, insbesondere der eigenen Mannschaft, des Gegners und allen auf das Spiel einwirkenden Einflussgrößen, angepasst ist. ***Somit bestimmt bzw. umfasst das Spielsystem Stellung, Aufgabenbereich, Funktion und Handlungsraum des einzelnen Spielers, der Spielergruppe und der gesamten Mannschaft in den beiden Grundsituationen des Spiels.*** Es soll unter Beachtung der Fähigkeiten von Gegenspieler und -mannschaft möglichst so die Stärken und Schwächen der eigenen Spieler und Mannschaft berücksichtigen, dass ihre Stärken genutzt und ihre Schwächen verdeckt werden.

Das Spielsystem wird in Zahlen angegeben, wobei die erste Ziffer die Anzahl der ***Zuspieler***, die zweite die der ***Schnellangreifer/Mittelblocker*** und die dritte Zahl die der ***Universalisten/Außenangreifer*** bezeichnet.

Bei der folgenden Darstellung und Diskussion der einzelnen Spielsysteme wird ***nur die K1-Situation (die Annahmeformation mit dem entsprechenden Angriffsaufbau)*** erläutert. Die K2-Situation (Block- und Feldabwehrsituation mit dem entsprechenden Angriffsaufbau) wird nicht berücksichtigt, da sie in erster Linie von den gegnerischen Qualitäten abhängt. ***Alle möglichen Block- und Feldabwehrformationen (vorgezogene oder zurückgezogene Pos. VI mit den entsprechenden Varianten) sind jederzeit mit jedem Spielsystem kombinierbar.*** Diese sind im ***Handbuch für Volleyball – Grundlagenausbildung*** (Papageorgiou & Spitzley, 2005) sowie im Buch ***Volleyball – Training & Coaching. Vom Jugend- zum Leistungsvolleyballer. Kombinierte Rahmentrainingskonzeption Volleyball und Beach-Volleyball des Deutschen Volleyball-Verbandes*** (Czimek & DVV, 2017) ausführlich beschrieben.

3.3.1 Das 0:0:6-Spielsystem mit Annahme im Sechserriegel

Im 0:0:6-Spielsystem fungiert jeder Spieler grundsätzlich gleichermaßen als Annahmespieler, Zuspieler, Angreifer, Blockspieler und Feldverteidiger, weshalb Positionswechsel zur Stärkung des Angriffs oder der Abwehr entfallen. Es wird also von Mannschaften gespielt, die aus ***sechs Universalisten*** bestehen und stellt somit ***das einfachste Spielsystem*** dar. Es lässt sich bei Anfängern und Fortgeschrittenen in jeder Phase der Ausbildung anwenden und ist aus diesem Grund das ideale Anfängerspielsystem, in dem die Riegel- und Abwehrformationen mit den entsprechenden Arten des Angriffsaufbaus und der Angriffssicherung kombiniert werden können.

Der Sechserriegel (Abb. 69/70) wird als erste Riegelformation eingeführt, da er einerseits die ***beste Abdeckung des Spielfelds*** gewährleistet und andererseits bereits die Anfänger vor ***Entscheidungs- und Verständigungssituationen*** stellt. Zudem ist ein variabler Angriffsaufbau über die Vorderspieler möglich. Die Beteiligung aller Spieler an der Annahme sowie die Variabilität des Angriffsaufbaus fordern und fördern eine ***universelle Ausbildung***, indem jeder Spieler sich zu jeder Spielaufgabe bereithält und erst in der jeweiligen Spielsituation entschieden wird, wer welche Funktion übernimmt. Der situationsgebundene Angriffsaufbau fördert somit vor allem die ***kognitive Kompetenz der Spieler und das Volleyballspiel als Bewegungsspiel.***

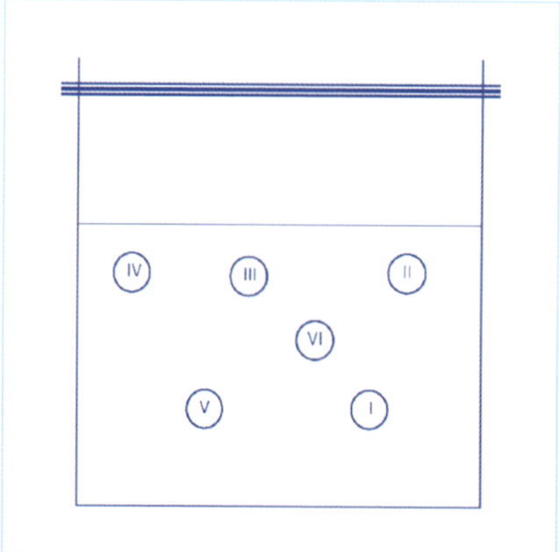

Abb. 69:
Annahmeformation im Sechserriegel

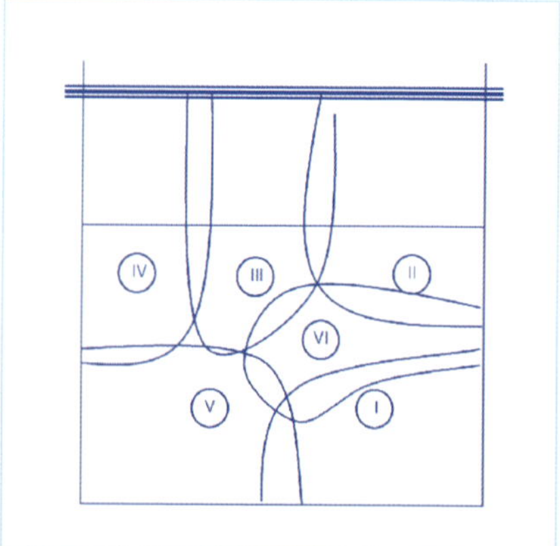

Abb. 70:
Überschneidungsbereiche im Sechserriegel

Der Sechserriegel dient wie alle Riegelformationen der Annahme und Weitergabe des Aufschlags. Dabei stehen die Spieler in einer Art ***W-Formation***, wobei die Vorderspieler IV und III sowie II das gesamte Vorder- und Mittelfeld abdecken und in gleicher Entfernung zum Aufschläger ca. 1 m hinter der Angriffslinie stehen. Die Hinterspieler I und V decken das Hinterfeld ab und stehen etwa 2 m von der Grundlinie entfernt auf Lücke zu den Vorderspielern. Der Spieler VI steht zwischen den Spielern III und I und übernimmt die Abdeckung eines Teils des Mittelfeldes. Der Spieler III orientiert sich hierbei mehr zum Spieler auf Pos. IV.

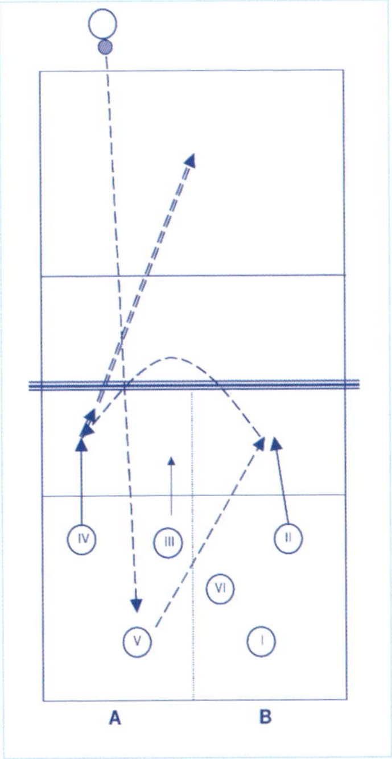

Da alle Spieler bei der Annahme des Aufschlags beteiligt sind, erfolgt der ***Angriffsaufbau aus dem Sechserriegel situationsgebunden im Sinne des offenen Laufens.*** Das entscheidende Kriterium dafür, wer auf welcher Position das Zuspiel durchführt, stellt – wie auch bereits beim Minivolleyball im Dreierriegel vorgestellt – der Annahmeort dar:

Beim Aufschlag auf den Annahmebereich IV, V und III, d. h. in die Spielfeldhälfte A (Abb. 71), läuft der Vorderspieler II ans Netz, um das Zuspiel zu übernehmen. Beim Aufschlag auf den Annahmebereich II, I und VI, also in Spielfeldhälfte B, entsprechend der Vorderspieler IV (Abb. 72). Bei zu kurzen ersten Pässen kann jeweils der Spieler III (oder ein anderer Spieler) die Hilfszuspielfunktion übernehmen.

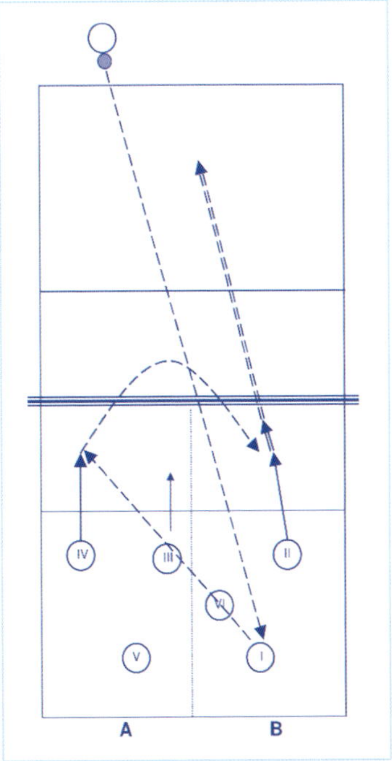

Abb. 71/72: Angriffsaufbau aus dem Sechserriegel

Grundsätzlich gilt, dass die Annahme stets hoch diagonal sowie nicht zu nah ans Netz gespielt werden soll und das Zuspiel stets hoch frontal sowie parallel zum Netz erfolgt.

Handlungshinweise:

- Beobachte die Stellung und Bewegung des Aufschlägers vor Ausführung des Aufschlags, um die Flugrichtung vorwegzunehmen!
- Beobachte die Flugbahn und Geschwindigkeit des Balls, um den Annahmeort frühzeitig zu erkennen!
- Entscheide dich als Annahmespieler rechtzeitig, ob du den Ball annimmst oder dich als Zuspieler ans Netz bewegst!
- Verständige dich gegebenenfalls akustisch mit deinem/n Nebenspieler/n!
- Entscheide dich als Annahmespieler bei einem hoch und langsam anfliegenden Ball für eine Annahme im Pritschen, da in dieser Situation der Doppelkontakt erlaubt ist!
- Nimm nach Spielunterbrechung frühzeitig deine Annahmeposition im Riegel ein und koordiniere diese mit deinen Nebenspielern!
- Beobachte als Aufschläger die Aufstellung der Spieler im Sechserriegel und nutze mögliche Fehler aus!

3.3.2 Das 0:0:6-Spielsystem mit Annahme im Fünferriegel und Zuspiel über die Pos. III

Der Fünferriegel (Abb. 73/74) ist eine Formation zur Annahme des Aufschlags, bei dem fünf Spieler in einer Art ***W-Formation*** das Feld abdecken. Der sechste Spieler (Pos. III) ist aus dem Riegel herausgelöst, um sich in der Vorderzone auf Pos. III am Netz ausschließlich auf das Zuspiel vorbereiten zu können. Die Annahme und Weitergabe des Balls erfolgt somit ***positionsgebunden*** auf den Zuspieler auf Pos. III, der mit parallelem Pass zum Netz im oberen Zuspiel vorwärts oder rückwärts, wenn dieses bereits erlernt worden ist, die Angreifer auf den Pos. IV oder II einsetzt (Abb. 75). ***Positionsgebundener Angriffsaufbau über Pos. III bedeutet, dass jeder Spieler, der sich auf Pos. III befindet, das Zuspiel übernimmt.*** Dies stellt weiterhin keine Spezialisierung der Spieler dar, weshalb es auch als eine Variante des 0:0:6-Systems bezeichnet wird.

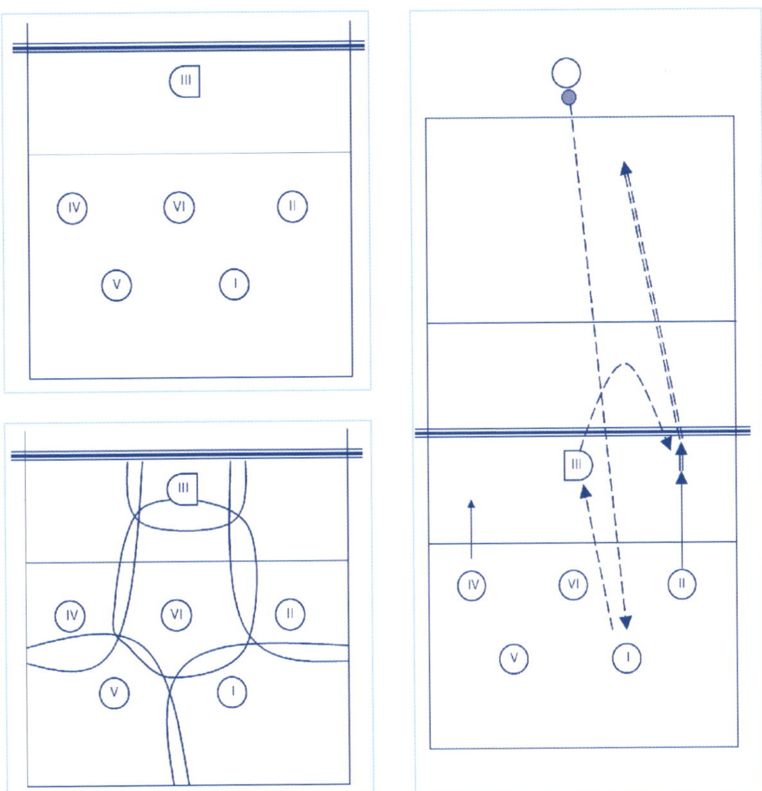

Abb. 73-75: Fünferriegel in W-Formation

Beim Fünferriegel decken die Spieler der Vorderreihe (Pos. IV, VI und II) das gesamter Vorder- und Mittelfeld ab. Sie stehen in etwa gleicher Entfernung zum Aufschläger, ca. 1 m hinter der Angriffslinie. Die Spieler der Hinterreihe (Pos. I und V) decken das Hinterfeld ab und stehen ca. 2 m von der Grundlinie entfernt auf Lücke zu ihren Vorderspielern. Sie bilden optisch mit ihrem Vorderspieler und der Pos. VI zwei gleich große Dreiecke (W-Formation). Pos. VI rückt in die vordere Annahmereihe und übernimmt den Annahmeraum des Spielers III.

Speziell für den positionsgebundenen Angriffsaufbau gilt der Grundsatz, dass bei Annahme in Überschneidungsbereichen der Spieler annehmen soll, der sich in Richtung des Zuspielers bewegt und somit in Laufrichtung möglichst frontal abspielen kann. Er soll durch Zuruf seine Annahmeintention deutlich machen.

Der Zuspieler am Netz soll sich so postieren, dass er (rechte Schulter zum Netz) Aufschläger und Riegel im Blickfeld hat und die Sicht seiner Mitspieler auf den Aufschlagspieler nicht behindert. Er soll ***mindestens 1 m vom Netz entfernt*** stehen, sodass die Annahme, wenn sie zu weit nach vorn gespielt wird, nicht direkt über das Netz fliegt, sondern vom Zuspieler noch erlaufen werden kann und somit Folgefehler vermieden werden können.

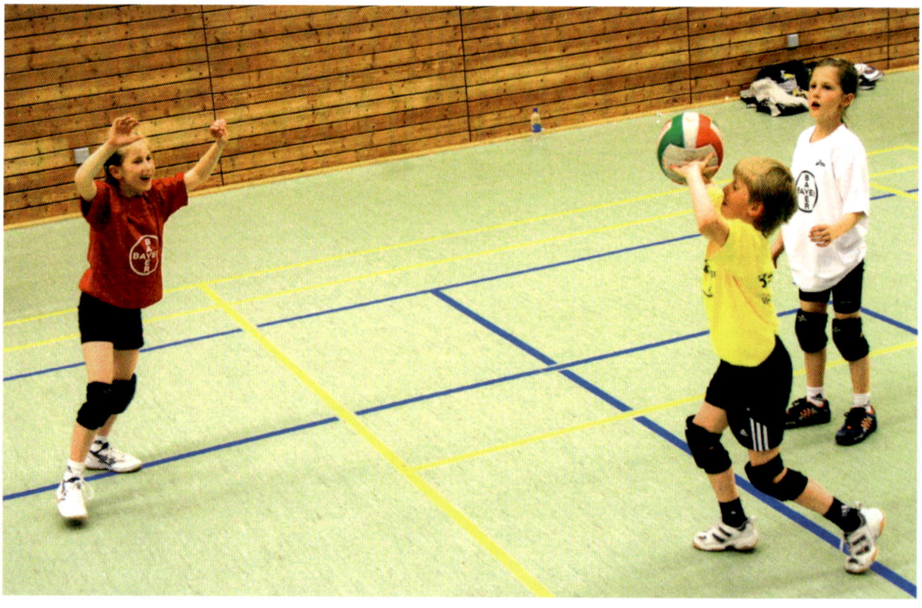

3.3.3 Das 0:0:6-Spielsystem mit Annahme im Fünferriegel und Zuspiel über Pos. II

Der Fünferriegel mit Angriffsaufbau über Vorderspieler II (Abb. 76) stellt eine Erweiterung des positionsgebundenen Angriffsaufbaus dar. ***Hierbei agiert jeder Spieler auf Pos. II als Zuspieler und wird aus dem Riegel herausgelöst.*** Der direkte Hinterspieler I des am Netz agierenden Zuspielers II rückt in die vordere Annahmereihe und übernimmt den Annahmeraum des Spielers II. Der Hinterspieler VI übernimmt wiederum den Annahmebereich auf Pos. I.

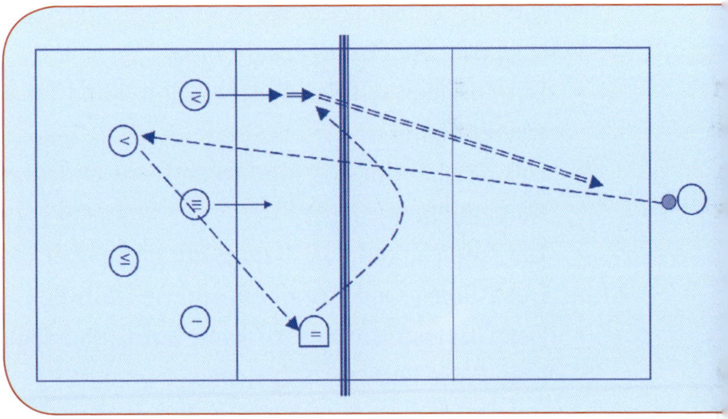

Abb. 76: Fünferriegel mit Angriffsaufbau über Pos. II

Im Vergleich zum Angriffsaufbau über Pos. III stellt der Angriffsaufbau über Pos. II aus dem Fünferriegel höhere technische und taktische Anforderungen an die Spieler, da sowohl bei der Annahme und Weitergabe des Balls als auch beim Zuspiel ***längere Ballwege*** (fast über 7 m) gegeben sind. Die Beherrschung zielgenauer, weiter Diagonal- und Parallelpässe bildet die Voraussetzung für eine sinnvolle Anwendung dieser Form des Angriffsaufbaus.

Wenn die oben genannten Voraussetzungen gegeben sind, weist der Angriffsaufbau über Pos. II folgende ***Vorteile*** auf:

- Der Zuspieler hat Aufschläger, Annahmespieler und Angreifer gut im Blick und kann somit individualtaktisch sinnvoll agieren.
- Beide Angreifer können mit frontalem Zuspiel angespielt und Rechtshänder günstig von der Schlagseite eingesetzt werden.
- Die Beobachtung des Gegnerverhaltens, insbesondere der Blockspieler, ist für den Zuspieler leichter möglich.

Nachteilig ist jedoch, dass – insbesondere bei ungenauem ersten Pass – die Gegenspieler den Angriffsort meist früh erkennen und die Blockspieler dementsprechend leicht einen Doppelblock bilden können. Dies wird auch dadurch vereinfacht, dass in solchen Situationen noch nicht die gesamte Netzbreite für den Angriff ausgenutzt werden kann.

Aus den folgenden Gründen ist es somit sinnvoll, ***zuerst den Angriffsaufbau über Vorderspieler auf Pos. III einzuführen:***

- Der Zuspieler auf Pos. III steht zentral und für alle Annahmespieler etwa gleich weit entfernt.
- Das Anspiel der Pos. III erfordert von den Annahmespielern nur eine geringe Körperdrehung.
- Der Zuspieler auf Pos. III muss nur Pässe über kurze bzw. mittlere Distanz spielen.
- Der Zuspieler auf Pos. III hat kürzere Laufwege zu bewältigen.
- Der Zuspieler auf Pos. III kann auf Grund seiner zentralen Position ungenaue erste Pässe leichter ausgleichen.

Beim positionsgebundenen Angriffsaufbau müssen die Annahmespieler weiterhin, wie sie bereits im Sechserriegel erfahren haben, bereit sein, ungenaue erste Pässe nach Verständigung mit dem Zuspieler selbst zuzuspielen.

3.3.4 Das 3:0:3-Spielsystem

Der Übergang vom Universalismus zur Spezialisierung hat kleinschrittig zu erfolgen. Zunächst soll nicht in der Annahme-, Angriffs- bzw. Block- und Feldabwehrsituation differenziert und somit spezialisiert werden, sondern nur im Bereich des Angriffsaufbaus aus der Annahme heraus (K1). Der situations- und positionsgebundene Angriffsaufbau verändert sich allmählich zum personengebundenen Angriffsaufbau. Dies erfolgt durch die Einführung des ***3:0:3-Spielsystems*** mit ***drei Zuspielern*** und ***drei Universalisten VOR*** der Einführung des 2:0:4-Spielsystems.

Der Übergang vom 0:0:6- zum 3:0:3-Spielsystem lässt sich methodisch leicht vollziehen, indem drei der sechs Universalisten die Zuspielfunktion übernehmen und je einem Angreifer/Universalisten zugeordnet werden (Abb. 77/78).

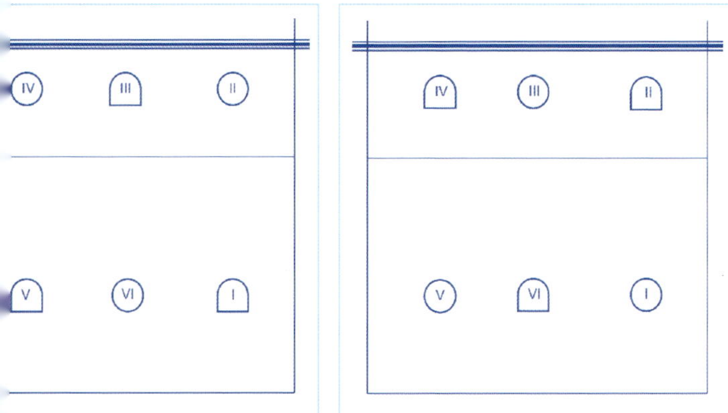

Abb. 77/78: Aufstellung der Zuspieler und Universalspieler im 3:0:3-Spielsystem

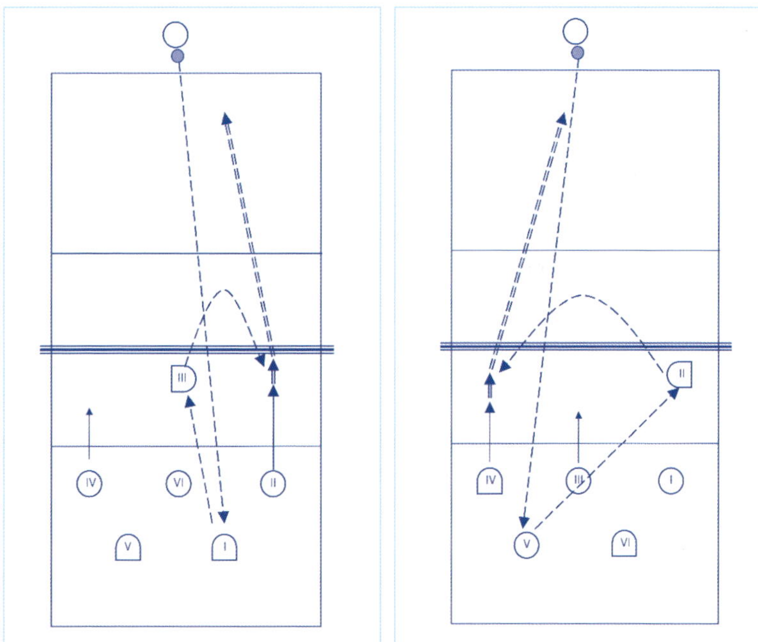

Abb. 79/80

Das 3:0:3-Spielsystem eignet sich auch deshalb für den Einstieg in die Spezialisierung, da es zunächst ohne Positionswechsel gespielt werden kann. Befindet sich einer der drei Zuspieler auf Pos. III, wird in der K1-Situation aus dem Fünferriegel mit Angriffsaufbau über Pos. III gespielt (Abb. 79). Befindet sich der gleiche Zuspieler bei der folgenden Rotation auf Pos. II, so erfolgt der Angriffsaufbau wiederum aus dem Fünferriegel über Pos. II (Abb. 80), d. h., jeder der drei Zuspieler spielt jeweils nur dann zu, wenn er sich auf Pos. III oder II befindet.

3.4 Spielsysteme für Fortgeschrittene

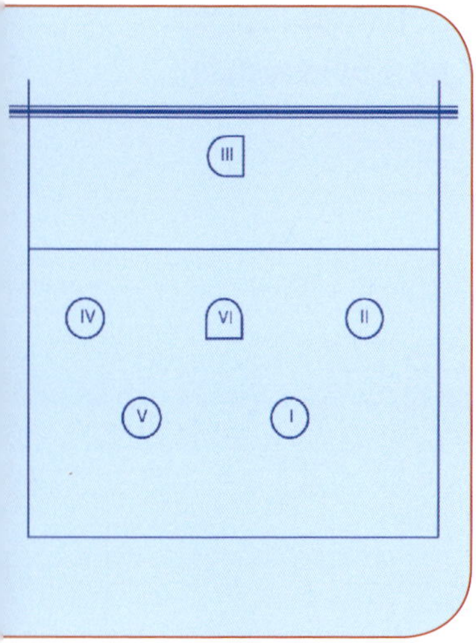

Einen weiteren Schritt hin zur Spezialisierung stellt das ***2:0:4-Spielsystem*** dar. Hierbei agieren ***zwei Spieler als Zuspieler***, welche in der Grundaufstellung diagonal zueinander positioniert sind, und ***vier Spieler als Universalisten/ Angreifer*** (Abb. 81). Bei der Aufstellung der Universalisten sollte darauf geachtet werden, dass jeweils die zwei Spieler mit ähnlichen Qualitäten diagonal zueinander aufgestellt werden. Dies gewährleistet bei allen sechs Rotationen sechs annähernd gleich starke Vorder- und Hinterreihen.

Abb. 81: 2:0:4-Spielsystem mit Zuspielern auf Pos. III/VI

Eine Erweiterung bzw. höhere Effektivität der Spielsysteme wird dadurch erreicht, dass ***Positionswechsel*** ein- bzw. durchgeführt werden. Dies ist mit der Einführung des 2:0:4-Spielsystems nicht nur möglich, sondern zwingend erforderlich. Die Positionswechsel ermöglichen es, entsprechend den Fähigkeiten der Spieler, diese auf einer ***festen Position in der Vorder- oder Hinterreihe*** optimal einzusetzen. Dabei dienen die Wechsel bei eigenem Aufschlag in erster Linie der Stärkung der Abwehr und erst in zweiter Linie der des Angriffsaufbaus. Die Wechsel bei gegnerischem Aufschlag stärken dagegen vornehmlich das Zuspiel und den Angriff.

Bei allen Positionswechseln muss unbedingt darauf geachtet werden, dass sich die Annahmeleistung nicht verschlechtert.

Bei der Darstellung und Erörterung der Spielsysteme wird in erster Linie auf die Wechsel bei gegnerischem Aufschlag eingegangen. Die Wechsel bei eigenem Aufschlag werden jedoch ebenfalls innerhalb der Skizzen aufgezeigt.

Spielt die Mannschaft mit vorgezogener VI, so wechselt der Zuspieler hinten grundsätzlich auf die vorgezogene Pos. VI; spielt die Mannschaft mit zurückgezogener VI, so wechselt der Zuspieler hinten entsprechend auf Pos. I. Der Zuspieler im Hinterfeld agiert zudem als Hilfszuspieler, d. h., er soll das Zuspiel bei ungenauen ersten Pässen aus der Annahme bzw. Abwehr übernehmen.

3.4.1 Das 2:0:4-Spielsystem mit Zuspiel über Pos. III

In Anlehnung an das 3:0:3-Spielsystem wird das 2:0:4-Spielsystem zunächst nur mit ***kurzen Positionswechseln*** vermittelt. Hierbei wird aus der Annahme im Fünferriegel ***stets*** über den Zuspieler auf Pos. III aufgebaut.

Befinden sich die Zuspieler auf den Pos. III und VI, erfolgt der Angriffsaufbau über den Zuspieler auf Pos. III (Abb. 82).

Befinden sich die Zuspieler auf den Pos. II und V, so wechselt der Zuspieler II auf Pos. III und übernimmt das Zuspiel (Abb. 83).

Hierbei haben wir eine veränderte Formation des Fünferriegels. Spieler III übernimmt in der Annahme die vordere rechte Spielfeldhälfte, damit er ohne längeren Laufweg über Pos. II angreifen kann. Hierbei muss man die ***Aufstellungsregel*** stets beachten:

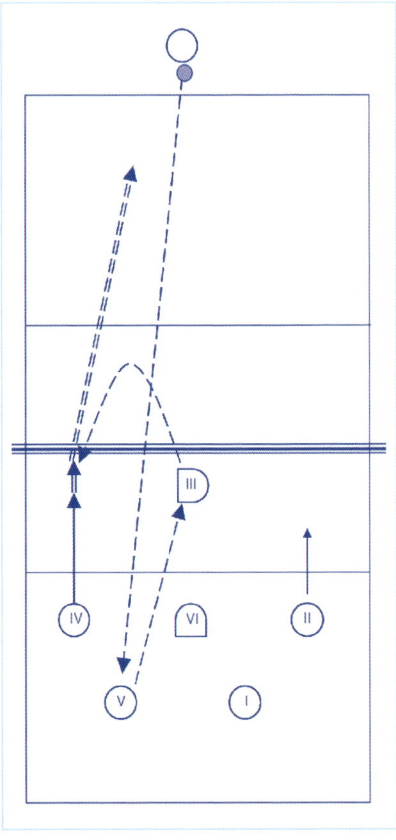

Abb. 82

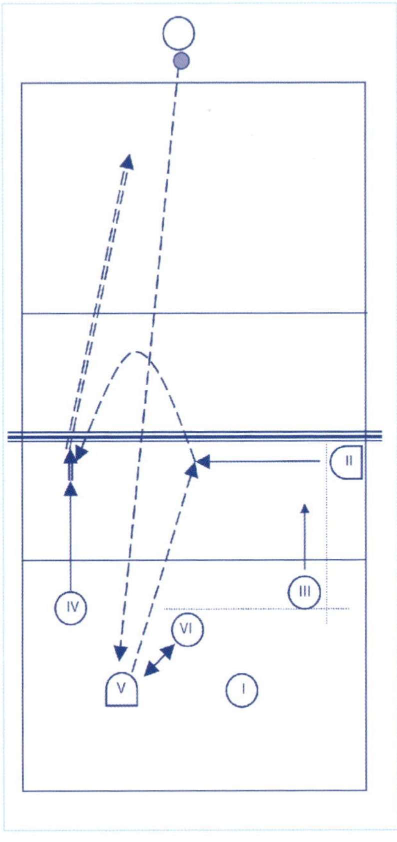

Abb. 83

Diese besagt, dass ***jeder Vorderspieler vor seinem direkten Hinterspieler und rechts bzw. links neben seinen direkten Nebenspielern vor Ausführung des Aufschlags stehen muss (Abb. 84).***

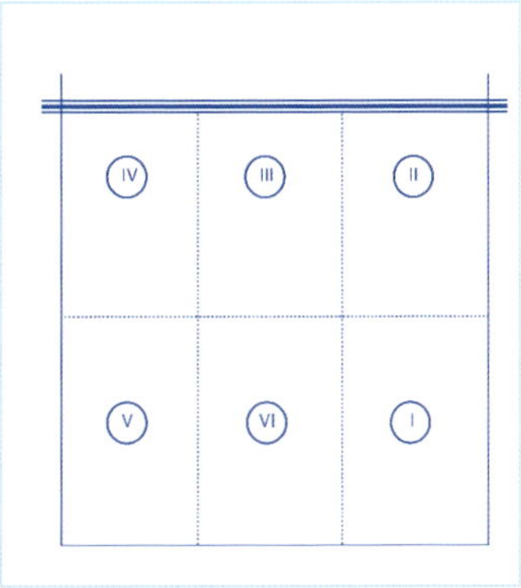

Abb. 84:
Schema zur Aufstellungsregel

D. h. für die oben genannte Aufstellung, dass der Universalspieler auf Pos. III in der Annahmeformation links des Zuspielers auf Pos. II und vor seinem direkten Hinterspieler (Pos. VI) stehen muss. Unmittelbar nach Ausführung des Aufschlags bewegt sich der Zuspieler II auf Pos. III, um das Zuspiel zu übernehmen und der Angreifer/Universalspieler auf Pos. III befindet sich bereits auf seiner Angriffsposition II.

Für die ***Vermeidung von Aufstellungsfehlern*** gilt folgendes Prinzip:
Der Hinterspieler VI ist für Aufstellungsfehler mit Pos. III verantwortlich, der Vorderspieler III für Fehler mit dem Zuspieler II oder IV. Der Zuspieler selbst darf nicht außerhalb des Feldes stehen bzw. vor Ausführung des Aufschlags zur Zuspielposition laufen. Die ***Positionswechsel der Hinterspieler*** erfolgen nach der Annahme bzw. nach der Angriffssicherung. Bei eigenem Aufschlag wählen alle Spieler ihre Ausgangsposition nach dem Grundsatz der kurzen Wege (Abb. 85).

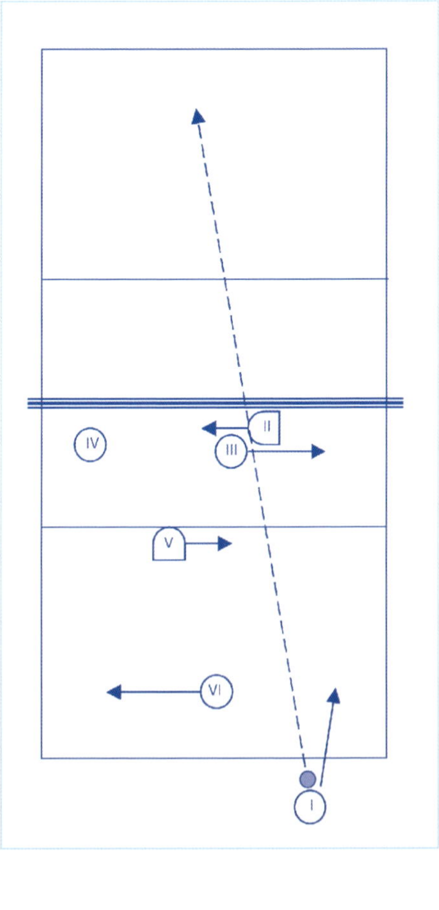

Abb. 85:
Positionswechsel bei eigenem Aufschlag mit vorgezogener Pos. VI (Zuspieler II/V)

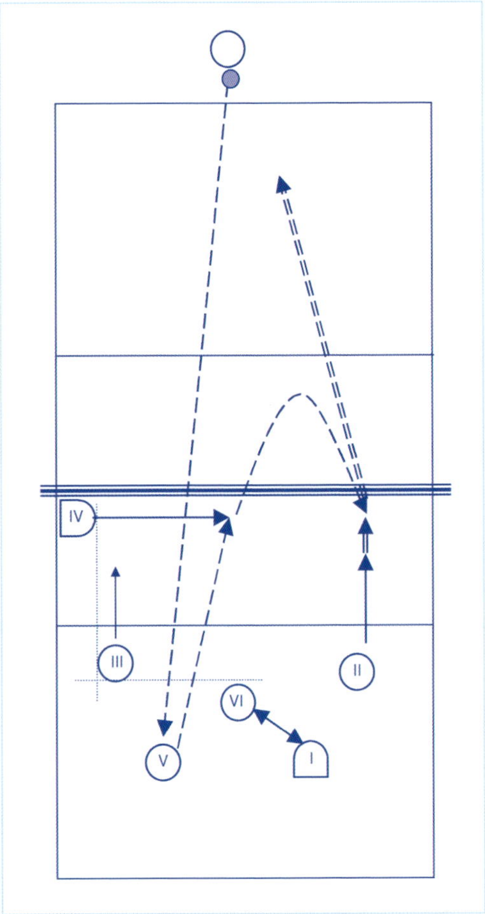

Abb. 86:
Positionswechsel bei gegnerischem Aufschlag mit vorgezogener Pos. VI (Zuspieler IV/I)

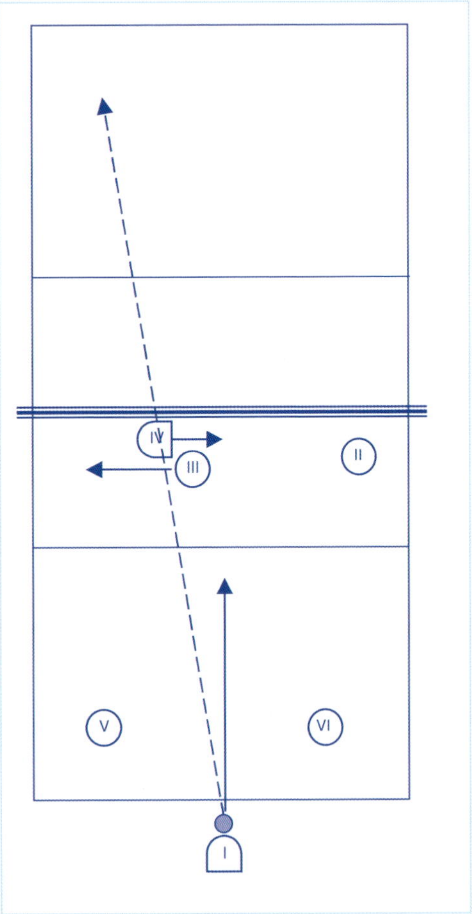

Abb. 87
Positionswechsel bei eigenem Aufschlag mit vorgezogner Pos. VI (Zuspieler IV/I)

Befinden sich die Zuspieler auf den Pos. IV und I, so erfolgt der Angriffsaufbau spiegelbildlich (Abb. 86).

Grundsatz: Der Spieler auf Pos. VI übernimmt in allen sechs Rotationen den Annahmebereich des Spielers III. Dies stellt für die Spieler eine Orientierungshilfe für eine zügige und richtige Einnahme der Riegelformationen dar.

3.4.2 Das 2:0:4-Spielsystem mit Zuspiel über Pos. II

Wie bereits erläutert, ist für Anfänger der Angriffsaufbau über Pos. III im Vergleich zum Angriffsaufbau über Pos. II viel leichter umsetzbar. Der Übergang zum Spielsystem 2:0:4 mit Zuspiel über Pos. II setzt voraus, dass die Spieler/Anfänger befähigt sein müssen, insbesondere das Pritschen und Baggern (in Annahme und Abwehr) über längere Distanzen zielgenau ausführen zu können.

Im taktischen Bereich ergeben sich mit dem Spielsystem 2:0:4 mit Zuspiel über Pos. II viele neue mannschaftstaktische Formationen in der Annahme, die ein hohes Maß an Spielverständnis im Zusammenwirken der Spieler verlangen:
Befinden sich die Zuspieler auf den Pos. III und VI, so übernimmt der Angreifer auf Pos. II den vorderen und mittleren Annahmebereich des Spielers III. Somit verschieben sich die Annahmebereiche der Spieler VI und I, wie in der Abb. 88 dargestellt.

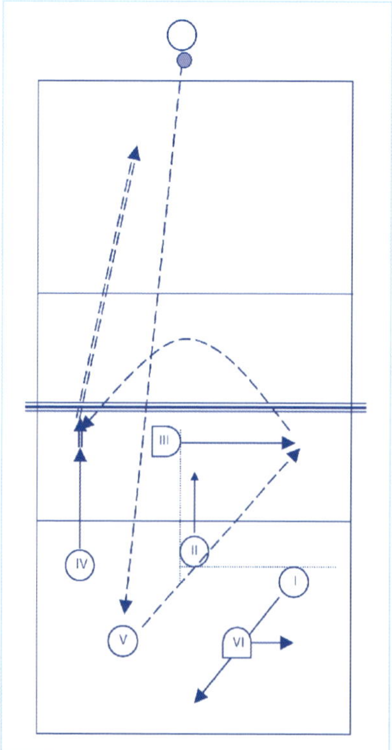

Abb. 88

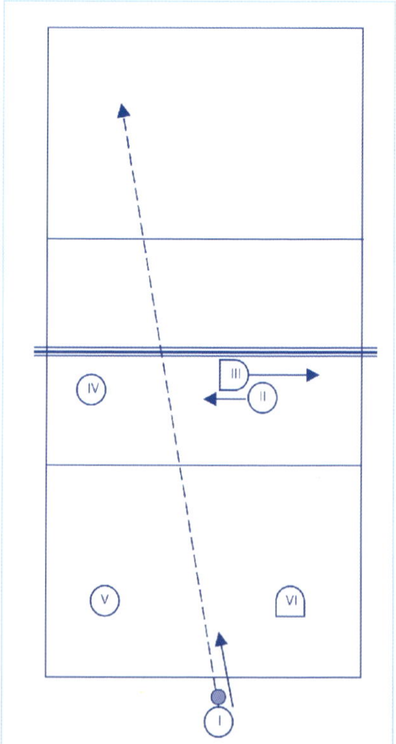

Abb. 89

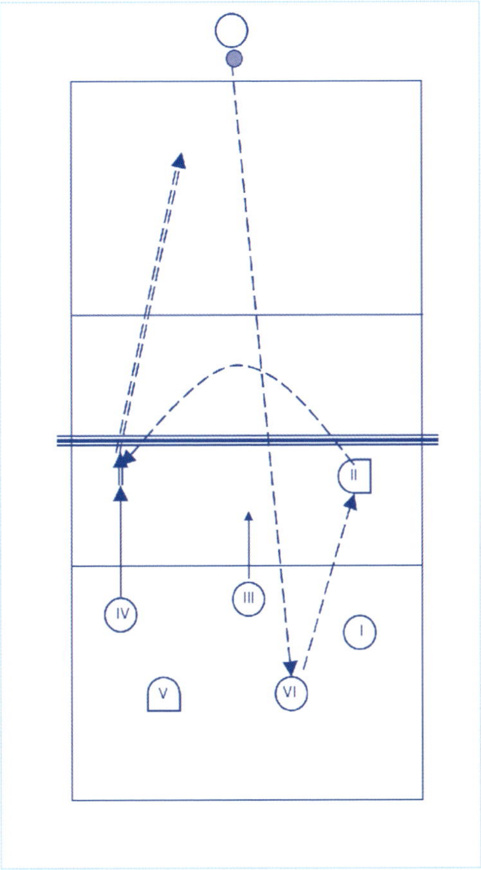

Abb. 90

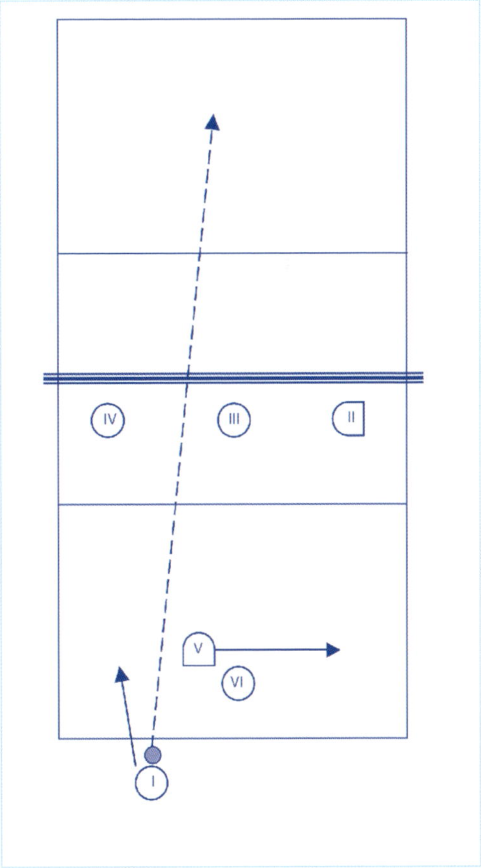

Abb. 91

Die Positionswechsel bei eigenem Aufschlag mit Block- und Feldabwehr mit zurückgezogener Pos. VI zeigt Abb. 89. Befinden sich die Zuspieler auf den Pos. II und V, so entspricht die Aufstellung bei gegnerischem Aufschlag der Abb. 90, bei eigenem Aufschlag der Abb. 91.

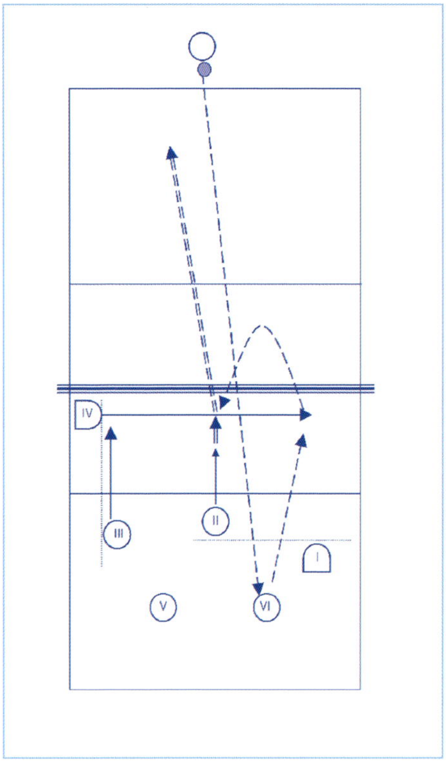

Abb. 92

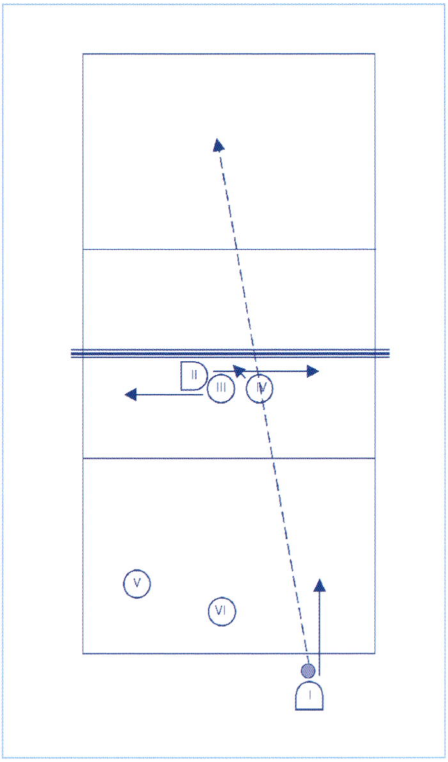

Abb. 93

Befinden sich die Zuspieler auf den Pos. IV und I, so übernehmen die Vorderspieler III und II sowie die Hinterspieler VI und I die in der Abb. 92 aufgezeigten Annahmepositionen und -bereiche.

Grundsatz: Der Spieler auf Pos. I übernimmt in allen sechs Rotationen den Annahmebereich des Vorderspielers II. Dies stellt für die Spieler eine Orientierungshilfe für eine zügige und richtige Einnahme der Riegelformationen dar.

Die Aufstellung bei eigenem Aufschlag verdeutlicht Abb. 93.

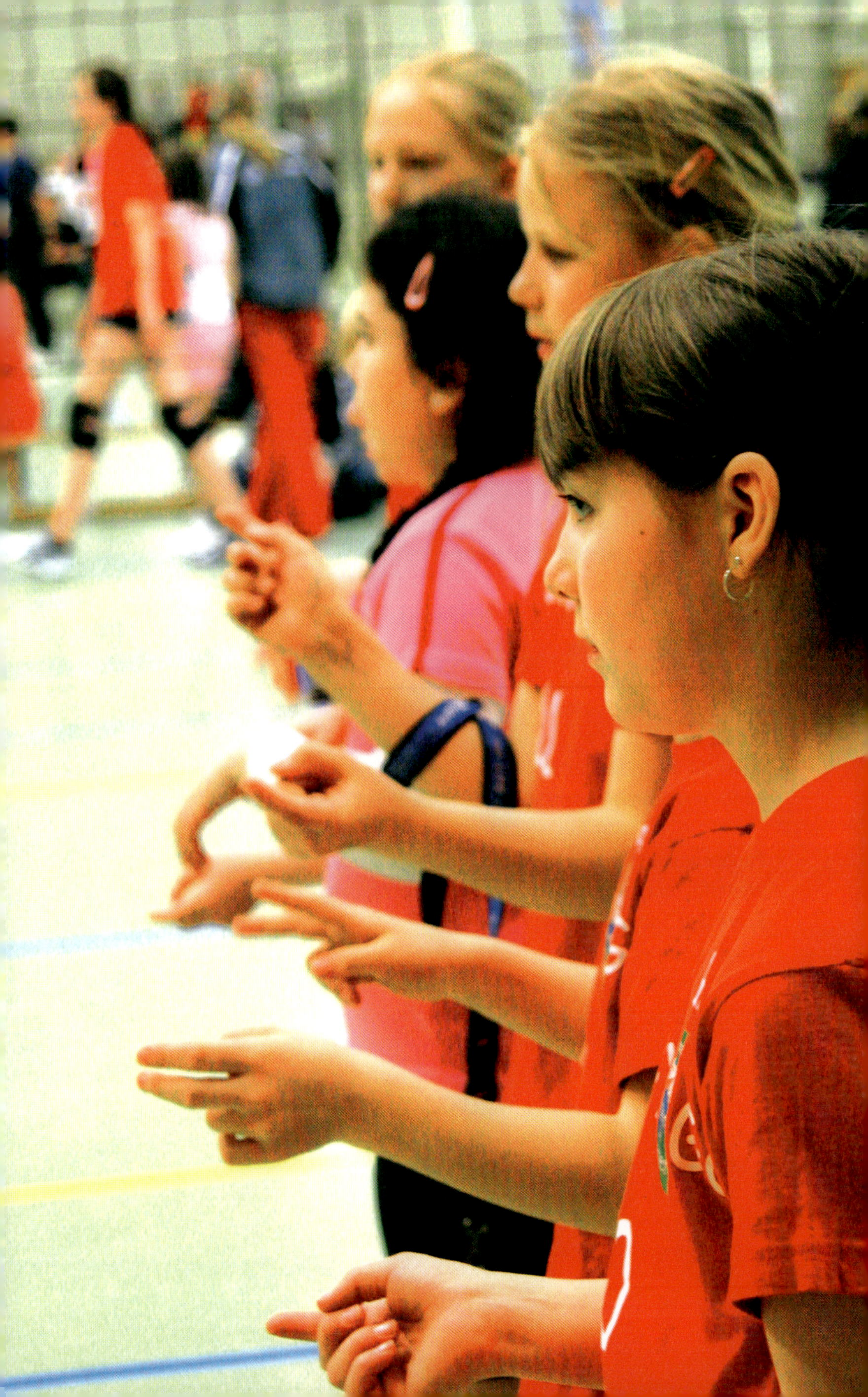

Literatur

Barth, K. & Heuchert, R. (2005). *Ich lerne Volleyball*. Aachen: Meyer & Meyer.

Barth, K. & Linkerhand, A. (2006). *Ich trainiere Volleyball*. Aachen: Meyer & Meyer.

Czimek, J. & DVV (Hrsg.), (2017). *Volleyball – Training & Coaching. Vom Jugend- zum Leistungsvolleyballer. Kombinierte Rahmentrainingskonzeption Volleyball und Beach-Volleyball des Deutschen Volleyball-Verbandes*. Aachen: Meyer & Meyer.

Döbler, E. & Döbler, H. (2003). *Kleine Spiele. Das Standardwerk für Ausbildung und Praxis* (22. Aufl.). München: Südwest.

Dietrich, K., Dürrwächter, G. & Schaller, H.-J. (1999). *Die großen Spiele* (5. Aufl.). Aachen: Meyer & Meyer.

Graef, M. (2006). *Spielen und Gestalten* (unveröffentlichtes Manuskript).

Meier, M. & Nussbaum, P. (1994). *Volleyball für Kinder. Ein Lehrmittel für Trainer -innen und Lehrer/-innen*. Stans: Schweizerischer Volleyballverband.

Papageorgiou, A. & Czimek, V. (2002). Didaktische Überlegungen zur Ein- und Weiterführung des Volleyballspiels. In G. Treutlein (Hrsg.), *Lehren und Lernen in Sport und Sportunterricht. Festschrift für Fritz Dannenmann* (S. 71-79). Idstein: Schulz-Kirchner.

Papageorgiou, A. & Spitzley, W. (2005). *Handbuch für Volleyball*. Grundlagenausbildung (7. Aufl.). Aachen: Meyer & Meyer.

Papageorgiou, A. & Spitzley, W. (2002). *Volleyball. A Handbook for Coaches and Players*. (engl. Ausgabe des Handbuchs für Volleyball. Grundlagenausbildung.). Aachen: Meyer & Meyer.

Papageorgiou, A. & Wilberg, J.-O. (2003). *Hinführung zum Mini-Beachvolleyball und Mini-Hallenvolleyball* (unveröffentlichtes Manuskript).

Papageorgiou, A., Krapp, L., Wilberg, J.-O., Koch, T. & Naffin, R. (2005). *Beach Volley meets school.* Broschüre der deutschen Volleyball-Jugend für Sportlehrer/innen zur Vermittlung des Beachvolleyballspiels in der Schule (2. neu überarbeitete Aufl.). Frankfurt: Deutsche Volleyball-Jugend.

Voigt, H.-F. & Richter, E. (1991). *Betreuen – Fördern – Fordern.* Münster: Philippka.

Zalewski, W. (1995). *Spielen vor dem Üben. Vielseitig-zielgerichtet. Von volleyballorientierter zur volleyballspezifischen Spielfähigkeit.* Dortmund: WVV.

Bildnachweis

Coverfoto:	Martin Miseré
Covergestaltung:	Sannah Inderelst
Fotos:	Robert Kampczyk, Detlef Gottwald (Fotoserie 60) und Martin Miseré (Fotos 46b/c)
Abbildungen:	Dr. Jimmy Czimek & Athanasios Papageorgiou
Autorenfotos:	© Birgit Treubert © Martin Miseré

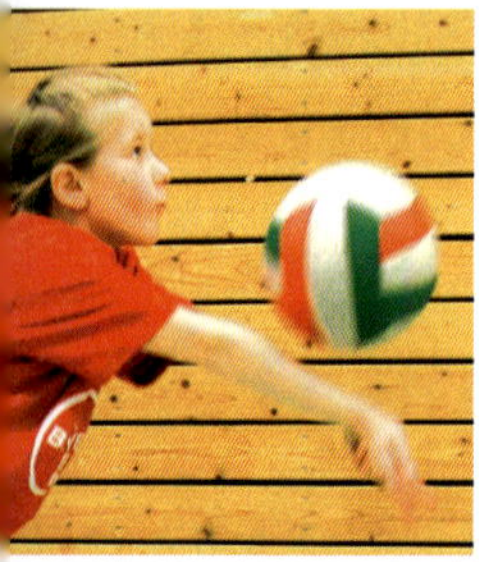

VOLLEYBALL LERNEN UND TRAINIEREN

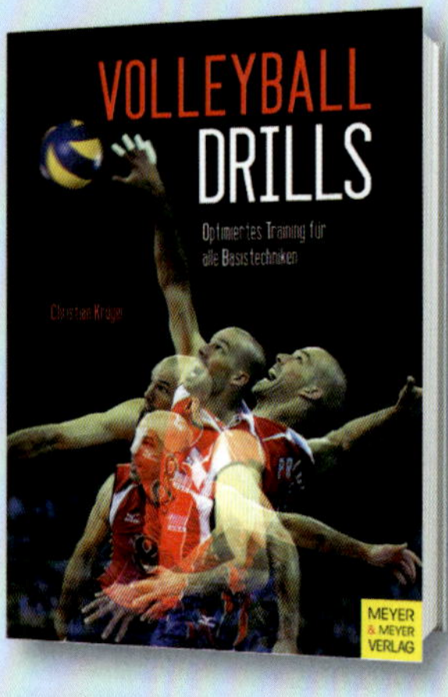

Christian Kröger
VOLLEYBALL DRILLS

160 Seiten, in Farbe,
Paperback
16,5 x 24 cm

ISBN 978-3-89899-825-3

€ [D] 16,95/ € [A] 17,50

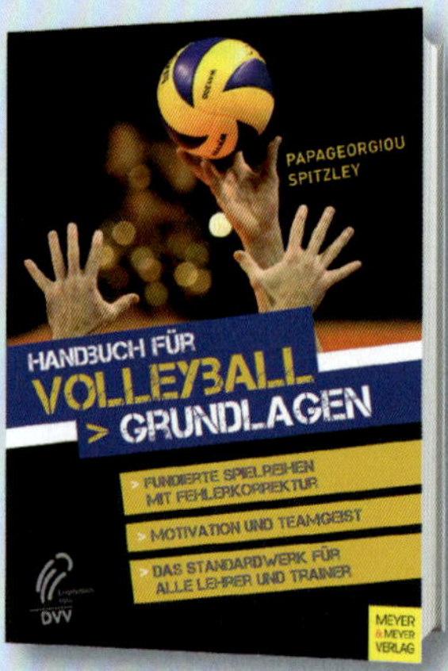

Athanasios Papageorgiou I
Willy Spitzley
HANDBUCH VOLLEYBALL - GRUNDLAGEN

10. Auflage 2015

352 Seiten, in Farbe,
Klappenbroschur
16,5 x 24 cm

ISBN 978-3-89899-622-8

€ [D] 26,00 /€ [A] 26,80